U0142617

知識傳播與國家想像
20世紀初期拉斯基政治多元論在中國

陳惠芬◎著

五南圖書出版有限公司

自 序

　　1916年拉斯基（Harold J. Laski）初至美國任教，是建構政治多元論的眞正開始，距今剛好一百年。由於拉斯基至美國講學，中國知識分子開始與拉斯基相遇，也開始了拉斯基在20世紀中國歷史的驚濤駭浪中浮沉。因此，今年，2016年，對於本書議題而言，似乎也是有著特殊意義的一年。

　　在今日，我想沒有人會否認，一位歷史人物，特別是與政治關係密切的人物，會以何種方式爲後人所記憶甚至是被選擇性地遺忘，與其在過去或現在是否「政治正確」密切相關。作爲20世紀上半葉在思想界與政治界聲名遠播的歷史人物拉斯基，無論是在歐美，或在中國，人們在很長的一段時間，似乎將他遺忘了。也因此，認識中國現代史上的拉斯基，對我亦屬偶然。

　　1993年在北京圖書館翻閱《再生》，第一次看到〈英國現代政治學者賴司幾氏學說〉篇名，2000年再次翻閱《再生》，復又見到。二次「邂逅」，只覺得「賴司幾」名字特別，認爲應該也是張君勱的「玄學」興趣之一，絲毫沒有一窺究竟的好奇。當時亦未注意到，由於改革開放，大陸對拉斯基民主社會主義的研究已經悄然開始。直至2011年，閱讀龔祥瑞自傳——《盲人奧里翁》一書時，注意到作者記載拉斯基篇幅不少，然其評述卻時有反覆，頗能反映拉斯基在中國不同時代的形貌流變。此後繼續追索拉斯基，拉氏在中國的知識和人際網絡竟隱約成形。而在閱讀拉斯基傳記時，更驚異於拉氏思想深刻體現了20世紀上半葉的時代風貌，並且，作爲一個知識分子，他在這個渾沌時代的命運也如戲劇般令人目眩神迷。2013年11月，在本系主辦的「跨越想像的邊界：族群‧禮法‧社會——中國史國際學術研討會」中，乃以〈域外知識的選擇與建構——20世紀上半葉拉斯基政治多元論在中國的傳播〉爲

題發表初步心得。由於當時討論斷限止於抗戰前，承蒙研討會評論人潘光哲教授指教，決定將張君勱的《立國之道》一併考察。孰知在嗣後的補強閱讀中，竟被其他議題所吸引。

在「拉斯基在中國」之研究還是未竟之業的階段，偶有相關資料發現，仍是萬分欣喜。如此遷延時日，亦非全無意義。數據庫的不斷建立，對本書撰寫貢獻厥偉。可以說，有了數據庫，才有今日具體可以捉摸的20世紀初期中國拉斯基現象。豐富多元的民國報刊資料，提供追蹤拉斯基學說在中國傳播、發展及影響軌跡的有利線索，也使中國知識界的動態與樣貌更加清晰可辨。感謝中央研究院近代史研究所郭廷以圖書館於本書撰寫期間，借閱各種數據庫，每走一次南港，均有豐收的滿足。嗣後師大圖書館亦慷慨購入各種數據庫，更不需驅車南港，僅在研究室，20世紀上半葉中國出版的報刊以及與拉斯基相關的外國期刊資料，即可大半取得。也大致在這幾年，即使只是使用網路搜尋，拉斯基的著作亦是滿目琳琅，目不暇給。科技發達至此，實非昔日所可想像。師大圖書館大量影印的民國時期知識分子的拉斯基譯本及相關著作，為本書之撰寫提供的便利更不在話下，每有所獲，皆感動莫名。

本書之撰寫，雖在2013年11月已有大致輪廓，卻始終未能下定決心將之完成。今年春天得知將接行政工作，惟恐日後更無心研究撰寫，乃決定將此書告一段落。成書匆促，幸得研究所博士班陳鴻明先生協助一校補遺，昔日學生王慧瑜、楊慈娟小姐協助二、三校，劉得佑先生以及賴胤曄、薛書耘、張又瑜小姐經常予以各種協助，亦由衷感激。當然，我還要感謝我的家人對我的種種包容和支持。

然而，本書得以完成，最要感謝的是我的老師張朋園教授。張老師1997年自中央研究院近代史研究所退休後，仍努力不懈。2015年研究孫中山訓政思想有成，以郭廷以學術講座名義出版《從民權到威權：孫中山的訓政思想與轉折兼論黨人繼志述事》一書，提出頗多新穎精闢的見

解。張老師學術成就有目共睹，從梁啓超、立憲派到孫中山、蔣介石、汪精衛和胡漢民，以90高齡，再創學術研究高峰，令人敬佩。老師博覽群籍，除歷史學領域，政治學涉獵尤深，近年來蒙受老師指導竟比學生時代尤多。師恩浩蕩，銘感我心。拉斯基研究之火苗得以未滅，完全要歸功於老師的督促與鼓勵。

　　拉斯基的功業，各家已有評述。20世紀初期處於世紀之交的中國知識分子，近年研究汗牛充棟，其歷史形象也愈見清晰。拉氏過世後，他生前所憂心的階級革命並未發生；其所批判的資本主義，經過修正後，依然展現頑強的生命力；其所珍視的民主政治，至今有幸，仍是世界上絕對多數國家的制度選擇。也正因爲如此，拉氏思想的時代烙印更加鮮明。拉氏身軀瘦小，生命短暫，然而，在人類文明發展走到十字路口的時刻，他竭盡心力思索危機時代的政治社會解決方案，並擬付諸實踐，其形象毋寧是巨大的。他的政治多元論，尊重個體、強調多元價值，向世人闡述自由、平等意義以及國家的權力本質，其所揭示的人道主義理想，直至今日，仍是值得世人省思。本書考察拉斯基政治多元論在中國的傳播和影響，也記錄20世紀初期中國知識分子的部分思想軌跡。無論是拉斯基，還是本書出現的許多民國知識分子，他們的思想或許矛盾，腳步或許凌亂，我均在此寄以敬佩之情。只因爲，在他們的時代，他們是如此認眞地追求理想——無論是個人、社會或國家。

陳惠芬 謹識
2016.8.1於師大歷史系

目錄

緒論

　　政治多元論（Political Pluralism），或謂國家的多元主義理論，1868年由基爾克（Otto von Gierke，1841-1921）首發其義。至20世紀初期，它已成爲西方政治思想的新趨勢，拉斯基（Harold J. Laski，1893-1950）厥爲其中最具代表者。

　　作爲一個關心社會、注重現實政治的理論家，拉斯基的政治思想緊扣二十世紀上半葉的時代脈動，其主旨在於「改造國家」。在世局變化風雲詭譎的20世紀上半葉，拉斯基的國家相關論述亦是豐富多變。學者曾將拉斯基思想分爲如下幾個階段，即多元主義時期、費邊社會主義時期、馬克思主義時期（準馬克思主義時期、民主社會主義時期）。[1]在政治多元論時期，拉斯基反對主權一元論，認爲國家權力的高漲，忽視了社會的多元性。他認爲國家和其他社團一樣，同爲社會的一分子。他批評一元論，也挑戰層級論（hierarchical），主張重組社會政治結構，削弱國家權力，實現政治聯邦制和工業民主，建立多元政治。1920年代中葉以後，以1925年出版之《政治典範》（*A Grammar of Politics*）爲標誌，他修正早期主權多元論，承認國家較其他社團有較爲優越之地位，費邊主義色彩濃厚。1930年代後，拉氏政治思想發生劇變，至1935年明言放棄多元主義國家論，運用馬克思主義理論，逐步建構其民主社會主義的改造方案。然而，儘管拉斯基晚期的政治思想發生重大修正，拉氏盛名與早期之政治多元論幾不可分，他的名字與政治多元論緊密連結。[2]誠如Ralph Miliband所言，拉斯基一生始終是個多元主義者，對於「國家」這個巨靈（Great Leviathan），他始終認爲是一頭危險的野獸。[3]

---

[1]　Michael Newman, "Harold Laski Today," *Political Quarterly*, 67:3 (July-September, 1996), p. 229.
[2]　杭立武、陳少廷著，《拉斯基政治多元論》（台北：台灣商務印書館，1987），頁43。
[3]　Ralph Miliband, "Harold Laski's Socialism," *The Socialist Register 1995*, ed. Leo Panitch (London: Merlin Press, 1995), p.241.

　　政治多元論的出現與一元主權論的批判有關。一般認為，主權觀念乃隨近代民族國家的獨立而形成。16世紀，法國的布丹（Jean Bodin，1530-1596）首先提出主權理論，也大體奠定了傳統主權論的要旨。主權被視為至高無上的權力，具有絕對的，不受限制的、永久的、不可轉讓和代表的以及不可分的，其作用即在總體上和具體的領域中為公民提供法律。布丹發展了君主主權的理論，霍布斯（Thomas Hobbes，1588-1679）則將其發揮到極致。與布丹和霍布斯不同者，16世紀末、17世紀初有所謂主權在民論的出現，此種論點尤以17世紀末的洛克（John Locke，1632-1704）為突出，至18世紀的盧梭（Jean-Jacques Rousseau，1712-1778）為高峰。19世紀出現的理性主權論相信永遠正確的絕對理性才是主權絕對正確的唯一來源，有人更認為其適時地代表國家的信念、思想和願望。而在國家主權論的最佳闡釋者黑格爾（G. W. F. Hegel，1770-1831）和伯倫知理（Johann Caspar Bluntschli，1808-1881）學說中，最高權力存在一個人或作為一個整體的國家。國家如同一個有機體或一個人，是倫理觀念或倫理精神的實現。對黑格爾來說，它只能被一個人，也就是這國家人格化的君主來實現。伯倫知理則是認為國家主權和君主主權同時存在，不發生衝突。簡言之，國家本身的威權就是主權，它是「全體」，比它的「部分」強大。同時，主權有二方面，從外部看，它是一個特定國家在與其他國家的關係上保持獨立性；從內部看，主權是政治實體的立法。[4]大體而言，自布丹以降，關於主權的起源、作用、本質及歸屬等，成為政治思想中的重要議題。在主權歸屬方面，也出現了主權在君主、主權在人民、主權在國家、法律主權、主權在議會等種種內容演變。至於主權性質方面，至19世紀奧斯汀（John Austin，1790-1859）將主權是絕對的、單一的、不可分的特質

---

[4]　陳序經著，張世保譯，《現代主權論》（北京：清華大學出版社，2010），頁7-35。

作了更詳盡的發揮。換言之，在一個國家內，無論主權掌握在誰手中，它必須是唯一的和不可分的，此一理論歷經幾個世紀未嘗動搖。一種典型的一元理論實現於一元論國家的極端形式中。在此極端的形式中，所有政治權威集中於「一個」，一個政府以及一個法律體系。[5]然而，1787年憲法之下建立起來的美國則把主權觀念帶入一個新時代，傳統主權論開始受到衝擊。這部憲法的大多數制定者相信主權是可分的，在美國國體下，主權可有州和聯邦之間的分離。[6]1860年美國參議院通過一系列由Jefferson Davis提出的決議案，肯定了主權原則。除了美國，一些聯邦國家，如瑞士的憲法也作如此宣示。[7]

　　二十世紀上半葉，拉斯基的政治思想引起了廣泛的注意。1950年拉斯基逝世後，英國工黨推崇其對黨務的貢獻，謂其爲國際人類自由主義的鬥士。在法國，Leon Blum謂其貢獻與孟德斯鳩、托克維爾等思想家不相上下，是17世紀以來民主思想大家。雖然不少人稱拉斯基爲社會主義者，但他一生爲了自由與權威抗爭。英國政治學者Max Bellof說，如果1840年至1870年是彌爾（John Stuart Mill）的時代，那麼1920年到1950年是拉斯基的時代。[8]美國學者Carroll Hawkin雖然對拉斯基認爲古典自由主義乃是資本主義的產品以及企圖融合現代自由主義與馬克思主義的作法不表認同，卻認爲拉斯基早期對「自由」的努力，在本質上仍是一個「多元主義的拉

---

[5]　蕭公權著，周林剛譯，《政治多元論》（北京：中國法制出版社，2011），「導論」，頁5。

[6]　陳序經著，張世保譯，《現代主權論》，頁256。

[7]　如瑞士1848年和1874年的憲法有如下內容：各州是最高權力的主體，其主權不受聯邦憲法限制，其權利也沒有委託給聯邦政府。又如1824年墨西哥基本法有：就單獨的內部管理而言，聯邦的各部分都是自由的、獨立的，具有最高主權的州；1917年憲法：由自由的、有最高權力、保留其內在政權的州組成一個代議的、民主的聯邦共和國是墨西哥人民的意願。陳序經著，張世保譯，《現代主權論》，頁40-41。

[8]　Michael Newman, *Harold Laski: A Political Biography* (Basingstoke: Macmillan,1993), pp.354-355.

斯基（pluralist Laski）」。[9]亦有學者表示，比起他一生中許多對資本主
義、共產主義、戰爭和法西斯主義的評論，他對主要關懷之自由和平等、
個人主義與威權主義的闡述更具重要性。[10]確實，在拉斯基的時代，作爲
近代輝煌西方文明基礎的自由主義、資本主義、乃至以議會制度爲主軸的
民主政治都呈現動搖，社會主義、極權主義風起雲湧。拉斯基以一個知識
分子，面對變局，屢發新說，期能力挽狂瀾。他反對革命，主張以和平協
商的手段解決意識型態的矛盾；他珍視自由和平等的價值，主張以民主的
方式建立一個公平合理且更爲完善的社會。然而，他的民主社會主義，乃
至於主張美蘇協商的世界大同論，在意識型態紛擾、權力對峙分明的國際
政治氛圍中，舉步維艱。以一介學者奔走實際政治，更徒遭紛擾。[11]

　　近代以來，中國知識分子痛心國家災難，在救亡圖存的道路上奔走呼
號。跨入20世紀，欲進一步從西方尋求救國良方，無奈西方文明自身也遭
逢危機，新說迭興，中國知識分子面臨抉擇。拉斯基的求新求變，以及以
自由主義和社會主義爲基底的國家改造學說，頗能獲得同一時代企圖改造
國家之中國知識分子的認同。一般爲拉斯基作傳或研究其思想者，多強調
拉斯基對英國、歐洲大陸、美國、印度等地的深刻影響，其他國家則甚少
言及。實則自1920年至1950年代，中國也有其特殊的拉斯基經驗，從一個
政治理論家到一個政治改革者，到一個熱情的偉大教師，拉氏在中國的歷
史蹤跡清晰可辨，與其西方的傳記作者所記述者頗多類似。

　　20世紀上半葉，中國知識分子在世界性民主與反民主的浪潮中浮沉，

---

[9] Carroll Hawkins, "Harold J. Laski : A Preliminary Analysis," *Political Science Quarterly*, 65
(September, 1950), pp.376-92.

[10] Arthur A. Erick, Jr., "Harold J. Laski : The Liberal *Manque'* or Lost Libertarian?," *The Journal of
Libertarian Studies*, 4：2 (spring,1980), p.140.

[11] 程滄波，〈拉斯基的身後文章〉，收入氏著，《滄波文存》（台北：傳記文學出版社，
1983），頁70。

也在資本主義與社會主義的拉鋸中徘徊。拉斯基學說在中國的傳播，從1920年代至1940年代持續不斷，大體可分為二大階段：（一）從1920年代到1930年代中葉：此一時期，大抵是拉斯基政治多元主義及《政治典範》（*A Grammar of Politics*）出版後具費邊主義色彩之政治多元論修正學說的傳播階段；（二）1930年代後期至1949年：此時拉斯基民主社會主義理論逐漸成熟，也是其極力呼籲自由主義與社會主義結合，企圖改革實際政治的階段，中國知識界對其理念亦多所傳播。

從1920年代到1949年，中國逐漸建制化的大學法政科系，容納了自歐美學成歸國的法政專業者，帶來歐美新思潮；報刊的蓬勃發展，為有志改造中國者開拓了言論的空間；其中更有知識分子集結社團，以宣傳改革為職志，亦往往以新說為憑藉。拉斯基思想在中國的傳播，多仰賴於此。1920年代拉斯基政治理論已揚名國際，中國留學生亦有以其學說為標的，且研究有成並享有聲譽者。此後隨著拉斯基聲望愈高，中國知識分子傾慕其學說者日多。許多英國評論家認為，拉斯基一生最成功的地方，是在他的講壇上，尤其對海外及遠東學生。[12]作為一個現實生活的政治家、知識分子、理想主義者以及熱情的教師，其思想經由其學生而有持續的影響。[13]從1920年代到1949年，不少中國知識分子蒙受其教，其中又有不少人成為拉斯基思想在中國傳播的重要推手。

拉斯基著書立說，在報刊上評論時局與政治人物，參與各種講學、政治活動，在學術與政治領域活躍一時。中國知識分子則在中國譯介、評論、研究其學說，對於外國報刊上登載之拉斯基政論與行蹤之報導亦在轉譯之列，且幾乎與西方同步，當代域外政治學家受到如此廣泛重視者，實為少見。在此種氛圍中，拉斯基的學說，從政治多元論，到具有費邊主義

---

[12] 程滄波，〈拉斯基的身後文章〉，收入氏著，《滄波文存》，頁68。

[13] T. I. Cook," In Memoriam," *American Political Science Review*, 44:3 (September, 1950), pp.738-741.

色彩的修正論，以至於受馬克思主義影響後的民主社會主義逐步再現於中國。

　　拉斯基思想包羅甚廣，其在中國的傳播也視知識分子的興趣各有不同，自然也受到中國當時語境所影響，特別是中國知識分子欲將之引爲改造中國之資源時尤然。如在1920年代到1930年代中期，政治多元論和《政治典範》中的聯治分權說在聯省自治、分治合作、均權共治等訴求中產生了微妙的連結；拉氏關於國家權力與個人自由關係以及權利論述，在九一八以後的訓政爭議中熱絡一時，《政治典範》中的制度設計概念也隱約出現在1930年代某些致力於國家改造的制度擘畫中。1930年代以後，中國知識分子除批判黨治、追求憲政外，蘇聯計劃經濟也開始受到較大的關注，亦與拉斯基同。1930年代後期至1940年代，由於二戰，拉氏高唱改革，以之作爲避免革命、避免戰爭之手段，主張「計畫化民主」。中國知識分子則是面臨抗日與國共內戰，不少人主張協商，期望走一條國民黨與共產黨之外的改革大道，拉斯基學說中政治民主與經濟民主並行的相關理論啓發更多，1940年代後期尤爲高峰。且當此一時期，拉斯基學說在西方陷入激辯，在中國，知識分子論戰亦甚囂塵上，1948年關於自由主義之論爭即是一例。比起1930年代以前，1930年代後期至1940年代，知識分子更多注重平等問題，對自由主義的理解也進入另一階段。從1920年代到1949年，拉斯基思想在中國的知識系譜隱然成形，知識分子的選擇與建構作用其間。

　　1950年拉斯基去世。在冷戰的年代中，拉氏思想中的馬克思主義色彩與西方主流思想相悖，遭到了批判，反共學者甚至指其爲史達林的代言人，其聲望也急轉直下。1960年代中葉，拉氏的聲名顯然有復甦的現象，其著作也再度受到注意。如1966年Martin Peretz指出，學生抗議現實

是受了拉斯基的影響。[14]B. Zylstra則是系統地分析拉斯基早年的著作，表示了同情。1970年代中期，David Nicholls分析拉斯基的政治多元論時期，強調其思想中的一致性。1979年，義大利馬克思主義者Claudio Palazzolo寫了一篇同情拉斯基的文章，述其各重要階段的理論發展。嗣後，W. H. Greenleaf也爲文強調了拉斯基思想的一致性。至於爲拉斯基寫傳者亦不乏人，1969年Kingsley Martin的書再版，1977年Granville Eastwood的書，則是近似一本聖徒傳。Kenneth O. Morgan的短文則突顯了拉氏對勞工運動的貢獻。[15]1993年Michael Newman的拉斯基傳，更試圖深入拉斯基內心所想望的政治世界，期能重建拉斯基的地位。

　　由於時代變遷，政治氛圍扭轉，拉斯基的學術地位受到不同的對待，這種情況在1950年代以後的台灣和中國大陸亦有所反映。1949年以後，台灣宣揚「反共抗俄」，拉斯基學說因其晚期濃厚的馬克思主義色彩而聲音微弱。1950年代，承續拉斯基生前名聲餘緒，《自由中國》中一些鼓吹自由，但反對共產主義的文章對其思想偶有言及；鄒文海任教大學，指導學生撰寫關於拉斯基思想的學位論文，1960年代其自身亦曾發表介紹拉斯基思想的文章；程滄波偶而爲文追憶拉斯基並對其學說作了些許的評述；杭

---

[14] Martin Peretz, "Laski Redivivus," *Journal of Contemporary History,* 1:2 (London, 1966), pp. 87-101.

[15] 關於冷戰時期對於拉斯基思想的批判，如Sidney Hook謂其早年理論經不起邏輯分析。Herbert Deane對其批判尤爲激烈，所著*Political Ideology of H. Laski*一書即貶抑了拉斯基思想的價值，認爲其不具重要性。他認爲1930年之前，拉氏的思想是有學術活力的，但1930年之後就開始下跌，特別是他生命最後十年所出版的著作誇大其詞，一再重覆，全靠其善辯掩護。他認爲，除了少年時期才華助其聲名外，別無長處。Deane的批評可謂尖酸苛刻。Newman即認爲其所顯示者，不過是缺乏歷史感，站在美國立場，指責拉氏是史達林的代理人，是一種政治立場的差異，存心毀壞對方而已。然而Deane的說法大有其附和者，如反共學者Arthur Schlesinger Jr.直指拉氏是一個活在政治幻想世界的狂人。諸多傳聞甚至使其道德人格也遭到質疑，對其思想加重了打擊。Newman表示，即使後來有重新肯定拉氏貢獻的評論，亦無法予以平衡。Michael Newman, *Harold Laski: A Political Biography,* " Introduction," pp. xiv-xv.

立武則在其晚年整理其早年研究拉斯基思想之舊作，並予以出版。鄒、程、杭三人皆為拉斯基的學生。

　　在中國大陸，拉斯基的研究與政治氛圍關係更為密切。在革命掛帥的年代，特別是1950、1960年代，有鑑於拉斯基思想在英、美兩國影響甚大，對中國過去曾「受英美資產階級政法理論教育的知識界起過很大的毒害作用，直到今天，其遺毒所及，仍待進一步徹底掃清」，因此翻譯或再版一些拉斯基著作，作為「內部材料」，提供「批判」參考之用。[16]有人甚至直指，1957年反右運動中重要的「右派分子」多與拉斯基有關。大抵在1980年代前，中國大陸學界對拉斯基及其理論係採全盤否定的態度，稱其為「完全按照資產階級意圖行動的最壞的反革命分子」、「極力為資本主義的腐朽度辯護」、用「大量的革命詞句，掩蓋著反革命的真面目」。[17]1980年代以後，中國知識界思想漸變。在改革開放政策的激勵下，民主社會主義相關思想的研究逐漸出現。在政治學領域，1980年代中葉，已有一些研究者探討拉斯基的思想，但在肯定其對社會主義的理論貢獻之餘，仍揭發其理論的「錯誤」及「侷限」；[18]在史學領域，2000年左

---

[16] 如《論當代革命》、《國家的理論與實際》（再版）、《我所理解的共產主義》（原名《共產主義論》）、《現代國家中的自由權》、《美國總統制》、《共產黨宣言是社會主義的里程碑》等之「出版說明」。見拉斯基，《我所理解的共產主義》（商務印書館編輯部，1961）之編輯說明。

[17] 見陳惠芬，〈世變與抉擇－龔祥瑞的法制人生（1911-1995）〉，《法制史研究》，22（台北，2012.12），頁286。另見龔祥瑞，〈批判拉斯基改良主義的國家學說〉，《北京大學學報》，3（北京，1956.8），頁113-137。

[18] 1980年代，中國學界出現以拉斯基為研究課題的碩博士論文，如薛剛，〈從多元主義到民主社會主義——拉斯基政治觀研究〉（北京：中國人民大學博士論文，1989），未刊稿；又如王建國，〈論拉斯基民主社會主義國家學說〉（浙江：杭州大學碩士論文，1988），未刊稿。兩本論文在前言處皆反省當時中國學界對拉斯基研究存在的問題，並主張應重新評價拉斯基及其理論。1978年中共十一屆三中全會召開之後，隨著國家政策的轉變，學術研究也有轉向的現象。王文如此強調其研究原則：（一）不能用當前工黨、社會黨推行的改良主義政策，曲解和否定拉斯基民主社會主義理論。這是以往蘇聯和

右，一些研究者注意到拉斯基與中國知識界的關係；[19]亦有一些研究者特別注意拉斯基民主社會主義對中國知識分子的影響。[20]此外，拉斯基的相關著作與研究也再度受到重視，除了重新翻印舊日譯作，新的譯著也陸續出版。[21]近年來更產生不少新的研究成果，其中不乏對拉斯基思想予以「平反」者。[22]世局變遷，拉斯基重現於中國。由此亦可說，拉斯基思想

中國史家從改良主義政策出發，認爲拉斯基的民主社會主義也是資產階級改良主義的理論學說。事實上，拉斯基猛烈批評資本主義制度，揭露資本主義對工人階級、勞動人民的剝削壓迫，主張廢除資本主義所有制、實行公有制；（二）不能因爲拉斯基不是一個馬克思主義者，就否定其理論的科學價值，斥爲改良主義、機會主義。他的理論中確有歷史唯物主義的成分和有價值的思想，這是該肯定的；且他所闡述的民主政治基本觀點，如人民直接參政、管理和監督國家等等，對於中國進行社會主義民主建設，也有借鑑意義；（三）不能因爲拉斯基不主張在英美國家實行暴力革命和無產階級專政，就認爲他的學說反馬克思主義、反科學社會主義。他依據西歐資本主義國家的社會政治歷史條件，主張建立經濟民主、政治民主、政治民主社會主義，強調走議會主義的道路到民主社會主義目標，他的探索是極有意義的。

[19] 此一議題的相關討論詳見孫宏雲，〈拉斯基與中國：關于拉斯基和他的中國學生的初步研究〉，《中山大學學報（社會科學版）》，5（廣州，2000.9），頁87-92；孫宏雲，〈民國知識界對拉斯基思想學說的評介〉，《中山大學學報論叢》，3（廣州，2000.6），頁223-232；吳韻曦，〈拉斯基與民國思想界〉，《當代世界社會主義問題》，3（濟南，2012.9），頁26-33。

[20] 如中國知識分子於1930年代所組織的平社，學者即認爲是一種民主社會主義在中國的實踐，相關研究有姜義華，〈論平社曇花一現的自由主義運動〉，《江海學刊》，1（南京，1998.1），頁127-136；王現杰，〈試論平社群體建構的原因〉，《廣東農工商職業技術學院學報》，4（廣州，2007.11），頁69-73；劉是今，〈一個鮮爲人知的費邊主義宣傳團體－主張與批評派初探（上）〉，《廣西社會科學》，12（南寧，2007.12），頁95-98；劉是今，〈一個鮮爲人知的費邊主義宣傳團體－主張與批評派初探（下）〉，《廣西社會科學》，1（南寧，2008.1），頁116-118。其餘諸文，礙於篇幅無法一一列舉。除了平社以外，亦有學者針對民主社會主義與民國政治界進行討論，如孫宏雲，〈民主社會主義與民國政治——拉斯基在中國的影響〉，《政治思想史》，1（天津，2012.3），頁97-109、199。

[21] 如拉斯基（Harold J. Laski）著，華世平編，林岡、鄭忠義譯，歐陽景根校，《歐洲自由主義的興起》（北京：中國人民出版社，2012）一書。

[22] 2000年以後，中國學界再度對於拉斯基思想產生興趣，相關的研究成果有井建斌，〈拉斯基的美國政治體制變革觀〉，《史學月刊》，4（開封，2004.4），頁50-54；殷敘彝，〈拉斯基的多元主義國家觀述評〉，《當代世界社會主義問題》，2（濟南，2004.4），

在中國歷史的各階段展現出不同的風貌，形成具有中國特色的拉斯基思想展現。

　　由上可知，拉斯基政治思想在中國的傳播，是20世紀中國特殊歷史時空的產物。它是現代中國知識史和文化傳播史上的特別一頁，是20世紀中西文化接觸與調適的歷史事例，反映了中國知識分子的思想脈動，也反映出一個時代的動盪與徬徨，值得治中國現代史者進一步探索。與目前一般論著大多著重於1940年代拉斯基民主社會主義對中國的影響不同，本文擬從知識傳播的角度，探討拉斯基政治多元論在20世紀初期中國的傳播概況及其在中國知識界所產生的「選擇」與「建構」效應。薩依德（Edward W. Said）在〈理論之旅行〉（Traveling Theory）一文中，對理論或觀念由一地旅行、流傳到另一地的現象有所闡發。他認為，任何理論或觀念旅行的方式，其移動本身都有一個分明的、重複出現的模式，顯示了三或四個共同的階段：「源點」（a point of origin）：係指觀念產生或進入論述的初始環境；「距離」，指由源點到另一個時空的間隔；「條件」，即新時空接納或抗拒所移植之理論或觀念的主客觀因素；「轉形」，係指理論或觀念為了因應新的時空所產生的轉化。[23]薩依德的說法，對於探歷史事件

頁3-27；周洪軍，〈拉斯基「民主的社會主義」——社會民主主義和民主社會主義的過渡階段〉，《哈爾濱學院學報》，6（哈爾濱，2005.6），頁41-44；徐木興，〈另一種求索：哈羅德·拉斯基社會主義思想述論〉，《中南大學學報（社會科學版）》，3（長沙，2011.6），頁47-51；拉爾夫·米利班德著、翁賀凱譯，〈哈羅德·拉斯基：公共知識份子的典範〉，《政治思想史》，1（天津，2012.3），頁97-109、199；王尤清、申曉雲，〈國家·社團·個人—《政治典範》之譯介與張君勱的秩序選擇〉，《江蘇社會科學》，2（南京，2012.4），頁201-208；吳韻曦，〈試論拉斯基的共產主義觀〉，《社會主義研究》，6（武漢，2012.12），頁118-121；徐木興，〈拉斯基新自由主義政治思想述論〉，《武漢科技大學學報（社會科學版）》，3（武漢，2013.6），頁299-302。如吳韻曦〈試論拉斯基的共產主義觀〉一文即表示，不宜以是否完全贊同革命來把拉斯基籠統歸類為「資產階級改良者」。此外，較近的一本介紹拉氏思想的著作為徐木興，《追尋自由民主的理路—哈羅德·拉斯基政治思想研究》（浙江：浙江大學出版社，2015）。

[23] Edward W. Said, "Traveling Theory," *The World, the Text, and the Critic* (Cambridge: Harvard

時原本即重視時空條件的歷史研究者當可了然於胸。從事比較和跨文化之研究者所強調的雙重意識與觀點或「對位的」（contrapuntal）批判意識，在考察知識移植過程時，自然亦是歷史研究者的觀察重點。所謂「雙重意識」，意味了域外知識的傳遞者，一方面探尋、理解並且引進相關西方知識和理論；另一方面，要求在引進的過程中因應在地脈絡進行轉化，提煉出新觀點與新作法，產生適當的在地效應。[24]此一論述，用以觀察近代中國諸多輸入域外知識，甚且欲以之作爲改造中國資源的知識分子經驗，格外貼切。

　　20世紀初期，作爲一種國家改造學說的拉斯基之政治多元論不僅享譽國際政治思想界，作爲一個普受西方政治思想界注目的人物、一種新的政治學說、一種政治革新的方案，在中國知識界也引起廣泛的注意。本書擬分三個部分來探索20世紀初期拉斯基政治多元論在中國的「旅行」過程。首先，作爲一種域外知識，本書以拉斯基具有代表性著作的出版爲線索，簡要介紹拉斯基生平及其政治多元論的發展脈絡和內涵。同時，藉由中國知識分子的記述，考察20世紀上半葉他們與拉斯基其人其事相遇的特殊經驗；其次，擬以編年的方式對中國知識界譯介拉斯基政治多元論的概況作一系譜式的追蹤，期能突顯拉斯基政治多元論在中國的譯介背景、內容及過程；最後，由於拉斯基政治多元論基本上是一種國家改造學說，對積極參與實際政治活動的拉斯基而言，它也具備了實踐的特性，其又是以何種方式影響了有著自身獨特歷史發展經驗之20世紀初期的中國知識分子？政治多元論如何激發了中國知識分子的國家想像？本書期能透過以上三者，

University Press, 1983), pp. 226-247.

[24] 單德興，〈理論的旅行：建制史的任務與期待〉，《中外文學》，43：1（台北，2014.3），頁207。關於雙重意識與觀點的概念，單德興表示其借自杜波依斯（W. E. B. Du Bois）與薩依德。

對20世紀初期享有極大聲譽的拉斯基政治多元論在中國傳播的歷史軌跡有較清楚的掌握。

　　本書討論的時間斷限，大體上以1920年代和1930年代爲限。此一斷限係以拉斯基政治多元論在中國的傳播爲主要考量。拉斯基政治多元論的逐漸成熟大抵在1920年前後，歷經修正，於1930年代初已有轉向的跡象，至1930年代中期，正式宣稱告別政治多元論。唯在中國知識界，政治多元論的輸入也大致在1920年左右，經過了1920年代對政治多元論的一般認識後，1930年代開始進入了對拉斯基政治多元論的熱烈介紹討論階段，此一波知識傳播浪潮至抗戰開始方纔逐漸歇止。至1940年代，中國知識界對拉斯基政治思想的興趣，也隨著拉斯基思想的轉向有所轉移，已是另一個議題。

第一章　「拉斯基的時代」

　　Max Bellof曾説，1920年到1950年是「拉斯基的時代」，突顯了此一時期拉斯基在政治思想和政治活動中的活躍表現，以及對英國和歐美國家的深刻影響。實則自1920年至1940年代，拉斯基作爲一個國際著名政治思想家，也吸引了不少負笈海外的中國知識分子。他們從學拉斯基，感受拉斯基作爲一個學者、一個改革家和一個教師的熱情。「與拉斯基相遇」的經驗，不僅是這些中國知識分子個人生命中的珍貴記憶，也是「拉斯基時代」在中國的部分展現。

第一節　拉斯基生平及其政治多元論述要

　　20世紀初期是拉斯基政治多元論的發展和變化階段，拉斯基的個人經驗和世局的變化與此關係特別密切。由於拉斯基的相關傳記甚多，本節不擬詳述拉斯基的生平事蹟，僅就與政治多元論相關部分，特別是政治多元論發展與時代變遷、拉氏個人經驗相關部分作一概略說明。

政治多元論的發軔 —— 從求學到加拿大初任教職

　　1893年拉斯基出生於英國曼徹斯特（Manchester）的一個猶太富商家庭。17歲以前，拉斯基接受英式自由主義教育之薰陶啓迪。然而，在另一方面，由於一位教師的啓迪、身爲猶太人所感受到的種族歧視、哈第（Kien Hardie）關於蘇格蘭礦工爲組織工會而努力的一段敘述，使得少年拉斯基在某種程度上已是個社會主義者。[1]

　　1910年12月，拉斯基獲得牛津大學新學院（New College, Oxford）的歷史學獎學金。然而，由於對優生學的興趣，他進入倫敦大學就讀。1911年再前往牛津大學攻讀自然科學，一年之後改習歷史。在大學最後一年半，拉氏從學於著名歷史學家費希爾（H. A. L. Fisher，1865-1940）和政治思想史權威巴克（Ernest Barker，1874-1960），並在法學家和中世紀史學家維諾格拉多夫（Sir Paul Vinogradoff，1854-1925）和普爾（R. Lane Poole，1857-1939）的指導下研修歐洲中世紀史。其中，作爲一代工黨政治家導師的費希爾對宗教理性主義的懷疑論以及對費邊主義的信仰，引導

---

[1] Harold J. Laski著，喆人譯，〈我的信仰〉，《長風》，1：4（上海，1940.4），頁352。

拉氏的革新道路；作爲洛克和霍布斯研究大師的自由主義學者巴克對拉斯
基也有深刻的影響。[2]此外，梅特蘭（F.W. Maitland，1850-1906）對拉氏影
響尤鉅。1900年梅特蘭翻譯德人基爾克（Otto Gierke，1841-1921）之《中
古政治思想史》（*Political Theories of the Middle Ages*），使社團法人說、
社團獨立於國家說大盛於歐洲。菲吉斯（Neville Figgis，1866-1919）的
學說對拉斯基亦有所啓迪。基爾克強調社團的重要性，梅、費二氏分析歷
史，也注意社會中各種社團的出現與增加，認爲它們代表個人，與政府立
場不同，因此應以法人視之。[3]以上諸人大多兼具法學家和歷史學家身分，
習於將思想制度的發展置於歷史時空之下考察，特別注意社團在歷史變遷
中的角色。此種研究方法及視野，對拉斯基日後政治思想研究影響深遠。[4]

　　在牛津大學求學期間，拉斯基已表現出對於社會政治改革的興趣。
在牛津大學，拉氏「第一次看到英國階級對立的深刻程度」，也「第一次
經驗到一個環境的氛圍，對於新思想的進入所具有的抵抗力」，他認爲牛
津大學思考社會問題，主要只是興趣，而非解決問題。誠如許多他的傳記

---

[2]　Isaac Kramnick and Barry Sheerman, *Harold Laski: A Life on the Left* (New York: Penguin Press, 1993), pp. 50-51, 58-60；Kenneth R. Hoover , *Economics as Ideology : Keynes, Laski, Hayek, and the Creation of Contemporary Politics,* (Lanham, MD: Rowman & Littlefield, 2003), p.25。肯尼斯‧R.胡佛著、啓蒙編譯所譯，《凱恩斯、拉斯基、哈耶克：改變世界的三個經濟學家》（上海：上海社會科學院出版社，2013），頁37。

[3]　Gierk認爲社團的形成方式和國家一樣，它有自己的意志和人格，具有在內容上與國家一樣的內在權力，這樣的主權，不只是國家擁有的東西，因爲它也可以爲自身具有人格和意志的組織所擁有。由於在國家範圍內有許多組織的團體可以擁有它，因此主權在事實上就是分離的，也是可以分離的。Maitland把Gierk的觀點介紹到英語國家後，被許多學者從不同方面加以發揮。見陳序經，《現代主權論》（北京，清華大學出版社，2010），頁266。

[4]　Ellen D. Ellis曾排列影響拉斯基政治多元論的學者，爲Gierke、Maitland、Figgis、Duguit、Barker等人。Michael Newman, *Harold Laski : A Political Biography* (England: Macmillan Press, 1993), p. 27；陳序經也指出，正是在上述諸人的著作中，拉斯基找到了靈感的源頭。見陳序經，《現代主權論》，頁266。

作者所言，拉斯基在成長過程中已表現出反抗的性格，一是對父系文化和在家庭環境中對父親權威的反抗；一是對他受教育環境中享有特權的當權者的反抗。此一時期，由於受到妻子弗麗達（Frida Kerry）的影響，他一度熱衷優生學和女權主義，並致力於婦女參政權的宣傳。此外，他加入著名的、鼓吹政治社會改革的團體費邊社（Fabian Society），並且參與勞工運動，也分別從George Lans Bury和Henry Woodd Nevinssn學到「平等」和「自由」的意義及重要性。[5]1914年6月牛津大學畢業後，拉氏進入《每日先驅報》（*The Daily Herald*）擔任記者。該報經常報導工會活動，並把國際工會運動作為醫治一切弊病的良方，可說是當時英國最接近工團主義的報紙。拉斯基撰寫社論、批評時事，是基爾特社會主義（Guild socialism）的信仰者。不久，一戰爆發，拉斯基打算投筆從戎，因體檢未過作罷。

　　1914年9月，在牛津大學新學院院長的推薦下，拉斯基前往加拿大麥吉爾大學（McGill University）擔任歷史講師。教學之餘，他協助創建工人教育協會分會，為工人講述歷史和政治。同時，他也為各種雜誌撰稿，論述自己的政治觀點。此時，拉斯基已顯示了他一生重要的政治關懷—如何解決工業革命後資本主義下的勞工問題？政府的角色為何？如何使人類的社會更為進步？改變現狀要採取改革或革命？什麼是理想的國家或理想的政治安排等問題。[6]他的第一批著作是專門論證宗教團體和同業公會具有法人身分，可以利用其法人身分向中世紀的國家進行抗爭，以維護自身的權利和獨立地位，因此他主張現代社會中的工會亦應享有類似的地位。[7]梅特

---

[5] Harold J. Laski著、喆人譯，〈我的信仰〉，頁353。
[6] 此一傾向似可由其在學校所出的考題窺知：（一）政治思想的地位與理性如何？（二）試論勞工的要求是什麼？（三）試論人的政治心理？（四）如何改革工業組織？（五）政府應如何控制工業？（六）何謂社會主義工團主義？（七）政黨的未來如何？（八）現代國家如何發展？（九）社會進步需要革命嗎？（十）什麼叫好政治（good politics）？見 Michael Newman, *Harold Laski : A Political Biography,* p. 32.
[7] Kingsley Martin, *Harold Laski: A biographical Memoir* (New York: Viking Press, 1953), p. 66.

蘭、費吉斯、基爾克等人多元社會觀的啓發於此可見。此外，他和弗麗達合譯法國法學家狄驥（Léon Duguit，1859-1928）之《現代國家的法律》（*Law in the Modern State*，1910）。狄驥認爲法律不是國家所制定，而是獨立於國家之上；法律是必要的，因爲它要達到社會的目的；國家有服從法律的責任；國家的責任是要表達社會意見所要求履行的公共職務；社會最主要的原則是分工，各種大事業全靠各種團體分擔工作；各個團體有其各自的公共職務，國家是許多團體之一。[8]大體而言，狄驥認爲國家的角色是以公共職務爲基礎，各種團體（包括國家）各盡其責，各有權利，這種多元論的法律觀點進一步加深拉斯基日後政治多元的觀點。[9]

政治多元主義的建構——美國講學時期

由於哈佛大學法學院教授菲利克斯・法蘭克福特（Felix Frankfurter，1882-1965）的介紹，1916年秋，拉斯基應聘至哈佛大學擔任講師，自此開始了他生命中的重大轉折。1916年至1920年的美國經驗爲其提供建構政治多元主義的豐富養分。誠如肯尼斯・R・胡佛（Kenneth R. Hoover）所言，美國的草根多元論、政府和聯邦憲法之間的碰撞、地方司法權的過剩，都對一個成長於歐洲和英國集權統治傳統中之政治學者的知識框架形成了挑戰。[10]拉氏開始思考主權、權利、民主與正義如何兼顧的政治哲學

---

[8]　楊幼炯，《當代中國政治學》（南京：勝利出版公司，1947），頁57-61。

[9]　W. Y. Elliott, "The Pragmatic Politics of Mr. H. J. Laski," *The American Political Science Review*, 18:2（May,1924），p. 253.

[10]　Kenneth R. Hoover, *Economics as Ideology : Keynes, Laski, Hayek, and the Creation of Contemporary Politics*, p.40。肯尼斯・R・胡佛著、啓蒙編譯所譯，《凱恩斯、拉斯基、哈耶克：改變世界的三個經濟學家》，頁62。

宏大議題。

　　拉斯基在哈佛大學講授歐洲史和英國史，嗣後開設政治思想史課程。
他參與《哈佛法律評論》（*Harvard Law Review*）的編輯，爲以進步思想
聞名之雜誌《新共和》（*New Republic*）編輯撰稿，更與美國最高法院大
法官荷姆斯（Oliver Wendell Holmes，1841-1935）結識，自此建立了深厚
長久的友誼。此時適逢美國政治學界出現討論國家與社會、人民關係的風
潮，不少學者注意及社團組織的問題。在美國「多元社會」的環境下，
拉氏更清楚其間的利益糾葛問題。[11]哈佛期間，他不僅從社會看多元主
義，也從民主看多元主義。他攻擊唯心主義（idealism）的一元論，杜威
（J. Dewey，1859-1952）和詹姆士（William James，1842-1910）的經驗主
義、實用主義以及美國的聯邦主義對其政治多元論的建構頗多助益。此一
時期，他還和《新共和》的同事在紐約仿效韋柏（Sidney J. Webb，1859-
1947）的倫敦政治經濟學院（London School of Economics）模式，創設了
社會科學院（School of Social Sciences），宣揚他們的政治信念，吸引不少
人前往聽講。

　　政治多元論是拉斯基輝煌學術生涯的開端，其立論的基礎乃是對
國家主權論的再思考。在加拿大任教期間，他已有撰寫一本論述主權
（Sovereignty）專書的構想。在他看來，主權問題正是造成一戰的主要因
素，「國家」成爲其政治思想的中心議題。到哈佛之後，他的主權相關
論著陸續出版。當代學者Michael Newman曾將拉斯基北美時期的政治多
元主義思想分爲二個階段，前期爲1914年至1917年，後期爲1917年至1919
年。他認爲，自1914年至1917年，拉斯基的多元主義論是由各種因素組
成，包括了聯邦主義運動、詹姆士的經驗主義、法國思想家以及英國的訓

---

[11] Kingsley Martin, *Harold Laski: A biographical Memoir*, pp.23-28.

練等。此一時期，由於痛恨戰爭，他對政府權威產生反感，否認政府權力大於其他社團。他批評德國的一元主義，認爲那是政府大權的依據。這期間的轉變或分期，則是其理論中愈來愈濃厚的社會主義色彩。[12]《主權問題之研究》（*Studies in the Problem of Sovereignty*）、《現代國家之權威》（*Authority in the Modern State*）等書可爲代表。

《主權問題之研究》（*Studies in the Problem of Sovereignty*）於1917年問世，這是拉斯基到哈佛大學後的第一部著作。在《主權問題之研究》書中，他批評一元主權說，認爲其最大錯誤是主張主權一元。因爲世界是多元的，國家也應該是多元。國家不是集體的（collective），而是分體的（distributive），國家各部分或各團體和國家一樣，是自足的；各地方與各團體有其各自的主權，國家不過是社會內各種組織之一，因此主權是相對而非絕對的；國家只能藉由它的成就，並通過社會中其他團體的競爭來證明它自己；人民對於國家的忠誠也是相對而不是絕對的。他表示，這是一種「國家的個人主義理論」，是多元的態度所不能避免。美國開國國父們之所以贏得讚美，乃是因爲他們建立了一種分權的、聯邦的政府形式。[13]Michael Newman指出，直到1917年，拉斯基所追求者，是政治的自由主義、多元化、公正等價值觀，他認爲這些元素應通過社會團體的活動，如工會、學校、商會以及其他協會在廣泛的統治中發生作用，以及減少由政府的權力來實現。1917年後，拉斯基更多地關注資本家與勞動者之間的衝突。他主張政府應改善社會的不平等，改善教育，使勞工選舉代

---

[12] 對於拉斯基北美時期政治多元主義的思想特質，不少學者曾作出說明。如Herbert Deans和W.Elliott指其爲工團主義、社會主義者；Kingsley Martin則認爲其中自由主義居多，社會主義較少，只有在北美時期的最後階段才較激進。更詳細的介紹，見Michael Newman, *Harold Laski : A Political Biography*, p. 37.

[13] Arthur A. Erick, Jr., "Harold J. Laski: The Liberal Manque' or Lost Libertarian？," *The Journal of Liberian Studies,* 4:2 (Spring, 1980), p. 141.

表，在國會作全面性的制度修改，走向多元主義。Michael Newman認為拉斯基已走上社會主義的道路，他要求一個人道的社會。[14]至1918年，拉斯基已是哈佛名人。

1919年《現代國家之權威》（*The Authority of Modern State*）一書出版，拉斯基的學術創新性更受矚目。拉氏指出，社會被一個巨大的勢力所籠罩，但社會為多元，並非一種勢力所可把持。國家不等於社會，國家無權統其大權。他表示，與其說是單一的國家，不如說社團可以被視為社會大多數人所隸屬階級之有利權威秩序基礎。政府只有一定期限的壽命，中央集權是危險的，政府必須分散權力，實行代議制度，如美國一樣。很顯然地，拉氏思想中有基爾特社會主義，也有工團主義的觀念，但他並非無政府主義者，他仍支持議會政治。美國政府結構的創造性以及豐富多樣的社團活動啟發了他的政治多元論。他認為，美國的經濟大權在少數人手中，幸好有革命的傳統，以及人權、法治的觀念。可以確定的是，拉氏重新檢視主權，但不專注於國家的權威，而是強調主權應更多地直接取決於人民的意志。對於拉氏的論點，激進主義者大加讚揚，保守主義者卻指其為極端的人權運動者。[15]俄國革命的成功，使美國大為震撼。資本家抨擊勞工運動組織—工會，保守主義者亦思對拉氏的激進言論有所約束。

1919年9月波士頓發生警察罷工事件，拉斯基予以聲援，此一作法不容於校方和社會輿論，甚至哈佛的學生報也對他大肆攻擊，謂其為猶太共產黨。在重重壓力下，他只有離開美國。此次罷工事件，使他看到勞資衝突的意義，「發現一種抽象的政治的自由，當它受財閥政治控制時，便沒有什麼價值可言」。簡言之，當有產者的安全受到損害時，他們會不顧一切以維持秩序為其首要任務。拉氏感覺到，所謂「自由」，非在「平等」

[14] Michael Newman, *Harold Laski: A Political Biography*, p. 56
[15] Michael Newman, *Harold Laski: A Political Biography*, pp. 56-63.

的測驗下，是沒有意義的，生產工具若非社會公有，「平等」也是沒有意義的。[16]馬克思主義觀點之社會主義在其思想中隱然出現。大體而言，1920年以前，拉氏的社會主義是以認為社會現狀之不公道為出發點，對於歷史進程，並無深刻的認識。

政治多元論的修正及拉斯基的激進化 —— 進入倫敦政治經濟學院

　　1920年夏，拉斯基回到英國，獲聘為倫敦政治經濟學院的講師。此時第一次世界大戰已經結束，拉氏認真思考一連串的問題：戰爭是否確保了民主國家的安全？是否更有利於民主制度的實施？俄國革命是否使西方世界嚴肅面對資本主義發展的問題？東歐是否已經開始進行斷斷續續的階級鬥爭？果真如此，根本不利「文明」的繼續發展。對於英國經濟革命的問題，他認為正與時間競賽。但他強調自己反對革命，除非萬不得已。[17]

　　回到英國後，拉斯基同時在倫敦政治經濟學院和劍橋大學授課。他醉心研究政治思想史，並且探討政治現實與政治學說的關係。拉氏認為，政治思想的目的，在使人們更能適應當前的需要。因此，他特別強調政治思想應該注重事實，尤其應該注重歷史經驗的事實，且要設法使個人創造的衝動興奮活躍。[18]1921年，他完成《主權的基礎》（*The Foundation of Sovereignty and Other Essays*）一書。延續《現代國家之權威》一書要旨，他對「國家」展開攻擊。比起國家起源歷史諸問題，他更重視國家提高良

---

[16] Harold J. Laski著、喆人譯，〈我的信仰〉，頁355。

[17] Kingsley Martin, *Harold Laski: A biographical Memoir*, p. 41.

[18] 盧錫榮，《拉斯基政治思想》（上海：世界書局，1934），頁36-37。

善生活的目標。他強調，民主政府永久的安全閥即是個人覺醒到政府只是手段，而不是目的。[19]然而，他也意識到，戰後的民主，正處於十字路口。他同情洛克、亞當‧斯密（Adam Smith，1723-1790）、彌爾的古典自由主義內容，卻也表示，自由只有在經由集體努力而獲得安全的情況下才能獲得。[20]

在《主權的基礎》中，拉斯基繼續批判一元主權論。他考察一元主權論的歷史，認爲主權思想多半是社會紛亂時期的產物，如16世紀法國新舊教內爭劇烈，產生了布丹的主權思想；17世紀英國君主與國會政爭，產生了霍布斯的主權思想。至於主權的基礎，人各異辭。拉氏認爲，這些一元主權論者，無論是從法律或從哲學的角度，皆以爲國家是社會團結的最高表現，一切人民都包含在國家裏面，同時受它支配，而這是錯誤的。

在拉斯基看來，國家的主權就是政府的主權。政府的主權，就是一個社會團體的主權。他繼續強調，政權總是握在有經濟權力的人手中。換句話說，政府是特殊階級的政府。至於主權性質或歸屬問題，拉斯基主要批評「主權在民」思想。他認爲盧梭直接民權之說勢不可行，只能採用代議制度。然而他也承認議會制度已到一個新階段，以英國論，議員的獨立性固已完全消失，議會中的辯論，也因事務太繁，急於竣事，弊端叢生。儘管如此，他力主代議制，且是採取屬地（territorial）主義，而不主張採行職業代表制。

拉斯基認爲，國家的目的即是在使國家中各個人爲善的技能有充分的發展，欲達此目的，自由平等絕不可少。此時他的多元論不僅挑戰一元論，更挑戰層級制（hierarchical），而以聯邦制對抗。他從中古時代、美

---

[19] Arthur A. Erick, Jr., "Harold J. Laski: The Liberal Manque' or Lost Libertarian？," p.141.

[20] 相關討論詳參Arthur A. Erick, Jr., "Harold J. Laski: The Liberal Manque' or Lost Libertarian？," p.142.

國聯邦制挑戰集權政府的權力。[21]拉氏表示，自由的秘訣是「分權」，各組織中最能堅定保持分權的組織，便是「聯治」的組織。沒有一定程度的聯治組織，平等精神亦無法保持。他強調，權力分配就是防止權力僭越的利器。在經濟方面，他主張工業自治、工業聯治，以達到生產者利益的聯合。他的政治多元論即是他聯治主義的繼續。換言之，多元的國家就是聯治的國家，分權的國家也是地方聯治與經濟聯治的國家。

　　拉斯基區分多元論國家和一元論國家的不同。他說，一元論國家的權力是無限的，以爲代表人民一切的利益，認爲政府的行爲是正義，它用同一方法於不同及不平等的事。多元論國家則是與英法各國新運動—要求自治的運動—相連貫。這個運動最大的要求是分散主權的權力。主持這運動者認爲，如果能使行政組織與現有的各個社會團體相連貫，不僅有較大的機會獲得好的效率，也有較大的機會得到豐富的自由。人民對國家的忠順，也完全是因爲國家的行爲是「正義」（right）。[22]對拉氏而言，20世紀新的社會和經濟的勢力，是勞工與社會各團體的勢力。一般人民，一方面屬於國家，一方面屬於各種團體，他們對於國家，或是對於團體忠順，完全是國家與社會團體競爭的問題。

　　1924-1925年間，拉斯基完成《政治典範》（*A Grammar of Politics*）一書。拉氏自謂，《政治典範》以前的著作，主要是討論政治哲學中的一些技術問題。在《政治典範》一書中，他思考如何建立新社會？新社會秩序的本質爲何？這也是20世紀上半葉政治哲學的思考主題，他嘗試在書中描繪一種他理想中的制度。有謂此書代表了一個英國社會主義者對工黨的

---

[21] "The Discovery of American Pluralism," in Paul Q. Hirst (edited), *The Pluralist Theory of the State: Selected Writings of G.D.H. Cole, J.N. Figgis and H.J. Laski* (London and New York : Routledge, 1993), p.188.

[22] 盧錫榮，《拉斯基政治思想》，頁33-78。

具體建議。許多《政治典範》中的觀念至今已成為普遍的思潮，它也仍是英國社會主義的基本內涵。[23]

《政治典範》出版後，確實佳評如潮。「識者即許為『十年來政治學第一部書』」；美籍學者W. Y. Elliott謂此書「能將政治學原理以實驗主義之語詞翻新解說，實近紀政治思想著述中之一二必有將來地位者也。」P. W. Ward則謂拉氏此作，「關於理論之析解，可稱登峰造極，關於實際之策畫，復類無限寶藏。」[24]當時費邊社重鎮，也是政治多元論的倡議者韋柏（Sidney J. Webb，1859-1947）推崇它是一部偉大的作品。[25]著名思想家林賽（A. D. Lindsay）雖然表示，作為一本流傳久遠的著作，拉斯基的論述邏輯以及書寫文字可以更加清晰，但總體說來，此書在理論陳述和制度設計上均具建設性，他認為沒有人比拉氏更覺察到「國家」的變遷。[26]也有評論者指出，拉斯基的分析和批判能力是卓著的，突顯了他對於現存秩序的敏銳度，但是作為一個制度創新者，他立意過高。儘管如此，評論者還是認為書中的理念和主張對制度的設計有所助益，甚至認為《政治典範》延續、並在許多方面取代了19世紀功利主義思想的權威著作。[27]它也立即成為各大專院校公認的政治學教材，倫敦大學亦以是故，於次年新設講座，擢為教授，拉氏聲名大噪。

《政治典範》是拉斯基一生最輝煌的創作。拉氏自謂此為十載思想之結晶。該書共有11篇，所涉範圍極廣，除了政治哲學，還企圖建立一種政治、經濟及法律制度的典範，俾能施以改革，具體呈現出他的全面性關

[23] Ralph Miliband, "Harold Laski's Socialism," p.242.

[24] 轉引自杭立武，《政治典範要義》（上海：商務印書館，1947年勝利後第一版），「導言」，頁1。

[25] Ralph Miliband, "Harold Laski's Socialism," *The Socialist Register*, 31 (1995), pp.239-263.

[26] A. D. Lindsay, "A Grammar of Politics. By H. J. Laski." *Philosophy*, 1 (April 1926), pp. 246-248.

[27] Harold J. Laski, "Political and Government," *The Outlook*, 4 (The Yale University Press, 1925), p.361.

懷。

拉斯基在《政治典範》中討論了權利、自由、平等諸問題。在權利方面，他認為社會組織的目標是使每個人獲得最充分之機會去發展他們的個性；一個社會必須有個前提，即是每一份子有其權利。[28]人民為社會而工作，社會提供人民工作機會；人民有適當薪資維持一定水平的生活；人民應有基本工資，貢獻較大者，其薪資較高則為合理，不勞而獲應被禁止；遺產不可繼承亦是必然。除了薪資，工作時間亦須規定；人民應有教育權、被保護的安全；工人得以參與管理企業的權利；人民有參政的機會，選舉權是基本權利。權利還包括自由平等，如言論自由、居住自由，無論在平時或戰時均不可少，人民更須有結社自由，法律之前人人平等，財產亦是神聖不可侵犯等。[29]

在《政治典範》中，拉斯基的社會主義內涵也有突出的表現。他特別注意平等與經濟財富的關係，認為政府、法院、教育往往為富人所影響，政府應予解決。拉氏並且表示，國有制度不可少，某些工業必須由國家所有，高收入的人必付較高稅額，物價須受監控。對於上述這些改革，他認為有能力的政府應可做到，但需議會的配合。拉氏認為好的社會必須是經濟平等的社會，但是，只要存在財產制度，這是不可能實現的。此時，他並無消滅私人企業的想法，僅是訴求壟斷之企業國家化以及企業由政府靈活操控。他認為經濟平等將使有產者不滿權利和利益受到侵蝕，然而工人階級變遷的本質和持續的壓力，雖然路途遙遠，但可經由民主程序逐漸達到。[30]由此可見，在《政治典範》中，拉氏的社會主義色彩已相當明顯，

---

[28] Ralph Miliband, "Harold Laski's Socialism,"p.242.

[29] 拉斯基著、張士林譯，《政治典範（二）》（上海：商務印書館，1930），頁54-59、89-160。

[30] Michael Newman, *Harold Laski : A Political Biography* , pp.77-89.

對社會改造也表現出樂觀的態度。

　　《政治典範》中的理想國家組織為屬地主義的國家（territorial state）、建立在普選基礎上之屬地主義的議會（territorial assembly）、提供政府就專門問題諮詢之各種專家（有組織的團體代表）的諮詢委員會、主張職能分權與地方分權—因為要實現社會的目標，將會導向國家權力的增加，如何在國家權力強大的同時也能控制權力，誠為問題。拉氏從聯邦的權力觀尋求解決，也就是以地方分權防止權力集中化的現象，同時，國家必須儘可能鼓勵人民參與權力和責任的行使。[31]拉氏顯然堅持，民主多元主義必須被認為是任何奠定於自由與平等的社會之基本特質，使民眾履行公民責任與發揮才能，這是新社會秩序解放的重要目標之一。[32]

　　代議制改造是政治多元論中的國家改造重點。20世紀初，由於民主政治流弊，代議政治以其不能代表民意，飽受質疑，乃有許多改革的作法及主張出現。如蘇俄創立蘇維埃制度，德國於國會外別立生計（經濟）會議；柯爾（G. D. H. Cole，1889-1959）力倡職業代表制以代替原有之兩院制；韋柏（Sidney J. Webb）主張調和新舊，倡設兩院，以社會院代表生產者，政治院代表消費者皆是。拉斯基對此二人之倡議均不表贊同，認為（一）領土代表有其必要；（二）普通之選舉制清楚明瞭；（三）一般問題非職業代表制可以議決；（四）職業代表制易為人操縱。此外，亦是認為選舉基礎應以人為本位，人之所以為人，決非隸屬於各職業之總體系，社會生活之本題，亦非柯爾職掌之說所能全然解釋。[33]他認為，欲求民意直接反映於代表，與其以職業為本位，遠不如一人一權之利，輔之以政黨

[31] 拉斯基著、張士林譯，《政治典範（二）》，頁59-64。
[32] Ralph Miliband, "Harold Laski's Socialism," p.243.
[33] 拉斯基著、張士林譯，《政治典範（三）》（上海：商務印書館，1930），頁140-141；韋柏見《政治典範（四）》，頁51。

公開競爭之爲愈。

　　值得注意者，此時拉斯基雖仍秉持多元主義看法，但思想已有改變。在其早期著作中，國家被置於團體之中，與團體等量齊觀。而在《政治典範》中，國家在一定範圍之內，其地位凌駕一切團體之上，舉凡社會各種團體的調劑和人民公共需要的滿足，皆非國家莫屬。國家雖是各種團體之一，卻是比較重要的一個。他主張一個有能力的政府，能統合全體人民的需要，政府對人民負責，人民忠於政府。[34]大體而言，拉氏自始即認定漸進社會主義爲不易之理，並以維護中央集權中個人和社會團體的權利作爲主要的奮鬥目標。學者認爲，他的思想朝著馬克思主義觀點發展，但仍帶有詹姆士多元論色彩。[35]

　　英國的政治多元論運動由不同流派匯成。1926年後，拉斯基對激進的工團主義運動再無興趣。他認爲，如果工團主義者爲了社會主義而推翻現有的階級國家，那麼，除非改造國家，否則要如何維持革命成果？因此，它必然導致無產階級專政，那種專政實是中央集權國家的一種高級形式。拉氏的《政治典範》企圖用切實可行的手段來解決這一難題。他認爲國家是治理和改革的必要機關，但也力圖設計最大限度地下放和分散權力的方法，以及堅持消費和生產者團體應當在新的福利國家之組織和管理下，充分合作，甚至是，對國家進行遏制。[36]這些觀點與前此主張不同，國家角色再被突顯。拉斯基逐漸成爲一個費邊主義者，有人認爲這是他對多元論批評者的回應。[37]

---

34 盧錫榮，《拉斯基政治思想》，頁94-96。

35 Kingsley Martin, *Harold Laski: A biographical Memoir*, p. 65.

36 Kingsley Martin, *Harold Laski: A biographical Memoir*, pp.67-69.

37 見R. G. Gettell, *History of Political Thought*（New York: The Century Co. 1924）；傅文楷譯，〈主權的多元論〉，《法學季刊》，3:3（上海，1927），頁151-168。此外，張允起簡單介紹了美國政治學界對政治多元論的看法。見張允起，《憲政、理性與歷史:蕭公權的學術思想》（北京：北京大學出版社，2005），頁8-11。

　　然而，正由於國家擔任了改革過程中重要的主導機關，因此在《政治典範》中，拉斯基的自由主義哲學不免透露著矛盾。例如，他堅持，爲了防範現代國家侵犯個人自由，必須具備出版自由、較多的正式教育機會、並且在安全及機會中擁有經濟自由，就此而言，國家似爲對立之物。他更關心個人成就或平等諸問題，因此，國家的首要工作即是取消特權：權利必須被限制，但人類擁有它們，因爲他們是國家的成員。拉氏認爲，現代公民必須以新的方式看待國家。此外，他也表示，國家主權也將在國際事務中逐漸消失。

　　1920年代，拉斯基享有大名，許多社會名流前來結交，他亦廣泛參與社會政治活動。拉氏參加自由派雜誌《民族》（The Nation）的撰寫，參加自由工黨反對勞合·喬治（Lloyd George，1863-1945）政府的言論，支持工黨運動，參與工黨政府的決策討論以及競選活動。他的政治活動以勞工運動爲主，主張在議會中改善勞工的處境。他希望國際聯盟同蘇聯建立友誼，並勸說莫斯科加入國際聯盟，從而走向世界和平國際社會主義的康莊大道。然而，拉氏基本上是一位大學教授，思想左傾的費邊社知識分子。

　　1930年左右，拉斯基自由主義的色彩仍相當鮮明。此或可從其在1930年出版的《現代國家中的自由權》（Liberty in the Modern State）和《服從的危險》（The Dangers of Obedience）等書中獲悉。前者由拉斯基於1929年夏間應美國布朗大學（Brown University）之邀所作的四篇演講詞集結而成。[38]在該書中，拉氏認爲自由是：「對於近代文明中保障個人幸福必須的社會條件之存在上，不加束縛。」這個定義包括兩個層面：一是消極自由，即是「不加束縛」；一是積極自由，與個人幸福相關。拉氏一方面

---

[38] 拉斯基（Harold J. Laski）著、何子恒譯，《現代國家中的自由權》（北京：商務印書館，1959），「序」，頁1。

認為絕對的束縛做不到，一方面又認為全然服從法律也不能算是自由。對於德國黑格爾（Georg Wilhelm Friedrich Hegel, 1770-1831）和英國鮑生葵（Bernard Bosanquet，1848-1923）之國家主權論中，主張個人在絕對服從國家法律裏求自由之觀點，拉氏不表認同。拉氏的自由觀是以人生幸福為前提，所以他處處提出平等，尤其是經濟平等。唯在拉斯基的思想中，由於個人的個性、天賦和環境不同，平等並非意味同樣待遇，關於這點，則和艾克頓（Lord Acton，1834-1902）等一般傳統自由論者不同。因此，他的平等，第一是機會平等，第二是經濟平等，關於這一點，先前著作中已一再提及。[39]

在《現代國家中的自由權》中，拉斯基還討論了自由的範圍，其中對於言論自由與結社自由的闡述，關係到現代社會中個人、團體和國家自由的意義。拉氏言及輿論自由，指出，在民治國家，公民的責任在於能將公平而有訓練的判斷貢獻給大家。然而，因公眾問題甚為繁複且關於事實的材料不易取得，一般人亦無空閒工夫及專門智識整理運用。因此，在現代世界中，報紙對於思想自由關係最為密切。在不平等的社會，輿論則大都代表私利的偏見。其次，拉氏指出，單有個人自由而沒有結社自由和團體自由，在現代社會中是沒什麼意義的；而個人和團體有了自由，民族和國家沒有自由，也不算是自由。但他對19世紀極端派的主權論和極端派的國家主義仍大力抨擊，以其有礙國際和平，並違反國際公法的理想，若完全實行，勢必將人類文明盡行毀滅，而殖民政制無論它的行政效率如何高，從道德和整個問題上看，卻是得不償失，並且使被治者喪失責任心和品格。他強調，近代的經濟組織和科學發明使全世界成為一個互相依賴的團體，一個國家的行動若是涉及其他國家的時候，必須用和平的方法去解決

---

[39] 張維楨，〈讀拉斯基的現代國家中的自由問題〉，《國立武漢大學社會科學季刊》，2：3（武昌，1930.9），頁613。

彼此的困難。他對世界大同的理想保持樂觀，認爲正在慢慢演進，只是需要經過相當的時期。世界大同並非消滅民族國家，只是限制國家觀念的跋扈。[40]

拉斯基同意艾克頓和彌爾所言，認爲暴君危險：當權力不受控制，它永遠是自由的敵人。自由和平等，在他看來，是互補的。拉氏相信，自由的眞實理論否認了黑格爾國家唯心論的假設。在節制官僚方面，他反對進一步中央集權，而是把權力分散給地方政府。對他而言，依據社會的需要，自由最重要者，是知識的自由和理性的尊重。他表示：「自由意即對個人有信心，它藉由抗拒的勇氣而維繫，只有給予自由的保障，只有連繫個人生命眞正統整的保持。」[41]

在《服從的危險》一書中，拉斯基指出當前最大危險，乃是一般人民缺乏反抗權威之道德勇氣，對於政府律令，只知盲目服從。國家之職務既然在滿足人民之需求，倘人民之需求爲國家所禁止，則人民必須挺身而出，反抗到底。倘人民對政府之禁令採取漠不關心之態度，則人們之需求便永無實現之可能。根據歷史經驗，當國家對人民請求不加理睬，而人人仍默默無言時，統治者必然誤以其行爲已獲得人民之默許。如此項默許形成習慣且行之日久，則必使個人變成只知盲目接受命令之人。而習慣服從之代價，就長期而言，必使一般人民喪失其公民之責任感。倘若個人認爲對不義之反抗並非其責任，則將來必致對任何不義均失去反抗之能力。此種漠不關心之態度，乃是造成獨裁政治最重要之因素。[42]拉斯基再三強調，反抗不義之道德勇氣，才是獲得自由之秘訣。

---

[40] 張維楨，〈讀拉斯基的現代國家中的自由問題〉，頁617。

[41] Arthur A. Erick, Jr., "Harold J. Laski: The Liberal Manque' or Lost Libertarian？," p. 143.

[42] 杭立武、陳少廷著，《拉斯基政治多元論》（台北：臺灣商務印書館，1987），頁56-57；H. J. Laski著，羅隆基譯，〈服從的危險〉，《新月》，3：5-6（上海，1930.6），頁55-71。

1931年以後，拉斯基開始以激進思想聞名於世。儘管反對革命，拉斯基在1920年代即已開始研究馬克思主義與共產革命的問題，如1922年之《馬克思》（*Karl Marx*）、1925年的《社會主義與自由》（*Socialism and Freedom*）皆是。1927年出版之《論共產主義》（*Communism*）一書更引起廣泛的注意。此一時期的拉斯基贊同社會主義，但傾向自由主義，認爲馬克思主義與民主思想不相容。然而，1926年總罷工的失敗、1929年的經濟大蕭條、1931年英國聯合政府組閣的憲政危機、法西斯主義在西班牙的崛起、希特勒在德國的勝利，以及民主制度的普遍衰落，均是拉氏轉變的因素。[43]他開始對工黨能夠實行社會改革感到懷疑，認爲在當時的政黨政治中，國家政策已爲資本家所控制。他也開始相信，沒有平等作基礎，民主制無非是個騙局。他還了解到，他在1925年那樣高度重視的個人和群體的自由權利，在社會主義社會誕生以前全是空洞的保證。他要求一個有權力的政府以應付迅速變遷中的社會問題。大選期間，英國工黨提出國有化政見，要求將銀行、電力、運輸、鋼鐵工業收歸國有，反對者指其成了布爾什維克黨。這些左傾的行動與拉斯基不無相關，有人認爲他要實行共產主義。但拉斯基仍是希望用修憲、用議會制度的方式實現改革。[44]

向政治多元論告別——國家性質詮釋中的馬克思主義話語

1931年英國聯合政府成立後，拉斯基不斷闡述憲政危機的問題。1933年出版的《民主在危機中》（*Democracy in Crisis*）對此論述最爲深刻。在此書中，拉氏考察英國的政治體制，試圖解釋資本主義和民主主義水火

---

[43] Kingsley Martin, *Harold Laski: A biographical Memoir*, p.69.
[44] Michael Newman, *Harold Laski: A Political Biography*, pp. 133-151.

不容之因，並對這種體制如何經受以後的政治和經濟壓力作出預言。此時
他仍表示希望，認爲英國資本家階級最終將不得不承認改革勢在必行，從
而使革命不再必要。[45]拉氏採用唯物史觀解釋歷史，同意資產階級民主主
義必然走向社會主義，也信奉列寧關於革命時機成熟之前必須完成一系列
準備條件的著名理論，但他不像共產黨人認爲必須建立一個小型的、紀律
嚴明的革命黨，以擔當進行內戰和嗣後實行無產階級專政的歷史使命。與
此相反，他認爲，在英國的條件下，由於統治階級已經習慣妥協讓步，工
人階級在思想上已經資產階級化，在這種情況下運用馬克思主義，無異就
是馬克思曾經譴責過的「玩弄革命」。換言之，雖然他相信有一種贊成暴
力革命的強大歷史趨勢，卻不認爲那是不可避免的。因此，在《民主在危
機中》一書中，拉氏認爲工黨如果再獲政權，應要求國會授權，得以命令
施政，以暫時停止在野黨的阻撓力量。拉氏直言，英國民主制度的過去
貢獻，實是特殊經濟條件下的產物，現在這些條件已經消失，其他國家也
都陷入困境。世界不是走向革命，便走向極權。然而，即使民主已遭逢危
機，拉氏仍然堅定支持自由主義的議會制度。[46]

　　1935年，繼《民主在危機中》後，拉斯基寫成《國家的理論與實際》
（*The State in Theory and Practice*）一書，探討現代資本主義國家的本質，
並公開採取馬克思主義的立場。[47]在《政治典範》的年代，拉氏認爲，沒
有理由認爲國家不能對民眾的需求作出回應，而以國家爲工具去保護有錢
人的資產，使其免受無產者侵犯的觀念並未出現。然而，在《國家的理論
與實際》中則是清楚指出，現代主權國家與理想的世界經濟秩序不能相

[45] Kingsley Martin, *Harold Laski: A biographical Memoir*, pp. 78-81.
[46] Michael Newman, *Harold Laski : A Political Biography*, pp. 133-151.
[47] 拉斯基（Harold J. Laski）著、華世平編、林岡、鄭忠義譯，歐陽景根校，《歐洲自由主義
的興起》（北京：中國人民出版社，2012），John L. Stanley著，「新序」，頁24。

容，國家是階級關係的保護者，國家剝奪了人類本可具有之更加豐富的文
明。拉氏指出，歐洲資本主義的興起原是宗教改革至法國大革命近二百年
間資產階級革命的成果。在此期間，由於生產力的發展受到封建制度下舊
有生產關係的阻礙，使資產階級的利益遭受重大桎梏，因此推衍出適應新
生產力發展之社會哲學，爲他們所領導之新社會經濟秩序提供合理性的辯
護，此即自由主義。此一自由主義乃成爲一切正統政治哲學家辯護資本主
義國家本質的基調。該書可說是拉氏唯物史觀之下的國家性質論，他不
斷闡釋歷史已經進入一個「新轉折點」的概念。拉氏反覆陳述，一個永久
有貧富區分之國家的存在是不符合社會正義的。擺在面前只有二條道路，
或者是統治階級肯作歷史上前所未有的一些政治讓步，或者是讓那些認爲
現有社會制度的基礎不合理的人來推翻這個社會制度。拉斯基深信，在各
方面實行和平妥協辦法是有可能的。在書中，他對於國家作如下的解釋：
（一）國家之存在，所以謀全體人民之利益，絕不可有所厚薄軒輊於其
間；（二）事實上之國家，不過爲政府之另一名詞，而政府又不過爲某一
時間執掌大權之少數人士。故人民評判國家之功過不應注意其理論上之目
的爲何，而應考察其實際上之成績如何；（三）政治上之不平等有經濟上
之必然性，絕非民治政體或議會制度所能消除；（四）階級鬥爭之主要目
的在攫取政權以爲己方之助。目前之政治制度既以資本主義爲基礎，社會
中之生產工具爲私人所有，則階級鬥爭之一切痛苦自不能免。欲求根治，
惟有剷除資本主義之不平等。拉氏認爲：「吾人今日所處之境地已達馬克
斯預言中所指資本主義最後矛盾之階段。和平合法手段是否能達到社會改
造之目的，在實際上誠爲疑問矣。」[48]《政治典範》時期的樂觀態度已不
復見。

---

[48] 蕭公權，〈書評：Laski, The State in Theory and Practice; Cole, A Guide to Modern Politics; Catlin, A preface to Action〉，《社會科學》，1：1（北平，1935.10），頁261-262。

在《國家的理論與實際》一書中，拉斯基已明顯放棄以政治多元主義改造現實國家的論調，反抬出其早期極力抨擊之一元論，直接承受布丹，認爲國家主權可以命令一切，而其本身卻不受其他命令之拘束。同時，馬克思主義使其相信主權乃是履行國家任務－維持階級關係之主要工具。早在1920年代初期，他即注意到馬克思主義，但並未爲馬克思主義所吸引。1920年代後之惡劣的社會和經濟氛圍，加上第一次工黨舉行總罷工的失敗，使其在1927年形容馬克思是最有權力的19世紀社會分析家。此時，拉氏已運用馬克思主義作爲其分析的工具。他相信，在現代資本主義之階級社會中，唯有廢除階級制度後，方能期望實現聯治式的社會組織。在無產階級社會中，國家權力始能在形式上及實質上表現爲多元性。他也認爲，唯有根據馬克思主義之理論，方能解釋當時法西斯國家中之種種現象。他斷言，倘若經濟民主不能實現，政治民主亦永不可能。[49]本書的出版，也使拉氏成爲英國第一個用馬克思主義理論闡釋國家本質的著名學者。[50]

在探討現代資本主義國家的本質後，1936年拉斯基再出版《歐洲自由主義的興起》（*The Rise of European Liberalism*）一書。在這本書中，拉斯基考察自由主義在清教徒思想中的萌芽至1930年代發展的意義，試圖在理論層面闡述社會主義和自由主義傳統之間的關係。他重申自由主義乃是爲適應中世紀末新世界各種要求所產生之意識型態，認爲當時歐洲新經濟社會的出現，影響新意識型態與新希望的萌生，新社會秩序的建立。[51]拉氏表示，所謂新社會的本質，即是人與人間生產關係的重建。從15世紀末葉，爲財富而追求財富的精神已成爲人們活動中的主要勢力。人們在新

---

[49] 蕭公權，〈書評：Laski, The State in Theory and Practice; Cole, A Guide to Modern Politics; Catlin, A preface to Action〉，頁262。

[50] Issac Kramnick and Barry Sherman, *Harold Laski : A Life on the Left* , pp.360-361.

[51] 拉斯基著、華世平編、林岡、鄭忠義譯、歐陽景根校，《歐洲自由主義的興起》，John L. Stanley著，「新序」，頁3。

世界中發現新財富有無限追求的可能和價值。這種新人物在兩方面積極努力以建立其神聖的、只會遭到一切社會勢力最小干涉的財產權。自由主義即是力求呵護資本家精神的活動，是使生產手段所有權解放的努力成爲正確，以及爲封建社會轉變爲資本主義社會提供加速力量和維護之根據的一種學說。

　　拉斯基闡述自由主義的本質，以其可視爲一個主義的實體，也可以視爲心理狀態。然而，拉氏指出，自由主義所尋求的自由，在實際上並沒有普遍給予所有人，只是限於有財產而需要保護的人；它找出一套政府權力所不能侵犯的基本權利制度，這些權利只是財產所有者的利益，對無產階級漠然不顧；它尊重良知自由，使政府用合法統治以代替隨心所欲的專制暴政。但它所尊重的良知範圍，卻隨著它對所有權的看重而縮小，對法律統治的熱忱，則被它本身運行時的自由所沖淡。作爲心理狀態，自由主義常傾向懷疑，對於社會行爲採取消極態度；反對傳統，信奉個人革新；反對以政治權力強求一致；傾向於重視主觀與無政府氣質，希望一切改革均出自個人主動。執是之故，在自由與平等間乃出現互爲反對的看法。簡言之，它雖然否認理論上的任何限制，但在其實踐中卻大加限制。除了指出自由主義之本質及其內在矛盾，拉氏也以馬克思主義語言指出，作爲一種主義，它是由新社會的需要所形成，同所有社會哲學一樣，它無法超越孕育它的載體。因此，也同所有社會哲學一樣，從誕生開始，就包含了自我毀滅的因素。[52]

　　值得注意者，1937年，在《現代國家的自由權》塘鵝文庫版中，拉斯基作了相當於1930年初版篇幅四分之一的「引言」。在這篇「引言」中，他一開頭就指出，「自從本書首次出版到現在的七年中，在大部分的文明

---

[52] 見拉斯基著、華世平編、林岡、鄭忠義譯、歐陽景根校，《歐洲自由主義的興起》，頁5-7。

世界，自由權的情況顯然惡化了。」「1933年希特勒在德國奪得政權，只是廣泛而深刻地攻擊自由和政治民主的一個影響深遠的實例。」「兩條道路很明顯地展現在我們面前，必須選擇其一：或者維持一種經濟制度，它一天近一天把戰爭和法西斯帶給我們，那是它的不可避免的代價；或者必須設法改變這種制度。現在，我們的毛病，除了極複雜地將我們的經濟資源作有計劃的生產以供社會消費外，沒有其他的治療辦法。這就是說—讓我們面對事實—私人的生產資料所有必須廢除。」[53]對於自由，此時拉斯基已有全然不同的視野。而在1938年新版《政治典範》之「新〈序〉」中，拉斯基說明自己放棄多元論的理由。他說，多元論是馬克思主義的折衷辦法，根據他本人的痛苦經驗，馬克思主義才是對現代國家的精闢分析。如果說多元論是一種折衷辦法，那是因為他從一開始便拒絕接受中央集權國家自我標榜的特徵，而是把它看作是有產階級賴以維護其特權地位的組織。由於危機感的加深，拉氏認為改革已刻不容緩。它向社會主義愈加傾斜，政治多元論作為一種國家改造的理論與方案似乎漸成陳跡。

　　由上可知，1930年代之後，拉斯基逐漸從個人主義的自由主義者和費邊主義的社會主義者逐漸轉變成一個馬克思主義的信仰者。由於這種轉變，拉斯基引發了社會爭議。1934年拉氏應邀訪問莫斯科，並發表了一系列的演講。《每日電訊》（*Daily Telegraph*）記者以拉斯基講〈英國人希望革命〉為題加以報導，拉氏指其不實。嗣後又有國會議員及校方要求嚴處拉斯基，抨擊者甚至直指倫敦大學是「共產主義教學的溫床」。由於學院中有人指其行為損害學院名聲，拉氏則以他接到各國邀請其開設講座以及各國授予之學術榮譽稱號極力辯之。拉氏的辯護者則是強調思想自由與言論自由。當拉氏對報紙提出誹謗起訴遭到敗訴時，學院院長仍對其表示

---

[53] 拉斯基著、何子恆譯，《現代國家中的自由權》，「塘鵝文庫版引言」，頁24-25。

堅定的支持，這使拉氏相信英國堅實的自由主義力量必能抗拒社會上對學術自由的種種進攻。[54]

爭議及歷史評價

即使在工黨內部，拉斯基一貫擁護左派的觀點也激發爭辯。1932年的工黨大會中，一小群黨員組成社會主義同盟，由拉斯基起草宣言，旨在說服工黨在國際和國內問題上採取更有戰鬥精神的社會主義政策，但被全國執行委員會否定。1935年在對義大利經濟制裁一事上，拉氏等人和社會主義同盟認為，政府的半制裁政策不僅無實效可言，且是虛情假意，乃敦促工黨和政府行動切割。1935年大選，工黨獲得多數選票，但並沒有在貧困地區獲勝，也沒有在關稅政策受益地區勝利。1936年，隨著西班牙內戰的展開，工黨內部的分歧矛盾漸告平息，組織一場援助西班牙政府的運動，拉氏簽署了社會主義同盟、獨立工黨和共產黨的共同宣言。1937年工黨執行委員會宣布社會主義同盟不得保留工黨黨員資格，社會主義同盟乃宣布解散。雖然拉氏等人的策略遭到敗績，但1937年9月的工黨大會中，他首次被提名為地方選區的黨代表。嗣後更擔任中國運動委員會副主席。此一委員會曾組織了一次大規模抵制日本的運動。

1939年英國對德國宣戰後，拉斯基認為非打倒納粹不可，否則世界不能寧靜。他斥責共產黨反納粹不力，支持邱吉爾（Sir Winston Leonard Spencer Churchill，1874-1965），爭取美國加入反納粹戰爭。除了打敗納粹，他還主張實現社會主義，將第二次世界大戰視為工人階級革命的一種

---

[54] Kingsley Martin, *Harold Laski: A biographical Memoir*, pp. 86-92.

替代品。[55]他全力進行遊說，希望採取永久的社會主義措施。在1942年工黨年會上，他提交一份要求工黨制定經濟計畫的決議案。[56]

在英國對德國宣戰次日，拉斯基致書羅斯福（Franklin Delano Roosevelt，1882-1945）總統，認爲美國應致力新政，爲戰後作一示範。他在工黨代表大會演說中，強調戰時的計劃經濟，可以爲戰後社會主義立一基礎。邱吉爾擔任首相後，工黨同意參加混合內閣。但拉氏建議以社會主義作爲戰爭的目標，並未爲邱吉爾、工黨領袖及其美國友人所接受。對邱吉爾而言，戰時最重要的工作是贏得戰爭，改革則需循憲法推動。羅斯福亦與邱吉爾一樣，亦是重視軍事的勝利。[57]但是，不可否認的，拉氏在戰爭期間的活動將其帶到了權力中心。在這個權力中心，他傾盡全力，試圖在戰爭結束前完成向社會主義經濟的快速轉變。[58]

戰後，拉斯基認爲英、俄、美三國應該成立三角同盟。他宣揚羅斯福的「四大自由」，推動國際關係，推動社會主義的改革，同時維持民主政治的傳統。1945年5月，拉斯基成爲工黨主席，他信心滿滿。有謂其聲望比諸政府裏的三巨頭—首相艾德禮（Clement Richard Attlee，1883-

---

[55] Kenneth R. Hoover , *Economics as Ideology : Keynes, Laski, Hayek, and the Creation of Contemporary Politics*, p.133；肯尼斯・R・胡佛著、啓蒙編譯所譯，《凱恩斯、拉斯基、哈耶克：改變世界的三個經濟學家》，頁198。Newman認爲這意味拉斯基的思想與行動間不存在矛盾，他能夠將其旺盛精力投入到將其想像轉化爲現實的嘗試中。Michael Newman, *Harold Laski : A Political Biography*, pp.210-211.

[56] 拉斯基指出，競爭性資本主義的時代已經完結了。一個民主社會意味著一個人人平等的社會，這些平等的人們將制定全面的生產計劃，以滿足社會的消費。Kingsley Martin, *Harold Laski: A biographical Memoir*, pp. 142-144.

[57] 如邱吉爾回覆拉斯基表示，首先應打贏戰爭，然後在一個取得議會多數同意的情況下推行社會主義，並且不應在戰爭期間破壞民族團結。Michael Newman, *Harold Laski : A Political Biography*, pp.231-232.

[58] Kenneth R. Hoover , *Economics as Ideology : Keynes, Laski, Hayek, and the Creation of Contemporary Politics*, p.135；肯尼斯・R・胡佛著、啓蒙編譯所譯，《凱恩斯、拉斯基、哈耶克：改變世界的三個經濟學家》，頁200-201。

1967）、副相莫禮遜（Herbert Morrison，1888-1965），外相貝文（Ernest Bevin，1881-1951）都不相上下。1945年6、7月的大選中，時任首相之邱吉爾攻擊社會主義，以其和自由觀念不能相容，只會導致官僚主義與極權獨裁，致使拉氏與邱吉爾關係惡化，與副相、另一工黨領袖的關係亦呈緊張。工黨在大選雖然獲勝，但拉氏所受的攻擊卻是空前。大選期間，保守黨在報紙上抨擊他在公眾集會上鼓動群眾用暴力實現社會主義，甚至謂其為共產黨同路人。工黨匆匆發表聲明，否認鼓吹暴力是該黨立場，然而邱吉爾繼續把「暴力」一詞與工黨相連結。大選結束後，工黨獲勝，新一屆議會裏有工黨議員393個，其中67個是拉斯基以前的學生。[59]拉斯基則把工黨大選獲勝視為他「同意的革命」計畫的實現。

　　向英美等資本主義國家呼籲經濟民主，對蘇聯等社會主義國家呼籲政治民主，企圖調和自由主義與社會主義是二戰前後拉斯基政治思想的主軸。在《論當代革命》（*Reflections on the Revolution in Our Times*，1943）和《我們時代的難題》（*The Dilemma of Our Time*，1952）書中，拉氏表示，社會主義建設是西方民主國家的前進之道，蘇聯經驗未嘗無參考價值；而蘇俄也應了解西方民主制度之下對於人權保障的各種優點。兩者各去其短，則必大有益於世界和平。拉斯基堅信經濟民主是革命的目標，但也強調，此項革命，應於政治民主之上建立其基礎。《論當代革命》的出版，招致像卡爾‧博蘭尼（Karl Polanyi，1886-1964）與喬治‧歐威爾（George Orwell，1903-1950）等人的懷疑性評論。1944年，哈耶

---

[59] 伊薩克‧克拉姆尼克（Isaac Kramnick）和巴里‧謝爾曼（Barry Sheerman）指出，邱吉爾通過把社會主義計畫等同於一個蓋世太保政府來反對。不久即有傳言稱，拉斯基發表演講，鼓動暴力革命。Issac Kramnick and Barry Sheerman, *Harold Laski: A Life on the Left*, p.482；Kenneth R. Hoover, *Economics as Ideology: Keynes, Laski, Hayek, and the Creation of Contemporary Politics*, pp.164-167；肯尼斯‧R‧胡佛（Kenneth R. Hoover）著、啟蒙編譯所譯，《凱恩斯、拉斯基、哈耶克：改變世界的三個經濟學家》，頁244-247。

克（Friedrich August von Hayek，1899-1992）的《通往奴役之路》（*The Road to Serfdom*）一書出版，在對經濟計劃的直接攻擊中，直接指向了拉斯基。由於大選中報紙指其鼓動暴力革命，拉氏以誹謗罪向法庭起訴，1946年卻遭敗訴。他離開工黨執行委員會，名氣依舊，影響力卻已大不如前。1949年他到美國一些大學講學，號召美國工會成立強大政黨，以保衛美國的民主制度。1950年他抱病助選，大選後幾星期逝世。

拉斯基一生跨界學術與政治，影響遍及亞、非及西方世界，歷久不衰。在其盛名時期，許多政治名流如羅斯福、甘地（Mohandas Karamchand Gandhi，1869-1948）、尼赫魯（Jawaharlal Nehru，1889-1964）等人多與之結交。美國推行新政時期，各大學熱烈討論其思想和著作；印度內閣會議中，亦多引述拉斯基的思想言論。然而在拉斯基擔任工黨主席時期，由於理念歧異，邱吉爾避與交鋒。[60]

從學術的觀點言，許多人認為政治多元論是拉斯基最大的成就。他的民主社會主義、「同意的革命論」、美蘇協商的世界大同理論，在意識型態對峙的國際政治氛圍中，舉步維艱，以一介學者奔走實際政治，更徒遭紛擾。[61]此外，不少學者總是批評拉斯基的思想前後不夠連貫，而且充滿矛盾，不僅在他思想的不同階段，也在於他思想中的重要觀點。[62]例如，拉斯基想調和自由主義和馬克思主義；又如，他總是依靠著對這世界的不確定假設來建構他的思想。他將自由主義和馬克思主義置於同一理論架構，用自由主義去解釋如何在資本主義中成就平等以及用馬克思主義去解釋何以用革命可以調和民主自由。並且，由於拉斯基學說內容的變化，易使人認為拉斯基的思想從未定型。

---

[60] Michael Newman, *Harold Laski : A Political Biography,* "Introduction," p.x.

[61] 程滄波，〈拉斯基的身後文章〉，收入氏著，《滄波文存》（台北：傳記文學出版社，1983），頁70。

[62] Michael Newman, "Harold Laski Today,"*The Political Quarterly*, 67：3 (July ,1996) p. 229.

　　對於學者對拉斯基思想的批評，拉氏的中國學生鄒文海認爲是皮相之談。在鄒氏看來，拉斯基從20幾歲就享有大名，且其研究議題是西方歷史發展密切相關的資本主義、社會主義、平等、自由等大問題，或者可說，是西方文明發展至20世紀的大問題。且在20世紀上半葉，拉斯基不僅自居於英國、美國，而且自居於全人類的立場，企圖解決人類文明發展所面臨的危機。他急切心焦，因此步伐凌亂。但不可否認的，他有自由主義的價值觀，有強烈的人道關懷。鄒文海強調，拉斯基從未拋棄《政治典範》一書中的基本觀點，「職司權利說」即爲其中之一。對於他後期思想的所謂轉變，鄒文海認爲只是在手段上徘徊於和平革命與暴力革命之間，未嘗否定其權利學說，對於民主理想也一樣執著。有一時期他雖認爲民主的制度不足以實施他的理想，但一有和平革命機會，他立刻回復原來的主張，不以獨裁制度爲然。[63]此外，鄒文海也強調，拉斯基雖受唯物論影響，但他並非共產主義者，有幾個觀點甚至與共產主義相反：第一、拉斯基始終重視個人在國家的地位，對共產集團摧殘人民的自由與權利的作風不能同意；他主張自由以平等爲基礎，而不是說自由沒有麵包重要；第二、拉斯基雖批評資本主義的民主，但事實上始終相信代議制度是最好的制度，甚至地域的多數代表制亦不主張改變。他一直堅持政府立法應多方容納人民的經驗，對共產黨專政制度，自然不能首肯。[64]事實上，對於工黨組織少數派政府欲建立起一個相當於專制制度的政體，拉氏沒有信心，認爲明智的策略應該是在共產主義或法西斯主義還沒有更加勢張之前，把議會機器

---

63 鄒文海，〈拉斯基政治思想的背景〉，《國立政治大學學報》，6（台北，1962.12），頁
129-151；此處見拉斯基（Harold J. Laski）原著、薛振寰譯註，《政治學引導》（台北，
臺灣商務印書館，1967），頁23。

64 鄒文海，〈拉斯基政治思想的背景〉，見拉斯基原著、薛振寰譯註，《政治學引導》，頁
18、33。

修好。[65]

　　確實，儘管拉斯基在1930年代中葉以後宣示和政治多元論告別，他的政治多元主義信仰仍是他的堅持所在。1939年，拉斯基在華盛頓大學任教時，曾表達了他對所處時代的看法。他說，權威的來源實際上是多元的，發出的命令越是建立在被影響之人的允許之上，個人和志願性團體的意願越能進入發令者的憲政事宜中，主權就越能保持至高無上的地位。[66]在已被廣泛視為共產主義同路人的1930年代末期，拉斯基的這段話實為其政治多元主義的信仰作出了註腳。

[65] Kingsley Martin, *Harold Laski: A biographical Memoir*, pp. 76-77.

[66] Kenneth R. Hoover, *Economics as Ideology: Keynes, Laski, Hayek, and the Creation of Contemporary Politics*, p.40, 轉引自肯尼斯‧R. 胡佛著、啓蒙編譯所譯，《凱恩斯、拉斯基、哈耶克：改變世界的三個經濟學家》，頁62。

第二節 遇見拉斯基 —— 中國知識分子的拉斯基記憶

　　由於政治多元論的提出，1920年前後，拉斯基已是頗受矚目的政治理論家。至1925年 *A Grammar of Politics* 一書出版，拉氏的學術聲望更推向高峰。除了著述豐富，到處講學外，他也活躍政壇，廣泛交結政治名流。1930年代後，名聲更盛，影響所及，除英國外，遍及美國、印度、歐洲大陸等地。

　　除了博學多才，拉斯基個性熱情奔放，待人親切寬厚、誨人不倦。儘管英國許多評論家認爲拉斯基一生最大的失敗，在既做學術又不忘政治，結果晚年精力完全消耗在縱橫的政治活動上，學術上沒有成功。[67]然而，在另一方面，許多評論家卻也承認，拉斯基一生最成功的地方，是在他的講壇上。1920年以前拉斯基在美國哈佛大學及哥倫比亞大學講學，1920年後在倫敦大學任教，1926年成爲政治經濟學院講座，至其去世。拉氏好友及傳記作者馬丁（Kingsley Martin，1897-1969）指出，拉斯基在倫敦大學聲望最隆的時期是1920年到1930年代，而他在政治經濟學院講座前後達25年，這25年的教授生活是他一生最大的成功。他在第一次世界大戰後把他的思想灌輸到幾代的學生腦中。在此期間，受拉氏影響最深者，不是英國的學生，而是印度和其他自治領地的學生，遠東的學生也不例外。[68]Kingsley Martin在二戰前曾對中國駐倫敦大使說：「如果哈羅德訪問中國，他定會受到他許多門生的殷勤款待，其人數之眾多足以舉行一次盛大的公眾集會。」[69]

---

[67] 程滄波，〈拉斯基的身後文章〉，頁68-70。

[68] Kingsley Martin, *Harold Laski: A biographical Memoir*, pp. 243、250-254；程滄波，〈拉斯基的身後文章〉，頁68-70。

[69] Kingsley Martin, *Harold Laski: A biographical Memoir*, pp. 249-250.

確實，從美國到英國，從1910年代到1940年代，在拉斯基任教的地方，總有一些中國留學生與之相遇，承受其教，一個屬於中國知識分子從學拉斯基的記憶逐漸形成。

1910年代

1910年代後期，拉斯基聲名如旭日東昇，自1916年至1920年，其學術的場域主要是在美國的哈佛大學與哥倫比亞大學。當時在哈佛大學研究院就讀的雷沛鴻和林畢同是其授業的學生，雷沛鴻研究政治學、教育行政學及法律哲學。[70]1919年前後進入哥倫比亞大學就讀的，如蔣廷黻、張奚若、金岳霖、徐志摩等人，也均曾受教於拉斯基，其中金岳霖和張奚若攻讀政治思想。[71]

哥倫比亞大學名師薈萃，中國留學生前往追隨者不少。[72]1919年夏季，蔣廷黻進入他留學「西洋」的最後目的地—哥倫比亞大學—就讀。蔣氏初入哥大時就讀新聞學院，「想像成為中國報界大亨時，能夠左右中國政治」，夢想在自己國家政壇上能扮演「一個像美國重要報紙主筆有著強大影響力的角色」。嗣後認為新聞人員對一國政治的瞭解僅是表面無法深入，祇只能隨波逐流，應和潮流；又認為如果要左右政治，必須懂得政治；欲懂得政治，就必須專攻政治科學，因此於1919年秋改修政治。不久

---

[70] 韋善美、馬清和主編，《雷沛鳴文集》，（南寧：廣西教育出版社，1989），上冊，頁129-133。

[71] 〈蔣廷黻回憶錄〉，《傳記文學》，第179號（台北，1977.4），見「傳記文學數位全文資料庫」；劉培育主編，《金岳霖回憶與回憶金岳霖》（成都：四川教育出版社，1995），頁42。

[72] 蔣廷黻指出，當時在哥大的中國留學生約有150人。蔣廷黻，〈蔣廷黻回憶錄〉，《傳記文學》，見「傳記文學數位全文資料庫」。

之後，又覺得政治也有它的限度，因爲政治科學講的是抽象理論和計畫。爲了要獲得眞正實際的政治知識，他轉攻歷史。在蔣氏的晚年回憶中，即有專章記下當年的留學經驗，對各個「名師」的授課情況多有記述，其中包括了拉斯基。

　　在政治學課程中，蔣廷黻特別提到教「政治學原理」的教授鄧寧（William A. Dunning，1857-1922）和拉斯基。當時鄧寧已年高德劭，其名著《政治思想史》（*History of Political Theories*）第三卷亦已完成。年輕的拉斯基也在哥大教授同一門課程。蔣廷黻上午聽鄧寧，下午上拉斯基的課。在他的記憶中，二人不僅在理論上針鋒相對，教法也截然不同。他認爲鄧寧不獨斷、不大重視教條，僅僅提出對問題的看法，認爲政治學說最終的問題是政權的性質，政治家的最終目的是保護政權。蔣氏自謂，從那時起就感到有些國家的人民，連最低限度的穩定都做不到，而穩定政權、建立秩序乃是一國政治的基點。1930年代以後蔣氏的政治立場也大致反映了這種觀點。至於拉斯基，在蔣氏的記憶中，則是與鄧寧上課的枯燥乏味正好相反，他以雄辯滔滔的口才懾服了學生。蔣氏形容拉氏具有驚人的記憶力，授課時引證各家著述，從不停止，學生們常被他的言語帶開。不過，他也認爲拉氏上課時，「有許多次他自己也如脫韁野馬，易放難收」。[73]

　　蔣廷黻、徐志摩等人所上拉斯基「政治思想史」的課程係在哥大社會科學院（School of Social Sciences）開設。拉氏在哈佛大學政治系任教時，結識美國的左傾教授畢爾德（Charles A. Beard，1874-1948）和魯濱孫（James H. Robinson，1863-1936）等人。前者是哥大政治學教授，後者是歷史學教授，二人皆注重社會制度與現象以及社會進化的經濟基礎，並且

---

[73] 蔣廷黻，〈蔣廷黻回憶錄〉，《傳記文學》，見「傳記文學數位全文資料庫」。

認爲歷史學與社會科學的研究法需要推陳出新。拉斯基也對政治學傳統派的理論和方法不甚滿意。三人乃於1919年在紐約創辦社會科學院。除了徐志摩諸人，「凡屬羨慕他們幾位的名譽的與傾向他們的思想的，都爭先恐後地報名入學」。董之學在回憶中即表示，當時他也去聽講，同時，「金岳霖、張耘、周銘幾位好學的中國學生，也去聽聽那幾個有名教授的演講。」[74] 1918年後，拉氏聲名鵲起，中國留學生多有慕名前往者，與拉氏同時在美國的留學生，見證了這一顆學術界明星的昇起，也對他的講學風格印象深刻。在金岳霖的回憶中，此時社會科學院來了三個英國人，除拉斯基外，另有費邊運動中心人物華萊士（Graharn Wallas，1858-1932）以及拉斯基的老師巴克（Ernest Barker），這爲他和徐志摩、張奚若日後到英國打下了基礎。金氏還表示，張奚若對拉斯基非常佩服。[75]或許正是這種機緣，張奚若成爲將政治多元論傳播至中國的先鋒。

1920年代

1920年拉斯基回到英國，在倫敦大學政治經濟學院任教，當時倫敦政治經濟學院名師雲集。根據錢昌照的回憶，1919年至1922年他在倫敦經濟學院就讀第二年時，授課者多半是著名學者，如韋柏夫婦、華萊士、霍布浩斯、院長貝維利滋等人，這些學者大都是費邊社名人。拉斯基往後一篇

---

[74] 董之學，〈拉斯基政治哲學的根本錯誤〉，《學藝》，11：10（上海，1932.12），頁1。周銘（1888-1968）江蘇泰興人。1919年獲得美國麻省理工學院化學博士學位。歸國後先後擔任上海滬江大學、北京高等師範學校、南洋大學教授。1930年年參與籌建交通大學物理系。

[75] 金岳霖著、劉培育整理，《金岳霖回憶錄》（北京：北京大學出版社，2011），頁22-23。

對費邊社介紹的文章也對這些名家多所提及。[76]此外，還有羅素、柯爾、皮古、凱恩斯等人，他也提及不少中國留學生係是慕名而至，包括了徐志摩、張奚若、金岳霖等「留美學生」。[77]

徐志摩對拉斯基顯然甚為欣賞，哥倫比亞大學唸書時期即曾向張君勱介紹拉斯基關於主權的書籍。1920年9月徐氏獲得哥大文學碩士後，繼續前往倫敦政治經濟學院，曾從當年歸國的拉斯基學習政治學，半年後轉至劍橋皇家學院當特別生。蔣氏的回憶錄亦曾提及，1922年他在劍橋居住的幾個星期中，常與哲學家羅素（Bertrand Arthur William Russell，1872-1970）、經濟學家凱恩斯（John Maynard Keynes，1883-1946）、政治學家拉斯基及徐志摩等晨夕相見，討論中國文化問題。[78]從紐約到倫敦，拉斯基和這些中國留學生建立了亦師亦友的交誼。

除了美國任教時的舊日學生，1920年拉斯基回倫敦不久，即有一些在英國的中國留學生躬逢其盛。當時就讀倫敦政治經濟學院的有陳源等人。1910年陳源自南洋公學附屬小學畢業後，在表舅吳稚暉的資助下於1912年留學英國，前後在愛丁堡大學和倫敦大學政治經濟學院就讀，1922年回國。[79]除陳源外，1920年代初期受業於拉斯基之較著名者，尚有盧錫榮和前述錢昌照。盧錫榮1914年進入哥倫比亞大學就讀，1917年獲哲學博士學位後，即轉赴英國倫敦大學、德國柏林大學，從事政治經濟學研究，至1922年回國。錢昌照則是於1919年10月考進倫敦政治經濟學院，1922年下半年進入牛津大學研究經濟，直至1923年年底。在進入倫敦經濟學院的第

---

[76] 拉斯基（Harold J. Laski）著、嚴鴻瑤譯，〈費邊社之沿革〉，《時事類編》，2：27（上海，1934.12），頁78-83。

[77] 錢昌照，《錢昌照回憶錄》（北京：中國文史出版社，1998），頁9。

[78] 蔣夢麟，〈談中國新文藝運動〉，《傳記文學》，第64號（台北，1967.9），見「傳記文學數位全文資料庫」。

[79] 「陳源」，〈民國人物小傳（六）〉，《傳記文學》，第136號（台北，1973.9），見「傳記文學數位全文資料庫」。

二年，拉斯基即為他的老師。[80]二人回國後，盧錫榮對拉斯基的政治多元論作出系統的介紹；錢昌照在1930年至1940年代為蔣介石招攬人才，擘劃富國強兵大計，任職資源委員會時期的經濟發展大計更予人深刻印象。

夏晉麟也在1920年代初期遇見拉斯基。1919年9月他前往愛丁堡大學，選讀政治經濟，1920年4月獲得學位，隨後申請哲學博士候選人。[81]由於格蘭特（Ludovic Grant）教授的支持，並與學校當局達成協議，他不須住校，可赴倫敦在大英博物館閱覽室做研究工作，於兩年內提出論文。1920年夏天到倫敦後，他以特殊學生身分，在倫敦政治經濟學院註冊就讀，不修學分，也不攻讀學位，可隨意聽課。除了華萊士（Graham Wallas）的「地方政府」，達爾頓（Dalton）的「公共財政」，葛里哥萊（Gregory）博士所授的「稅制」，皮爾士‧喜根斯（A. Pearce Higgins）教授主講的「國際法」，他也選了拉斯基的「政治思想史」。在他的回憶中，1920年代初期的拉斯基已是一位「教授明星」，「上課既不帶書，也無講義。他不慌不忙的講五十分鐘，論古代希臘思想家所遇的政治問題時，口齒清楚，言詞簡明。大家公認拉斯基是一位出色教授。」他表示，雖未從拉斯基的授課學到特別的東西，但能認識這樣一位風雲人物，也算「此生不虛」。[82]1922年2月，夏晉麟獲得博士學位後回國。

自1925年*A Grammar of Politics*出版，榮任教授後，拉斯基更是學術界的風雲人物。1920年代中期從學拉斯基最著名者，應屬羅隆基（1896-1965）與王造時（1903-1971）。二人於清華學校畢業後，即前往美國威斯

---

[80] 錢昌照，《錢昌照回憶錄》，頁15。

[81] 1920年初，蘇格蘭各大學宣佈授予哲學博士學位的新規定：凡做研究及繼續深造的畢業生，於獲得在校的初級學位後兩年提出論文者，都有資格申請哲學博士學位。夏晉麟，〈夏晉麟早年自述三章（二）〉，《傳記文學》，第178號（台北，1977.3），見「傳記文學數位全文資料庫」。

[82] 夏晉麟，〈夏晉麟早年自述三章（二）〉，見「傳記文學數位全文資料庫」。

康辛大學深造。當時威斯康辛大學聚集大批中國學生，該校政治系主任阿格（F. A. Ogg）為政府研究的權威，羅、王二人慕名前往。羅隆基1921年赴美，於威斯康辛大學獲得學士學位後，再於哥倫比亞大學獲得哲學博士學位，1925年即前往倫敦政治經濟學院受教於拉斯基，1928年回國。王造時1925年留美，獲威斯康辛大學政治學博士學位，於1929年8月進入倫敦政治經濟學院，從拉斯基研究政治思想與比較政府。羅、王二人求學歷程類似，回國後的境遇也頗相同。他們翻譯拉氏著作，在著書立說時不時援引拉氏思想作為論述的依據，羅隆基更以「拉斯基一門徒」自居。[83]他們關於作為拉斯基門下的經驗雖不多見於文字，卻是拉氏中國弟子中宣揚其自由主義思想最具代表性者。

與羅、王二人幾乎同時，1920年代後期，杭立武（1903-1991）也在倫敦政治經濟學院從學於拉斯基。1919年杭立武自南京金陵大學附屬中學畢業後，直升金陵大學，主修政治學，1925年參加安徽省公費留學考試，以第一名錄取，經教育部複試通過。當時一般學生多前往美日進修，杭立武則以在金大已接受了幾年美式教育訓練，為多瞭解英國文化，決定前往倫敦政治經濟學院攻讀政治學，從學拉斯基。1927年，更在拉氏鼓勵下，至美國威斯康辛大學擔任名譽研究員，翌年獲頒威大碩士學位後，旋即返英，繼續攻讀政治學，於1929年完成學位。[84]

杭立武在倫敦政治經濟學院就讀期間，拉斯基甫由講師升任教授不久。杭立武對於拉氏課堂上座無虛席，學生甚至立於教室之外，以及拉氏

---

[83] 關於「拉斯基一門徒」，有研究指出，1940年代末期，羅隆基曾在一文章上署名「拉斯基一門徒」，並向浦熙修說，人們只要看到名字，就知道是誰寫的了。見謝泳，〈羅隆基評傳〉，收入謝泳編，《羅隆基一我的被捕的經過與反感》（北京：中國青年出版社，1999），頁11。

[84] 王萍訪問、官曼莉記錄，《杭立武先生訪問記錄》（台北：中央研究院近代史研究所，1990），頁6。

不用講稿、口若懸河的講課風采，印象甚為深刻。1931年杭氏欲邀請拉斯基前來中國講學，轟動一時，可惜拉斯基未能成行。當時杭氏一心介紹業師學說，可謂1930年代初期拉斯基學說在中國的重要推介者。

杭立武回國後原在中央大學任教，不久轉入政界，唯對拉斯基之景仰未曾忘懷。晚年在台灣的杭立武，由於常接觸人權理念，對拉斯基政治多元論亦有進一步認識，認為其與政治現實頗相吻合。1980年代，在陳少廷的協助合作下，杭氏決定重寫〈拉斯基小史〉，由1926年延伸至1950年拉氏去世之年，並撰〈拉斯基政治思想評介〉，連同舊日〈政治典範要義〉輯為《拉斯基政治多元論》一書，於1987年出版，作為60年心願之實現，並作為其所發起之中國政治學會55週年之賀禮。[85]杭氏在該書中對拉斯基的一生事業作了如下的評述：「主要為學人，參加政治而不入仕，甚至身任主要黨之主席而仍樂於任教，酷愛自由而接納社會主義，醉心革命而反對流血，著作等身，能言善道，拉氏殆為一理想主義者。」[86]寥寥數語，已清晰描繪出拉斯基複雜矛盾的生命形象。杭氏同時表示：「我這一生受倫大Harold Joseph Laski教授的開創精神與威大Frederick Ogg教授踏實任事的影響很大，在創新中不致流於虛幻，而落實於穩健實在。」[87]此段話語，除了突出拉斯基的治學特質，讀者當可覺察，對於生命中曾經從學於20世紀上半葉二位名揚國際之政治學大師，杭立武難掩自得之情。

1920年代末期受業於拉斯基者，尚有程滄波。程滄波（1903-1990），原名程中行，筆名滄波，以筆名行。程氏1917年就讀於南洋中學，嗣後考入聖約翰大學，三年後轉入復旦大學攻讀政治學，1925年畢業

---

[85] 杭立武表示，《拉斯基政治多元論》一書中的〈拉斯基小史〉和〈拉斯基政治思想評介〉二部分，由陳少廷代為蒐集資料，整理初稿。見杭立武、陳少廷著，《拉斯基政治多元論》（台北，台灣商務印書館，1987），「序」，頁1。
[86] 〈拉斯基氏小史〉，見杭立武、陳少廷著，《拉斯基政治多元論》，頁1。
[87] 王萍訪問、官曼莉記錄，《杭立武先生訪問記錄》，頁7。

後任上海《時事報》主筆。1927年夏，負笈英國倫敦大學，攻讀政治與歷史，1931年回國，1937年再度前往英國倫敦大學政治經濟學院進修。程氏初到倫敦政治經濟學院時，曾與早他來英二年、幫他事先籌備一切的費鞏談及修課之事。1926年費鞏從復旦大學畢業後，於1927年進入倫敦政治經濟學院，後轉入牛津大學。程滄波詢問費鞏專攻科目為何，費氏答以公共行政下的文官制度。費鞏亦問程氏志趣，程氏告以欲從學拉斯基。當時費氏反問程氏不嫌太空疏嗎？程氏答以早就走入「空門」。程氏在倫敦政治經濟學院確實把拉斯基的課程大半選讀了。除了英國憲法，都是政治理論，他形容自己，「真是一空到底了」。[88]

與拉斯基其他的中國學生不盡相同，1949年前，程滄波甚少為文提及拉斯基，此與程氏回國後參與實際政治不無關係。1932年，程滄波自英返國次年，適逢蔣介石改組國民黨機關報—也是全國大報之《中央日報》，蔣介石派任程氏為社長。此後，程氏歷任黨政要員，與國民黨關係至為密切。[89]在訓政時期的中國，拉斯基的自由學說曾是自由主義知識分子經常援引用來質疑國民黨一黨專政合理性與合法性的論述依據。1930年代後期以後的拉斯基，更被不少人貼上馬克思主義者的標籤。拉氏的政治激進態度或許是程滄波與拉斯基長期保持距離的原因。然而，拉氏去世後，程滄波仍是公開表達了他對拉斯基的思念。

1953年，在拉斯基逝世三週年前兩個月，程滄波思及拉氏死後，英國各雜誌，只有《新政治家》（*New Statesman*）及《民族》週刊以及美國

---

[88] 程滄波，〈記費鞏教授〉，收入氏著《滄波文存》，頁176-177。

[89] 如1931年擔任立法委員，嗣後任中央政治會議秘書，抗戰時擔任監察院秘書長、中央宣傳部副部長，勝利後奉派江蘇監察使，1948年再度當選行憲立法委員等。國民黨政府遷台後，1951年當選國民黨第六屆中央委員，嗣後應聘為中央評議委員。1960年代亞洲國會議員聯合會（Asian Parliamentarians' Union，APU）成立，程以立法委員身分與會，自第五屆連任五屆中華民國代表。此外，自1971年中華民國新聞評議會議成立，程氏被推舉為委員達18年。

《紐約時報》（*New York Times*）刊文紀念。文壇對拉氏態度如此冷漠，使程氏感慨萬千。[90]感慨之餘，他爲拉氏最後兩本書寫下評述。程滄波認爲，拉斯基的最後二本書中，尤其關於英國憲法的演講，乃是「十分平安」；另一本書《我們時代的難題》中，則有諸多突怪的議論，應是未定的稿本，他請求讀者予以同情的諒解。在文中，程氏表示了他對拉斯基的崇敬，對於拉氏的英年早逝，更有無限惋惜，認爲此爲自由世界一個極大的損失。[91]儘管冷戰方興未艾，在英美和共產世界對拉斯基批判幾成主流觀點的時刻，在標榜「自由中國」的台灣，程滄波極力想對外宣示的，顯然是拉斯基崇高的自由主義知識分子形象。

　　程滄波發表〈拉斯基教授最後兩本書〉未及數月，兩本與拉斯基相關的新書問世：一是《荷姆斯與拉斯基函件》（*Holmes-Laski Letters: 1916-1935*）在美國出版；一是《新政治家》週刊主編馬丁（Kingsley Martin）所著《拉斯基評傳》（*Harold Laski: A Biographical Memoir*）在英國出版。[92]由於二書牽涉到拉斯基學術及日常生活種種評價，程滄波閱後，百感交集，再作〈拉斯基的身後文章〉一文抒發己意。

　　1953年出版之二書，對拉斯基的人格與學術聲譽有著正反兩極的評價，甫哀傷拉斯基此一「曠代學人」早逝之程滄波顯然受到了衝擊。如上所述，程氏在〈拉斯基教授最後兩本書〉一文中肯定拉斯基自由主義的價值，似有對當時分歧之拉斯基評價作一澄清意味。然而，在〈拉斯基的身後文章〉中，程滄波卻模糊了拉斯基的自由主義學說。他說，拉斯基先生最後十年的著作，反覆顚倒，不過是重複闡述他中年的老調，他的著述多

---

[90] 程滄波，〈拉斯基教授最後兩本書〉，《自由中國》，8：3（台北，1953.2），頁107。

[91] 程滄波，〈拉斯基教授最後兩本書〉，頁108。

[92] Mark De Wolfe Howe eds*., Holmes-Laski Letters: the Correspondence of Mr. Justice Holmes and Harold J. Laski, 1916-1935* (Cambridge: Harvard University Press, 1953); Kingsley Martin, *Harold Laski: A biographical Memoir* (New York: Viking Press, 1953).

半爲宣傳及新聞性的時論。程氏的說法，正與1940年代不喜拉氏激進、帶有鼓吹革命色彩言論的中國知識分子的說法如出一轍。對於拉氏備受肯定之1948年出版的《美國民主政治》（*The American Democracy*）一書，程滄波雖承認它是「一部鉅著」，認爲其在「量的方面」，不減蒲徠士（James Bryce，1838-1922）所作，而遠超過托克維爾（Alexis de Tocqueville，1805-1859）的舊著；在「質的方面」，有其許多獨特之處；然在全書而論，程氏卻認爲實有欠「平易正直」。他並且解釋道：拉斯基在倫敦政治經濟學院聲名鼎盛之日，他的偏蔽，固然有時無形中流露出來，但絕不致那樣的公式化。美國文化豈是「市場文化」一語所可武斷地籠罩？而蘇聯在他心目中，如在唐虞之世。提到蘇聯，沒一個字的貶詞，又豈學者應有的態度？程氏並且表示，「《美國民主政治》是他一生最後一本鉅著，這一本遺留後人的印象，已使替他辯護的人相當吃力。」[93]數月前還是自由主義者的拉斯基，此時在程滄波的文章中又陷入了冷戰的漩渦。

　　如前所述，程滄波對拉斯基評價在數月間的幡然改變與1953年《荷姆斯與拉斯基函件》及馬丁所著《拉斯基評傳》二書實有密切的關係。前者分上下兩冊，共1650頁，其內容爲拉斯基致美國荷姆斯（Oliver Wendell Holmes）大法官的信件，共計540封。兩人通信的時間，從1916年到1935年，共計19年。拉斯基認識荷姆斯，是由美國法蘭克佛特（Felix Frankfurter）大法官所介紹。當時拉斯基初到哈佛大學擔任講師，年方23歲，荷姆斯已75歲，是英美兩國公認的法學權威，聲名之隆，幾與總統齊名。拉斯基與之結識後，開始與他通信，平均三個星期一封，直到荷姆斯1935年逝世，從未間斷。程滄波認爲，「以拉氏的聰明博學，有意用文字去取悅一位元老輩，許多信的內容與文采是可想見的。」[94]然而在這部

---

[93] 程滄波，〈拉斯基的身後文章〉，頁68-69。
[94] 程滄波，〈拉斯基的身後文章〉，頁69。

「函件」中，許多讀者，包括該書編者何尉（M. D. Howe）在內，卻發現大部分的事實是憑空捏造的。在《荷姆斯與拉斯基函件》一書未出版前，過去對拉氏不滿的人，各種責備尚有保留，該書出版後，各方對他的指責已是不留餘地。[95]確實，冷戰時期各方對拉斯基的攻擊，已不只是對其思想矛盾的極度扭曲，甚至，其人格也被醜化。程滄波難免不受影響。

　　至於第二本書，作者馬丁是拉斯基好友，也是左傾思想家。程滄波說，他所寫的《拉斯基評傳》，「把拉氏的優點都說了」。他記下馬丁書中對拉斯基教學特質的生動描述，如拉氏把兩次大戰中間階段許多青年的左翼情緒，一方面加以激發，同時加以教條化；他教書技術的驚人地方，在他演講或教書的時候，不用課本，不用箚記，沒有一刻停留，口如懸河，在一小時上課時間，他的演講整整六十分鐘，不少一分不多一分；在講臺上，他瘦短的身材，黃黯的面色，蓄著小鬍鬚，戴上大眼鏡，用他孟徹斯特、牛津及美國混合的口音，懸懸滾滾，使聽者張口迷惘，翕然奉為大師。馬丁對拉斯基講學的生動描述，也是程滄波的記憶。[96]

　　對於馬丁這本書，程滄波認為，作者根本對拉斯基太少批評，而且書的結構太鬆散，章法太潦草。書中許多意見，究竟是作者的意見，還是拉斯基的意見，使讀者感到迷惑莫辨。程氏也在文中追憶他與拉斯基的淵源，表示在國內上大學時，正是他《主權論的基礎》及《政治典範》出版之時，也是在此時，開始讀拉氏關於主權論的著作；在倫敦政治經濟學院，「親炙其議論者甚久」；抗戰初期在英國，與拉氏往來相當密切，拉氏對中國英勇抗戰熱烈擁護、真誠流露，使人感激；拉氏的著作，他確曾精讀十之八九。雖然和拉氏的關係說不上深切，但「不能否認與他有私

---

[95] 如信中講的若干次重要集會，實則那些會沒有開過。許多重要職銜，他根本沒有擔任過。許多重要書籍他與收信人鄭重討論的，他自己根本沒有讀過。見程滄波，〈拉斯基的身後文章〉，頁69。

[96] 程滄波，〈拉斯基的身後文章〉，頁70。

人的感情」。[97]這些敘述，除了說明其和拉氏的師徒關係，也向讀者證明其對拉氏知之甚詳。隨後，程氏話鋒一轉，表示他對拉斯基向來有一個感想，即是認爲他「通達而不平正」。對於拉斯基在給荷姆斯書信中的作假，他表示「古今文人，攀附勝流以自高身價，其事亦甚尋常。」程氏進而指出，拉斯基一生喜歡上書上條陳，並把許多世界大事的轉變，都歸功在自己的策劃。對此，他認爲是文士「不甘寂寞」，是「十分可笑的心理」。程滄波一方面承認拉氏的功名觀念，不同於世俗範疇。一方面卻也質疑，說拉斯基若無意功名，又爲何到處上書？且上書範圍是國際性的，對象不是首相，便是總統，而通訊對象，則爲全世界第一流名流。馬丁在其傳記中說，拉斯基想做工黨的後台。程滄波則有過之，認爲拉斯基不僅想做工黨的後台，還想做英國政治的後台，想做世界政治的後台。「可是他畢竟是書生，而且是成見極深的書生。他對許多實際問題的見解，常常是錯誤的。尤其對俄國的判斷，可以說全盤是錯誤的。」最後，他也像當時其他評論者一樣，認爲拉氏在中年以後，多半心力都浪費在學術本業以外，而他在實際政治上的本能實在不高。[98]

從以上程滄波二文可知，1953年在台灣的程滄波，於拉斯基逝世三週年之際，爲拉氏一生作了簡短的評價，有褒有貶。一方面，作爲1930年前後拉斯基的徒弟，程氏清楚拉斯基自由主義學說的崇高內蘊；一方面，在「反共抗俄」的時代背景下，作爲國民黨黨員的程滄波，仍是無法接受拉斯基後期思想中充斥著的馬克思主義語言，以及二戰及戰後對蘇俄充滿同情的言論。1953年出版的拉斯基的「身後文章」，尤其是《荷姆斯與拉斯基函件》一書直接涉及拉氏的人格問題，更使程滄波幾至手足無措，情難自己。

---

[97] 程滄波，〈拉斯基的身後文章〉，頁69、71。
[98] 程滄波，〈拉斯基的身後文章〉，頁71。

1930年代

　　1930年代以後，拉斯基在英國的聲望已如日中天，更是吸引了眾多的中國留學生。當時拉氏學術和政治活動頻繁，忙碌的情況令此一時期留學倫敦政治經濟學院的中國學生印象深刻。1930年代、1940年代留學倫敦經濟學院，從學拉斯基的中國學生，對拉氏有深刻印象者亦頗不乏人，如鄒文海、龔祥瑞、吳恩裕、劉聖斌等人皆是。

　　鄒文海（1908-1970），1926年9月考入清華大學政治系，四年後畢業，以成績優異，留校擔任助教。1935年，鄒文海由清大保送，進入倫敦政治經濟學院，追隨拉斯基及懷納（Herman Finer，1898-1969）等人，專攻西洋政治思想及制度。1937年夏，抗戰行將爆發，鄒文海以國家多難，自英歸國，曾在多數大學任教，1949年遷台。[99]

　　1960年代的鄒文海，已是臺灣著名的政治學者。他曾在大學開設拉斯基思想相關課程，也曾指導學生研究拉斯基的學說，在學問和道德上均受學生肯定。[100]1962年，鄒文海寫下〈拉斯基政治思想的背景〉一文。1967年薛振寰翻譯拉斯基《政治學引導》（*The Introduction to Politics*）一書出版，鄒文海即以該文「代序」。該文除闡釋拉斯基思想的學術淵源外，對於拉斯基其人、其事也多有介紹。

　　作為一個教師，拉斯基到處演講，鄒文海記憶尤為深刻。他記述拉氏的演講：「雖無抑揚頓挫的聲調，但聽起來總是引人入勝，令人神往。因

---

[99] 鄒文海歸國後，曾在多數大學任教，1949年來台，1970年病逝臺北。主要著作有：《自由與權力》、《比較憲法》、《各國政府與政治》、《西洋政治思想史稿》、《政治學》、《代議政治》、《鄒文海先生政治科學文集》等。

[100] 王國璋指出，1970年鄒文海去世出殯時，哀榮場面之大，在二十年來的臺灣文教界，除已故的傅斯年與胡適之外，無與倫比。見王國璋，〈鄒文海師的遺信〉，《傳記文學》，第119號（台北，1972.4），見「傳記文學數位全文資料庫」。

爲他常有用之不盡的軼聞遺事來強調他所講的主題。」晚年拉氏思想以激
進著稱，批評者眾，1950年過世之後，適逢冷戰年代，依然受到嚴厲的質
疑。1962年鄒文海回憶及此，不免對此多作說明。他認爲拉斯基很容易憑
記憶中的資料來加強他主觀的認識，客觀求證的機會因之也比他人爲少。
不過，鄒氏語帶詼諧，表示拉斯基如果沒有那麼好的記憶力，他思想中的
主觀色彩抑許可以淡些。[101]

　　對於拉斯基教學的忙碌，鄒文海感觸良多。鄒氏指出，拉斯基擔任
的課程經常爲日間部及夜間部各兩門，每門一小時，此外，他主持一個
討論課，所有他的導生都得參加。在討論課中，他經常宣讀新著，師生之
間，有時會引起激烈的爭辯。拉氏導生最多，自數十人至百人，因此指導
論文花費的時間也比任何教授爲多。作爲拉斯基的導生，鄒文海從拉氏身
上感受到作爲一個教師的風範。他指出，拉斯基「愛護學生，不遺餘力，
與學生的談話內容，自學術以至於私生活，無所不至。」如同眾多拉氏傳
記的外國作者所經常提及拉斯基有許多外國學生，鄒氏加以補充，指出：
「他的學生包括許多國籍，所以學生回國後如何爲其祖國服務也是常討論
的主題。」[102]對於拉氏的英年早逝，他有著無限的感慨與不捨，認爲正是
拉斯基爲公忘私，全力付出有以致之。鄒氏如此描述他的老師：「他所以
這樣不愛惜一己的健康，無非受著一個理想的鼓舞—下一代應該比這一代
幸福些。他由是把學生看作眞理的繼承者，把工黨活動看作改造英國的必
需途徑，把著作與時評看作教育人民大眾的工具，遂不惜竭盡精神全心全
力以爲之。」又說：「他選擇教育，事實上他亦從未離開教育，他的參與

---

[101] 鄒文海，〈拉斯基政治思想的背景〉，見拉斯基原著、薛振寰譯註，《政治學引導》（台
北：台灣商務印書館，1970），頁8。
[102] 鄒文海，〈拉斯基政治思想的背景〉，見拉斯基原著、薛振寰譯註，《政治學引導》，
頁8。

實際政治，決絕無名利之想，而只是認爲知識分子對社會有其特殊責任而已。」[103]拉斯基曾說：「生命是極高貴的召喚。」在鄒文海心目中，拉氏正是「從不肯浪費寸陰而以之全部奉獻與時代」的人。鄒氏所刻劃的拉斯基，是具有無私人格的知識分子典範。

在鄒文海心目中，拉斯基是「世界著名的政治思想家」。他提醒讀者，拉氏思想中的資料，「不限於一地一隅」，研究拉氏思想，「不能單單從某一學校的學風或某一學派的體系來說明思想形成的過程」。他如此形容拉氏創作的時代和心理背景：「在他的一生之中，經過兩次世界大戰，一次蘇俄的共產革命、三次法西斯式的政變，眞可說是多變的世局。他那樣敏感而富同情心的人，生在這樣的世局，宜乎激勵憤慨而不可自已了。」[104]對於拉氏思想的變化，比起其他學者的嚴厲批判，鄒文海多了同情的理解，有評論，也有無限的崇敬。

1930年代以後，拉斯基活躍於歐美學術與政治舞臺，其人其事總是吸引著公眾的目光。拉氏與其門生的關係，在課堂之外，不僅有公領域方面的學術指導，亦有私領域中的生活互動。把這樣的師生關係描述最爲深切者，無過於吳恩裕和劉聖斌。

前文已經提及，1930年代以後，拉斯基思想中的社會主義激進化，著書立說中馬克思主義色彩日益濃厚。拉氏學術興趣的轉移也影響了1930年代後期他的中國學生，吳恩裕可謂其中之代表。吳恩裕（1909-1979），1933年於清華大學哲學系畢業後，擔任北平《晨報》文學、哲學副刊《思辨》和《文哲月刊》主編。1936年公費留英，進入倫敦政治經濟學院，作

---

[103] 鄒文海，〈拉斯基政治思想的背景〉，見拉斯基原著，薛振寰譯註，《政治學引導》，頁9。

[104] 鄒文海，〈拉斯基政思想的背景〉，見拉斯基原著、薛振寰譯註，《政治學引導》，頁1。

爲拉斯基的門生。1939年歸國的吳恩裕，「每念在英倫時，拉斯基在學問
上對我熱切的指導，在經濟上慷慨的幫助，心中不勝慚愧！」1944年，
他以筆名「負生」寫下他對拉氏的追憶，1946年再次以〈拉斯基教授從
學記〉爲題發表，記錄他在拉氏門下的學習和生活點滴。吳恩裕所以署名
「負生」，乃是一方面自覺歸國多年仍「一事無成」，表達學生有負老師
教導和幫助之意；一方面似亦有不欲借「名人」以自重的用心。[105]在1940
年代的中國，拉斯基已是知識界，甚至政治、輿論等界耳熟能詳的名字，
且已有不少崇拜者。吳恩裕書寫拉斯基，除了私人因素，實有將拉斯基公
眾熟悉以外的面貌介紹給中國讀者之意。其內容包括拉斯基的治學方法、
對學生的鼓舞與指導，以及拉斯基如何幫助一個中國學生在英國讀書所遭
遇到的生活困難，由於是親身體驗，筆法細膩感人。

　　吳恩裕和拉斯基的相遇也是一種偶然。吳氏本來學習哲學，卻考取歷
史名額的留英公費生。抵英之後，原在倫敦大學註冊攻讀哲學，不久即接
到留學生主管機關的命令，囑其改習歷史，否則將有被取消公費的可能。
吳恩裕爲此徬徨苦悶了二個月。嗣後，同學建議他到倫敦政治經濟學院攻
讀政治思想史，因其中既有歷史，亦有哲學，如此將可兼顧。這位中國學
生還特別強調，「政治經濟學院的政治思想教授是Prof. Laski，他是著名
的政治學者，你是知道的。」這個建議對吳恩裕而言，猶如迷途指針，也
因此決定了吳恩裕和拉斯基的師徒關係，甚至「此後學術工作性質與範
圍」。

　　正是拉斯基，使吳恩裕的馬克思思想研究更上層樓，這是另一個偶
然。吳氏首次會見拉斯基時，申請入學書上所填的論文題目爲「黑格爾的
國家論」，他順便填上1935年在國內出版的《馬克思的哲學》。拉氏問他

---

[105] 負生，〈生活指導：憶拉斯基教授〉，《讀書通訊》，100（重慶，1944.12），頁25-32。

何不繼續從事相關研究？吳氏暗中狐疑：「馬克思還可以當學位論文題目嗎？真是聞所未聞」，但他心中實是充滿愉悅，因此回答願意更改，同時請拉斯基指定一個專題。拉氏也立即表示，馬克思與費爾巴哈（Ludwig Andreas von Feuerbach，1804-1864），馬克思與拉薩爾（Ferdinand Lassalle），這些題目都還待研究。吳恩裕選擇了拉薩爾（1825-1864）。拉薩爾是19世紀德國法學家，也是社會主義政治活動家，曾經創辦工黨全德意志工人聯合會。作出決定後，拉氏交待二事：（一）須聽國家論、古今政治思想、1600年以來的政治思想、社會及政治學說等課程；（二）每二個星期，把寫好的論文交給他看。吳氏第一次領略到英國學術界自由研究的風氣。由於倫敦大學學位章程規定，凡已准讀碩士學位的學生，如在讀碩士學位期間表現優異，得商請導師向高級學位委員會推薦，改讀博士學位。1937年開學後，吳恩裕和拉斯基幾經商討，拉氏允將題目改爲「馬克思的社會及政治思想」，並向高級學位委員會推薦，吳恩裕獲准改讀博士學位。

　　吳恩裕向中國讀者仔細描述了拉斯基這位著名學者指導他論文撰寫的經驗。首先，當他向拉斯基商討改讀博士學位時，拉斯基表示原則上答應，但須先寫好兩章論文讓他看看。四星期後，吳恩裕帶了兩章前往，一章討論馬克思方法論，另一章爲唯物史觀中「生產方法」一詞之意義。吳恩裕自認其結論和所蒐集的證據，都是前人言所未言。拉斯基甚爲激賞，認爲這本書在同類著作中，將是一個有價值的貢獻，接著告訴吳恩裕，以後該怎麼寫法，以及將來願介紹出版。吳恩裕形容這次會見，不但是一付興奮劑，也是一顆定心丸。[106]在指導的過程中，除了論文的修改，拉斯基也慨然出借「必要而難得的參考書」，介紹某些學者討論某些問題。

---

[106] 吳恩裕，〈拉斯基教授從學記〉，《客觀》，10（重慶，1946.1），頁5。

1939年春，吳氏完成博士論文〈馬克思的哲學、倫理和政治思想〉（The Philosophical, Ethical and Political Ideas of Marx），拉氏甚爲滿意，譽其爲「我迄今見到的最短的、最好的論文之一。」[107]

　　吳恩裕也和讀者分享他和拉斯基的幾次學術對話。從其中，他深深感受到西方學術研究中沒有所謂威權的觀念，也對拉斯基的治學方法有了認識。第一個事例是二人關於羅素批評唯物史觀的對話。羅素對拉斯基之《政治典範》極爲看重，1934年拉斯基身涉「誹謗案」，羅素曾慷慨爲其辯護。雖是如此，在學術觀點上，拉斯基顯然未稍讓步。留英之前，吳氏曾閱讀羅素《自由與組織》（Freedom and Organization）一書，認爲書中批評馬克思之處，完全是對馬克思的誤解，他並且撰寫〈評羅素辯證唯物論〉一文，刊登在1936年的《國聞週報》上。在撰寫博士論文時，由於過去學習哲學，且羅素是「世界最偉大的學者之一」，乃將此一觀點縮短、修正，加入論文中，不料遭到拉斯基反對。拉氏認爲羅素是哲學家，他不相信羅素對社會及政治科學有什麼研究，要吳氏將其見解放在註釋中。另有一次，羅素到政治經濟學院演講，講題爲「Science of Power」。羅素認爲，研究社會科學的「power」，就好像研究物理科學的「energy」。事後拉氏在課堂上表示這是不可能的，因爲社會科學的知識還沒有那麼確切。「羅素事件」讓吳氏知道，外國學者絕對沒有偶像主義，甲方威權，到了乙方，必須另行估價。這則故事也讓讀者見識到中國知識界熟悉的二位英國思想家的學術碰撞。

　　吳恩裕向中國學者描述拉斯基對學術的忠誠態度，這種態度，即使是對自身學術，也同樣奉守。有一次，吳恩裕寫到馬克思的階級分類標準，在參閱拉斯基的《共產主義論》（Communism）一書後，認爲拉氏所謂

---

[107] 吳恩裕網上紀念館，http://www.yiqin.com/m/15978.html，2013年6月24日點閱；吳季松，《我的父親恩裕教授》（北京：北京科學技術出版社，2005），頁50。

「馬克思區分階級的標準，乃是人們取得生產資料的方法」的觀點很成問題。因為馬克思在《資本論》第三卷最後專論階級一章中表示這個標準只能區分不同職業，不能區分不同階級，否則社會有一種維生資料的方法，便有一種階級，階級就更多了。吳氏後來採取劍橋大學經濟學者Maurice Herbert Dobb（1900-1976）的說法—馬克思區分階級的標準乃是一個人取得其維生資料的方法與當時流行的之生產手段的關係。他自己又增加一些新解釋，亦即參加生產工作，不領有生產手段，只以出賣自己的勞動力為取得維生資料方法者，自成一個階級，即勞動階級；不參加生產過程，而領有生產手段，並以剝削剩餘勞動為取得維生資料方法者，也自成一個階級，即資本家階級。對於這種區分辦法，拉氏認為合乎邏輯，並承認《共產主義論》中的觀點應該修正。此外，拉氏某次赴美，把吳恩裕批評紐約大學教授Sidney Hook之《對卡爾·馬克思的理解：一個革命性的解釋》（*Towards the Understanding of Karl Marx: A Revolutionary Interpretation*，1933）一書中對馬克思思想的某處字義曲解告訴Hook。Hook聽過拉氏的說明後，承認為自己的說法有問題，並託拉氏向吳恩裕表示希望他論文早日完成。[108]透過這二次事件，吳氏向國人展示外國一流學者追求真理的態度與精神。

作為日後中國馬克思思想權威的吳恩裕，在這篇回憶中，特別以他和拉斯基近距離接觸的經歷向國人證明拉斯基並非如外界想像中的馬克思主義者。在論文指導過程中，吳氏多次和拉斯基交換對馬克思思想的看法。在馬克思國家觀的問題上，拉氏並不同意馬克思完全取消國家的作法，認為人類無論生活怎樣進步，也不能取消政治組織，不能沒有行政（administration）。吳氏表示同意，但同時指出，馬克思所要取消

---

[108] 吳恩裕，〈拉斯基教授從學記〉，頁5。

的國家，是所謂布爾喬亞的國家，並不是任何形式的政治組織。在《資本論》第一卷中，馬克思把未來的組織叫做工人自由人聯合體（Free Association），拉氏則認爲馬克思並未將未來政治組織的形象描繪清楚。此外，中國抗日戰爭爆發後，美國記者斯諾（E. Snow）在倫敦的左派讀書會中出版《紅星照耀中國》（*Red Star Over China*）一書，書中記載中國抗戰、中共長征以及陝北情形甚詳。拉氏問吳恩裕相不相信斯諾該書所述之中國共產黨情形，以及中共領袖眞的對馬克思學說有所研究？吳氏回答：「我想不出一個外國記者會說謊的理由。」至於中共領袖有否研究馬克思主義，吳氏則表示：「如果研究是指對馬克思所指示的一般路線、基本理論，則我想他們當然會清楚地曉得的。」拉氏認爲吳恩裕的答覆很實在，很合理。[109]對於當時正在思考革命問題的拉斯基，吳氏的回答想必給了他些許的啓發。對於拉氏的私人指導，吳恩裕認爲是「循循善誘」。吳恩裕應該是1930年代拉斯基中國學生中與他在馬克思思想方面交流互動最多的一個。

　　和其他拉斯基課堂的中國學生一樣，吳恩裕也認爲拉斯基的講課，「尤值得稱述」。吳恩裕說，拉斯基的口才非常好，聲音宏亮，讀音清楚；講話的內容，則是條分縷析，歷歷如繪，聽者不但不會打瞌睡，而且引人入勝。有位在倫敦聽過拉斯基上課的中國外交部司長曾對吳恩裕說，拉斯基的演講如果有人速記下來，一字不易，便是一篇好文章。這樣的說法，吳氏以爲絕非過譽。拉斯基在《服從的危險》一書中有〈論師生〉一文，認爲講師必須完成下列三種使命之一：第一、必須有魄力使學生親自研究問題本身；第二、必須由新的觀念來說明舊事實；第三、對舊材料問題，使學生自行探索解決之道。吳氏認爲，拉斯基的政治思想史，特別是

---

[109] 吳恩裕，〈拉斯基教授從學記〉，頁5-6。

希臘政治思想史，常有對舊事實的新解釋。所謂「新」，不是用現在的目光來「吹毛求疵」地批判古人，而是「見前人所未見，發前人所未發」之義。另外，他的社會及政治學說、國家論等課程，則是橫的探究，理論事實兼論，也可能吸引學者自行研究問題本身，並求解決之道。對於拉氏的講課，吳恩裕認爲已達上述三項使命。[110]在他看來，拉斯基演講充實有卓見，能引人入勝，實得力於他歷史知識的豐富和方法的純熟，他向國人仔細介紹了拉斯基的教學之道。

從個人的經驗，吳恩裕也向國人介紹了拉斯基作爲一個教師的悲天憫人胸懷。留英期間，拉斯基對他慨然的經濟援助，應是1946年促使畢業多年的吳恩裕寫下〈拉斯基教授從學記〉的重要動機。1937年冬，因公費遲遲未發，吳氏等留學生面臨生活窘境，向使館借錢也被嚴拒，吳氏形容自己彷彿是個沒有國家的人。由於借錢不果，他向拉氏表示欲停止修習學位。拉氏表示願意每月資助他8英磅（可維持最低限度生活），要他安心寫論文。吳氏以論文不值得幫助予以婉拒，拉氏則認爲值得，並向吳氏說：「我們知道金錢是什麼東西。」[111]對於此時鑽研馬克思主義的二人，這句話實有特殊意義。收到拉斯基所寄一個月的金錢後，公費就到了，吳恩裕的經濟危機也得以化解。1939年初公費再生問題。由於1938年秋，財政部命令修習「與抗戰無關」學科之留學生隨即停止公費，學習經濟者亦在此列。吳的「政治思想」更是「與抗戰無關」。當時論文尚未完稿，距考期還有6個月，正值拉氏赴哥倫比亞大學講學之時。吳恩裕心焦之際，

---

[110] 吳恩裕舉了拉斯基所講1600年以後的政治思想史中關於史賓諾莎政治理論一事。關於史賓諾莎政治思想，前人已有精到周詳的研究，但吳氏認爲拉氏別具會心，對斯賓諾莎的政治理論，有更進一步的詮釋。如史賓諾莎的人性觀與馬克思的關係、史賓諾莎國家觀（united by one mind）與盧梭公意（general will）的關係（可能得自史賓諾莎）、史賓諾莎思想與荷蘭商業發展的關係，以及拉氏認爲他是歐洲自由主義的先驅等。吳恩裕，〈拉斯基教授從學記（下）〉，《客觀》，11（重慶，1946.1），頁6。

[111] 吳恩裕，〈拉斯基教授從學記（下）〉，頁6。

寫信給拉氏，請其助找美國或英國助學金機會。拉氏再答應每月資助10磅，吳氏終於獲得學位。[112]多年之後，吳恩裕說出這段故事，無非是向國人說明拉氏金錢接濟背後濃厚的人道主義胸襟，肯定這是人間最可寶貴的東西。吳氏也不負拉氏期望，在拉氏的中國學生中，他應該是把拉斯基學說中的馬克思主義元素發揮最充分之人。

1940年代

　　1944年從學拉斯基，成為拉氏晚年弟子的劉聖斌，回國之後更是迫不及待地分享他近距離的拉斯基經驗。1947年劉聖斌在《時與潮副刊》所發表的〈始終同情中國的世界知名政治學者—我所知道的拉斯基教授〉一文中，劉氏彷彿化身為一位田野調查的學者，以靈敏的觀察力品味拉斯基，致使他筆下的拉斯基栩栩如生，更具日常生活神韻。

　　劉聖斌在文章開始時即以感性的文字表達他對拉斯基的敬慕之情。他說：「假如我的辛苦奔波的生活過程中，還有幾個值得紀念的快樂的日子，一九四四年十月十二日便是其中的一個；那天，我正式進入倫敦大學的政經學院，那天，我移住於劍橋大學城；也就是那天，我第一次看到拉斯基教授的丰采，並且聆受他的高論。從那天，我和他發生了師生關係；那天，我實現入其門牆，受其教誨的夙願，那確是快樂的日子。」如此興奮熾熱的情感，像極了一個朝聖的信徒，劉氏牢記往後拉氏身邊日子中的點點滴滴。見面第一天，拉斯基即以〈學生與社會〉的演講給予劉聖斌極大的鼓舞。拉斯基說，青年的責任，首先要作「積極的公民」，無論在思

---

[112] 吳恩裕，〈拉斯基教授從學記（下）〉，頁6、10；吳季松，《我的父親恩裕教授》，頁50。

想，言論和行動上，都應有積極建設性的品質。劉氏認爲，「作爲『積極的公民』」正是拉斯基的人生哲學，他以謀全人類的幸福爲職志。」[113]

　　劉聖斌留英期間，拉斯基方辭英國工黨主席，但仍擔任常務執行委員。在劉氏眼中，拉氏知行合一，是「當代的偉大政治思想家」，也是「腳踏實地的實行者」，因爲要把政治理論和思想傳播久遠，所以不憚其煩的寫作、講學和廣播；因爲要把理論實行出來，所以實際參加政治活動，計劃並推廣黨務。對劉氏而言，拉氏不僅是出類拔萃的天才，其積極不息的努力奮鬥更爲其所佩服。他也說道，1945年英國大選的基本舞臺可說是倫敦政經學院，保守黨與工黨各自標榜的主義都是出於這個學院。當時政經學院的政治學教授拉斯基和經濟學教授海耶克（F. A. Hayek）二人持論相反，轟動一時。[114]

　　劉聖斌的回憶是1949年以前中國知識界少有的拉斯基與海耶克理論交鋒的記錄。1944年海耶克的《通往奴役之路》（*The Road to Serfdom*）一書出版，直接提及拉斯基三次，每一次都暗示拉斯基的觀點與法西斯主義的觀點有一點是相似的，即是：即使遭到民主的抵抗，也要支持國家主義權力。拉氏曾經提及自己蔑視經濟困頓條件下的自由，支持國家提供的安全。海氏則引用了拉氏這些看法。正如海氏的後來評論所言，拉氏認定是爲了反對他而撰寫的。[115]劉聖斌介紹海耶克，謂其反對計劃經濟和統制制度，其理想的經濟社會是維多利亞時代的英國，其著作《通往奴役之路》被當時英美保守派奉爲經典。至於拉斯基，劉氏如此形容：「激動中的思

---

[113] 劉聖斌，〈始終同情中國的世界知名政治學者─我所知道的拉斯基教授〉，《時與潮副刊》，7：1（上海，1947.1），頁30。

[114] 劉聖斌，〈始終同情中國的世界知名政治學者─我所知道的拉斯基教授〉，頁31。

[115] Kenneth R. Hoover, *Economics as Ideology : Keynes, Laski, Hayek, and the Creation of Contemporary Politics*, p.151；肯尼斯・R・胡佛著、啓蒙編譯所譯，《凱恩斯、拉斯基、哈耶克：改變世界的三個經濟學家》，頁220。

潮趨勢總逃不脫他的眞知灼見的預測；而他的觀察十之八九是對的。」劉氏並無深論二人的學術糾葛，但從敘述的文字看來，就像當時許多信仰民主社會主義的知識分子，他必然認爲拉斯基站在正確的一方。

確實，劉聖斌相信他的老師拉斯基是睿智的，這種睿智使其對未來有精準的判斷，包括對自己的祖國—中國。在回憶拉斯基的文章中，他向讀者表示拉斯基對中國的關心，如：「請注意，他是喚醒世人注意侵略的連鎖性的第一個人；他曾大聲疾呼的反對日本侵略我國東三省。」還說：「在講堂上，和公開演講中，筆者曾屢次聽他說：『不變的東方，不變的東方（The Unchanged East）。』，而事實上，東方正在起著大的變化！舊式的西方帝國主義，已不能適用於覺醒的東方人！」劉氏每常爲拉氏這些話語所震撼，認爲拉氏這些話，不但有其審時度勢的根據，並且出於他對人類的偉大同情心。他公開同情印度獨立運動，誠懇地同情中國過去幾十年和帝國主義的鬥爭，「聽他講政治理論和哲學的時候，他口若懸河的散佈人類的福音；確如一位智慧的導師，在爲被壓迫的人們呼籲自由與平等。他激烈攻擊白種人對於有色人種的偏見與不公平的態度；他主張人類應不分種族，膚色與信仰而一律平等；他常現身說法的說：『我自己的面色是亂七八糟的灰色。』」[116]對於拉氏的人道主義，身爲東方黃種人以及近代以來備受帝國主義侵略之中國人的劉聖斌事實上有著比拉斯基的西方傳記作者更深刻的描述，從劉氏的說法也可理解拉斯基廣受東方學生愛戴的原因。

劉聖斌向國人仔細介紹了拉斯基，他的形貌、家世、學歷、經歷以及日常生活點滴。在他的筆下，拉斯基的活動多彩多姿、積極奮發。他的工作速率，就如他倫敦大學的同事所言：「只有拉斯基趕上拉斯基的步

---

[116] 劉聖斌，〈始終同情中國的世界知名政治學者—我所知道的拉斯基教授〉，頁31。

伐。」劉氏也用詼諧的語句描述作爲一個教授的拉斯基一些細微的習慣，如低頭走進講堂，脫下帽子和大衣，摘下眼鏡和手錶，拿出帶色的手絹擦鼻子，向來不帶教科書和講義；以一個笑話或故事開講等等。他表示，受教於其門下的學生，不但都敬佩他，師生間且存在一種深厚的友情，他給學生的印象則是：喜歡接近青年的長者、最富於同情心導師、動聽的演說家、高明的批評家、思想的啓發者、研究工作的理想者。

　　1930年代以後，拉斯基樹敵不少。劉聖斌分析，有的因其祖先爲猶太人，有的因嫉妒他的學問和聲望，有的因他思想前進違反英國的保守傳統。根據劉氏觀察，牛津、劍橋兩大學幾乎是拉氏的敵人的大本營，因爲那裏保守勢力太大，而且有許多腦中充滿大英帝國光榮與驕傲的老教授們，而劍橋大學拉斯基講書的教室對面牆壁，則有用粉筆寫的「槍斃拉斯基」的大字標語，但他不以爲意。劉氏也介紹了拉氏的工黨活動，同時指出，拉氏政敵也不少，多爲與工黨對立的政黨人物。從政治活動的條件來看，劉聖斌認爲拉氏有其弱點：理想太高、有時不合時宜；太誠實，有時被人欺騙；太直言，有時惹起是非。[117]然而劉氏所指稱之「弱點」不也是一般人眼中的優良品德？當然，劉氏也記錄了拉氏在1946年那件誹謗案的敗訴。劉氏認爲拉斯基沒在教室中失敗，沒在政治上失敗，只是在法庭上失敗。

其他

　　1930年代以後，拉斯基享有世界盛名至少15年以上，經常在歐美各地

---

[117] 劉聖斌，〈始終同情中國的世界知名政治學者—我所知道的拉斯基教授〉，頁34。

講學和發表演說，中國知識分子多有躬逢其盛，親炙其人其事者。即是在日內瓦國際政治研究院的特殊學習經歷中，淦克超遇見了當時名揚國際的政治學者拉斯基。1970年，淦克超雖然表示「自第一次大戰末期，直到第二次大戰結束後十年，拉斯基教授是歐美主要政治哲學家之一，雖則他在政治思想史上的地位尚待評定。」但他仍以專文追記了「拉斯基教授」，記錄1930年代初期與拉斯基的相遇。

　　1930年代的日內瓦是國際聯盟所在，蜚聲國際的重要政治外交家，均曾在國際玷壇上表演其舌陣辭鋒。當時日內瓦新開辦了一所國際政治研究院（L' Institut de Hanutes Etudes Internationales），延攬各國一流教授講學，又時常邀請世界各國政治外交家來院講演，學生更有赴國聯旁聽機會，對已獲政治學碩士學位者更酌給獎學金。淦克超乃在美國密西根大學學業告一段落後轉赴日內瓦，時間為1932至1934年。該學院所開課程，大致為國際政治、國際法、國際經濟三大部門。歷史，特別是外交史，財政、金融等，均包括在內。至於講演之課，幾乎都是專門化，隨教授之特長及時勢之需要而開。研究之課（seminar）則由教授主持，核定分配題目，由各生擔任作研究報告，教授及同學提出問題，檢討批評。除上述兩種課程，尚有定期專題講演，每學期安排若干次，每次邀請的講演者大都為期一週。參加者隨意自提問題，或質詢講演者某某論點，各抒所見。國際政治研究院是一個敏感的學院，國聯討論的議案，世界各色各樣的問題，都在師生的注視、思考、論評中。淦克超認為，其直接間接發表的影響力，雖無法料算，但不宜低估。[118]

　　1933年遇見拉斯基前，淦克超已有一次幾乎和拉斯基相遇的機會。由於一位旅美英國教授介紹，還是一個研究生的淦克超前往拜訪對中國

---

[118] 淦克超，〈日內瓦・國聯・與國際政治研究院〉，《傳記文學》，第138號（台北，1973.11），見「傳記文學全文數位資料庫」。

經濟頗有研究的陶芮（Richard Henry Tawney，1880-1962）。陶芮的辦公室和拉斯基同一層，當時他並未打算去見拉斯基，聽他「談論多元主權或他正主講的十五世紀政治思想」。1933年11月拉斯基應國際政治研究院之邀作一週一連串的講演，講題就是裁軍會議。這是淦克超與拉斯基的初次相見。在回憶中，他也像其他人一樣，記下拉斯基的演講「風格」──不帶稿、取下錶、出口成章，在既定時間結束，半分不差，「演辭中的年月數字都是隨口引述，絕對準確，不假思索的」。淦氏認爲拉斯基雖係作學術性的講演，但「並不是書本式的，而是演說家的演辭式的，根據有理論，表達見感情」。他記得拉氏批評德國對裁軍問題的政策，也提到希特勒的反猶太運動，率直地表示他是一個猶太裔的英國人，對希特勒的違反人道，非常憤恨。淦氏形容拉斯基是激動的，「毫不作學者式的假客觀，或政客式的假中立」。在長棹討論會時，淦克超提出五個問題，其中一個是：許多社會主義者，痛詆閒暇階級，認爲他們是不生產的；可是另外若干學者認爲文明是閒暇階級的產品，因爲只有閒暇階級才能對原理原則加以思考，而有若干發明和新見解。對此問題，拉氏的答覆大致和其他社會主義者一樣，不承認閒暇階級才能產生文明的。另一同學提出的問題是，如果拉斯基教授當了英國首相，將首先推行什麼政策？拉氏的答覆是，「如果上帝幫我，我做了英國的首相時，我將首先實施房屋政策，尤其是首先使工人有住屋。」另有一位美籍同學提到教育制度問題。拉斯基答覆中的幾句緊要論評是：「以美國政治家而論，我想第一個要算林肯，但林肯是不曾受大學教育的；如果林肯受了幾年哈佛大學的教育，就不會成爲林肯了。」[119]顯然，在1930年代初期，拉斯基予人的印象主要是「社會主義式」的，包括了淦克超。

---

[119] 淦克超，〈追記拉斯基教授〉，《傳記文學》，第101號（台北，1970.10），見「傳記文學全文數位資料庫」。

　　淦克超記得瑞士人勒柏（W. E. Rappard，1883-1958）院長的介紹詞，第一句話是「拉斯基教授是不庸介紹的。」最後一句是，「他是我們每一位同學的好朋友。」淦克超認為一點不錯。他比較陶芮和拉斯基二人，認為陶氏具有紳士風度，拉氏則是平易近人，毫無權威學人的優越感。然而，他也指出，拉氏對學生輩雖然態度隨便，對英國或各國權要、政敵之批評則是極端尖刻，毫不留情，散見於工黨的機關報——《每日論壇》（*Daily Herald*，即前所譯《每日先驅報》）——的論文尤多。

　　也是1933年，日後中國著名政治學者陳之邁的留美學業結束，清華大學發給一份回國川資，論文也得了一筆稿費，他決定取道歐洲返國，以廣見聞，也遊歷了嚮往已久的倫敦，拉斯基成為其1933年英倫回憶的重要部分。

　　作為政治學專業的研究者，陳之邁讀過不少倫敦政治經濟學院著名學者的作品，這次英倫之旅他拜訪了他們的講學之地。陳氏在回憶中，強調此時倫敦政治經濟學院是費邊社會主義（Fabian Socialism）的大本營，主張用漸進主義（Gradualism）推行社會主義，反對用暴力實行他們的理想。「費邊社」（Fabian Society）創立於19世紀末年，於1889年首次刊行《費邊文集》（*Fabian Essays*），轟動一時。此時執筆為文者有韋柏夫婦（Sidney and Beatrice Webb）和蕭伯納（George Bernard Shaw，1856-1950），文筆犀利，吸引了眾多的信徒。1970年代的陳之邁，記述他們的思想及事蹟，對於二者當時「極力吹捧蘇俄共產主義，後來並且為義大利的法西斯主義和德國的納粹主義辯護」，認為是「文人之無行無恥，堪嘆觀止」。韋柏夫婦和蕭伯訥都是職業作家，不在大學擔任教職。但他表示，第一次世界大戰後，倫敦政治經濟研究院成為費邊社的活動中心，集結在該院的費邊主義者甚多，「都是教授，在學術上赫赫有名，而利用杏壇作政治宣傳」。他以兩人為代表：一為唐尼（Richard Henry Tawney，即淦克超所記之陶芮）；另一即為拉斯基。

　　唐尼爲經濟史專家，陳之邁對其印象甚佳。他表示，唐尼學富五
車，早年和同道二人合編之《英國經濟史資料選輯》（*English Economic
History: Select Documents*），爲習此科者主要的參考書籍，另有《貪慾社
會》（*The Acquisitive Society*）一書，更是傳世之作。陳之邁認爲唐尼的文
筆犀利，有如高山流水，一瀉千里，至於立論則鋒銳偏激。但他稱譽其人
「謙沖爲懷，望之如聖賢」。對於1931年唐尼旅華歸國後所著之《中國的
土地與勞工」》（*Land and Labour in China*）一書，更認爲是「觀察精闢
深入，立論一針見血」，非一般所謂「中國專家」所能望其項背，「實爲
西洋人有關中國著作的一項奇跡」。至於拉斯基，陳之邁指其爲當時倫敦
經濟研究院中最出風頭的角色。在拉氏去世多年以後，陳之邁謂其「桃李
滿天下，我國亦儘有之，不斷爲他吹噓」，字裡行間，批判意味甚濃。在
學術方面，他認爲拉斯基一生著作甚多，「一般而言，尙具有學術價值，
但並沒有什麼創見，他的生徒稱頌他爲政治學『權威』或『泰斗』等等，
則是過甚其辭」。[120]

　　實則陳之邁遇見拉斯基甚早，在他就讀哥倫比亞大學時期，適逢拉斯
基到校演講，所講的是英國內閣制度，「我當然抓住這個機會前往聆聽，
故也可說是忝列門牆」。他描述拉斯基的外表，謂其雙目炯炯有光；講學
時身體直立，絕不走動，雙手把握著衣襟，很少放下來；面部沒有表情，

---

[120] 該書說明資本主義以爭利爲其動機，勞工大眾受資本家的壓迫與榨取，無所不用其極，故
　　無道德的基礎，應爲人類所擯棄，而代之者則是以「平等」爲出發點的社會主義。陳之邁
　　表示，唐尼此書發刊後，洛陽紙貴，外國人之研究中國者無不奉爲經典，經過中譯之後，
　　在中國亦享有廣大的讀眾，歷久不衰，對於中國政府的經濟教育政策，也有相當的影響。
　　他說：「我嘗想到外國人論中國的著作，汗牛充棟，有的出自新聞記者，有的出自久留中
　　國的外國人士。這類書我一生看了不知幾百部，史實每多錯誤，議論似是而非，唯有唐尼
　　的這一本《中國的土地與勞工》，最爲精采，歷久彌新，實爲西洋人有關中國著作的一
　　項奇跡。」見陳之邁，〈倫敦印象記〉，《傳記文學》，第126號（台北，1972.11），見
　　「傳記文學全文數位資料庫」。

口若懸河，滔滔不絕，五十分鐘結束，轉身便走，最怕學生和他糾纏。陳氏雖也以「拉斯基門徒」自居，事實上對這次的聽講極爲失望，認爲「不過是將書中的大意重述一遍而已，沒有什麼特別精彩之處」，大有拉氏徒負盛名之意。在講學與著述之外，陳氏認爲拉氏雖也參加實際政治，但始終是理論家。在他看來，拉氏謳歌代議士制度，卻沒有勇氣競選代議士，也許怕萬一落選影響他的聲譽；不斷作宣傳，主持各種會議，卻沒有毅力貫徹自己所提的方案；在理論上他是一位馬克思主義者，但不主張仿效俄國實行武力革命。這是拉斯基思想體系中根本的矛盾，故鬱鬱不得志。陳之邁對拉斯基的總評是：他沒有唐尼的修養，不甘心只做一名教授，但他亦無由實行他的主張，他的著作亦沒有預期的影響，雖則他的聲名籍甚，門下出了許多學生，爲他不斷的吹捧。

儘管陳之邁在拉斯基身後評價如此，但他在1933年的英倫之旅中仍再次聆聽了拉斯基的演講，內容仍爲英國內閣制度。當晚講堂坐了約200人，「佔滿了每一把椅子，其間有不少亞洲學生，印度學生似乎特別多」。他形容這次又是一次失望的聽講，因爲和在哥倫比亞大學所聽到的完全一樣，「好像是在背誦同一篇講稿」「好像重聽了一張留聲機唱片，一字不差」。有了這次經驗，「我才領悟到這位教授亦不過一位教書匠而已」。陳氏對拉斯基的批評，和他自身的思想傾向以及時代氛圍不無關係。他基本上質疑費邊社會主義，謂韋柏夫婦、蕭伯訥、拉斯基等人所爲，「一向從事於互相標榜，自我宣傳，所謂在臺後喝采，所說的總是那幾句老話，實在令人生厭」，進而認爲費邊社會主義在西洋近代思想中的地位，聲過其實。[121]陳之邁的看法，多少反映了中國當時一些知識分子對拉斯基思想激進化的排拒，冷戰時期不利於拉斯基思想的氛圍，自然也影響了陳之邁對1933年之前二次拉斯基經驗的記憶。

---

[121] 陳之邁，〈倫敦印象記〉，見「傳記文學全文數位資料庫」。

　　1936年底赴英國倫敦政經學院學習社會人類學的費孝通，於1938年夏獲博士學位回國。費孝通雖非拉斯基門下，然而同處倫敦政治經濟學院，對於拉斯基的聲望和思想自有一定的認識。1946年11月，他重訪英倫，正逢拉斯基誹謗案宣判時刻。此案源於1945年6月拉斯基以記者對他競選時期的演說歪曲報導並指其主張暴力革命一事，以誹謗罪向法庭起訴，法庭於1946年宣告拉斯基敗訴，判決罰鍰1萬5000磅。[122]這個判決，無論是精神或物質上都令拉氏心力交瘁。此案引起不少中國知識分子的關注，除前述劉聖斌外，費孝通即是其中的一個。

　　費孝通目睹激動的政治經濟學院學生設立了上寫「Laski's捐款」的箱子，為他募款。他自己也為拉氏抱不平。在一篇1946年12月寄自英倫的文章中，他考察英國的政治與司法制度，並且記錄了在法庭上以口才聞名的拉斯基和著名皇家律師那一場被認為是「英國歷史上少有的精彩節目」之辯論和定讞的過程。費氏向中國的讀者表示，拉斯基並不認為在社會的改革中暴力是必須的，只是不否認暴力革命的可能，「念得懂他的書的人，絕不會誤解他的一片婆心，主張和平。但是，被告律師卻斷章取義，使沒有念和不懂拉斯基著作的陪審官有一個印象，他是主張暴力的人」。看到學生的情緒和桌上的捐款，費孝通認為拉斯基並沒有敗訴。[123]費氏是屬於「念得懂拉斯基著作的人」，且作為一個與拉氏一樣憂心世局的知識分子，費孝通對拉氏寄予無限的同情。

---

[122] 此案中國報紙也有報導，如天津《大公報》以極大的標題〈拉斯基敗訴了　法院要他付訴訟費　太太說破了產也付不出〉報導此事，1946年12月5日，第3版。

[123] 費孝通，《芳草天涯》（蘇州：蘇州大學，2005），頁146、148。此外，普通民眾以及阿爾伯特・愛因斯坦（Albert Einstein）、愛德華・R.・默羅（Edward R. Murrow）、亨利・華萊士（Henry Wallace）等名人也捐了超過五千筆的捐款。Kenneth R. Hoover, *Economics as Ideology: Keynes, Laski, Hayek, and the Creation of Contemporary Politics*, p.176；肯尼斯・R.・胡佛著、啓蒙編譯所譯，《凱恩斯、拉斯基、哈耶克：改變世界的三個經濟學家》，頁260。

　　誹謗案中敗訴的拉斯基，除了獲得政治經濟學院學生的聲援，也仍是受到不少中國知識分子的歡迎。1947年，在誹謗案敗訴後的拉斯基應劍橋中國學生會之邀發表演說，題為〈論中國知識階級的任務〉，《時與潮副刊》特別刊載了此篇講辭。演說一開始，拉斯基便以充滿感性的語言向在座的中國學生表達他對日本侵略東三省以來，中國人民所表現的勇氣、堅忍與決心的欽佩。這次的演說，他談到他認為三件極端重要的事：第一，對於中英兩國交換純粹研究學術的教授和學生一事，他希望中國學生能向英國外交部、文化協會和各大學說明，希望英國的學生也能到中國，而不只是中國到英國的單軌交流；第二，他預言，未來30年的世界史，屬於美國；這一代以後的五、六十年屬於蘇聯；假如中國夠聰明，其後的一代或更多的年限的世界歷史，勢必屬於中國。中國有人民、有資源，問題在於是否發揮中國精神，改善中國的各種制度，以適應人民的需要，這是中國當前的任務；第三，在文學藝術上，17、18世紀歐洲思想受中國影響很深，十八世紀歐洲各方面和法國革命受到中國的影響，盧梭的人性思想與基督教認為人性充滿罪惡不同，其脈絡中有中國的線索，盧梭經傳教士從中國學習很多，他學習到自由是人類的自由。拉氏還表示，他渴望知道1625到1750年航海者故事中的中國風俗習慣和社會態度，想知道是否有證據能夠證明下面的信念：美洲新文化與中國最早文化的結合產生了新觀念，也就是：人類並不是必須生存於奴隸的環境下，他能謀求最後的解放，與人類的本性相合。他鼓勵留學生一方面能繼續中國的研究，一方面將其譯為英文，他表示渴望知道更多的中國學問。最後，拉氏期勉中國學生，不要作安樂之想，而是應該高舉義旗與人民共同爭取勝利，並使勝利的成果，讓全國人民都平均享受，這才算是獲得了為實現偉大目標而進行偉大戰爭的偉大勝利。[124]

---

[124] 拉斯基演說、劉聖斌記，〈拉斯基論中國知識階級的任務〉，《時與潮副刊》，7：2（上海，1947.2），頁4-8、40。

　　如此誠摯懇切的演說辭，如何不會觸動牽掛祖國命運之中國留學生的
心靈？除了勉勵中國留學生，拉斯基也再度宣揚了他對二戰的看法，也就
是利用戰爭時期進行社會改造，實現民主社會主義的理想。在講辭中，他
謙虛地表示他對中國的認識有限，他模糊的中國知識之主要來源，在華盛
頓時是胡適，在倫敦時是葉公超。他知道中國「過去二十五年當中，中國
歷史學，中國文學及社會哲學的批評研究上，都有顯著的文藝復興運動，
但是，實在情形究竟怎樣，我不知道。」[125]胡適與拉斯基在哥倫比亞大學
或許未曾相遇，但是，除了抗戰時期作爲駐美大使的胡適，拉斯基顯然知
道胡適在中國新文化運動中的啓蒙角色。葉公超，1920年赴美留學，先後
畢業於貝茲大學（Bates College）和麻薩諸塞州愛默思特學院（Amherst
College），後赴英國留學，畢業於劍橋大學文學系，抗戰時期任職於中國
駐英國大使館。中國戰爭時期的訊息或許多少由葉公超處得知。但拉斯基
仍有自己的見解：「只說『蔣委員長是位很特出的人物，他是一個特出的
政府的首領，而那政府在困難情形下的政績並不算壞』。這是不夠的……
現今的中國，有很多有金錢有勢力的人們，逃避民族戰爭中他們應負的
重大任務，他們都希望……要利用勝利的成果圖謀私利……。在英國，我
們很少聽到從中國來的呼聲，堅持這次戰爭的成果，……須使擔負長期戰
爭的苦役的人們，均享長期戰爭所得的果實。」拉斯基認爲英國在被侵略
危機解除後，傳統統治階級的心理回到了1939年以前的情形，他表示沒有
理由相信，邱吉爾政治哲學基本信條保障下的英國改造方案會使勞苦爭取
勝利的貧苦階級享有勝利所產生的好處，他恐怕中國會有同樣的情況。他
也對留學生表示希望見到中國享有如英國的民主政治、珍貴人民的價值以
及中國不再有世界可怕的兒童死亡率，同時以蘇聯改革成效爲例予以勉

---

[125] 拉斯基演說、劉聖斌記，〈拉斯基論中國知識階級的任務〉，頁5。

勵。[126]此一時期倫敦中國留學生的「拉斯基經驗」，和1920年代、1930年代初期已大不相同。

　　拉斯基在上述的演說中提及胡適。事實上，1949年以前的胡適，也與拉斯基有過一些間接和直接的相遇。如1929年他與新月社成員曾試圖仿效費邊社中知識分子研究中國問題，推動漸進改革。[127]1938年11月26日，胡適到Cosmos Club聽拉斯基演說，當時拉氏大肆批評英國首相張伯倫（Chamberlain）對德國的「和平」政策，胡適發言替張伯倫辯護。[128]而就思想來說，直至1940年代，胡適似乎對社會主義仍有一些憧憬。然而，1954年的胡適，明顯地對拉斯基、對費邊主義的熱情不再，此時他推崇拉斯基昔日的對手海耶克。[129]他也語帶批判地提到資源委員會的一些作爲，表示「中國士大夫階級中，很有人認爲社會主義是今日世界大勢所趨，其中許多人受了費邊社會主義的影響，還有一部分人是拉斯基的學生。但是最重要的還是在府任職的許多官吏，他們認爲中國經濟的發展只有依賴政府，靠政府直接經營的工業、礦業以及其他企業。」[130]從1930年代至1940

---

[126] 拉斯基演說、劉聖斌記，〈拉斯基論串國知識階級的任務〉，頁6-7。

[127] 詳見盧毅，〈平社與費邊社淵源初探—兼論拉斯基學說在中國〉，《學術研究》，3（廣州，2002.3）頁74-79。

[128] 耿雲志《胡適年譜（修訂本）》（福建：福建教育出版社，2012），第226頁。

[129] 1954年3月《自由中國》10卷6期刊登了胡適的〈從《到奴役之路》說起〉一文。這篇文章可以說是胡適自身對社會主義的反思之作。《到奴役之路》（*The Road to Serfdom*）爲時任美國芝加哥大學經濟學教授海耶克（F. A. Hayek）1944年之著作。用胡適的話來說，這本書的用意，就是「根本反對一切計劃經濟，反對一切社會主義。一切計劃經濟是與自由不兩立的，都是反自由的。因爲社會主義的基本原則是計劃經濟，所以儘管自由主義運動者多年來以爲社會主義是將來必經之路，海耶克則是以大經濟學家的地位指出，一切社會主義都是反自由的。胡適，〈從《到奴役之路》說起〉，《自由中國》，10：6（台北，1954.3），見「《自由中國》數據庫」。另見王遠義，〈惑在哪裡？新解胡適與李大釗「問題與主義」的論辯及其歷史意義〉，《臺大歷史學報》，50（台北，2012.12），頁201。

[130] 胡適表示，「從前持這種主張最力的，莫過於翁文灝和錢昌照：他們所辦的資源委員會，在過去二十年之中，把持了中國的工業礦業，對於私有企業（大都是民國初年所創辦的私

年代，資源委員會錢昌照等人爲國民政府策劃國家經濟發展，推展國有事業。然而，1940年代末期，錢昌照等一些曾經和國民政府合作的胡適所謂的拉斯基學生最終卻和國民黨分道揚鑣。他們期待在中國開闢一條「新路」，一條有別於國民黨和共產黨政治路線的民主社會主義道路。[131]只是，1949年國民黨政府戰敗，政局丕變，拉斯基的學生也面臨了不同的際遇。

幾番風雨

　　對拉斯基而言，到1990年代，他的中國學生，或已多半凋零。尚能著書立說者，龔祥瑞恐怕是爲數極少的一個。[132]對龔氏而言，曾經是拉斯基的入室弟子也是生命中值得記憶的經驗。在1990年代出版的自傳中，除了在〈留英歲月〉、〈冒失的留法〉、〈回國〉等留學期間相關篇章中，記錄了他對拉斯基其人、其事、其學說之種種看法，更有專章〈我的導師：拉斯基〉置於改革開放後的敘事章節中。

　　九一八後，政制改革議題成爲知識界的普遍關懷。1934年，龔祥瑞在

有企業）蠶食鯨吞，或則被其窒息而死。他們兩位（翁文灝、錢昌照）終於靠攏，反美而羨慕蘇俄，也許與他們的思想是有關係的。」胡適，〈從《到奴役之路》說起〉，《自由中國》，10：6（台北，1954.3），見「自由中國數據庫」；胡頌平，《胡適之先生年譜長編初稿》（台北：聯經出版事業公司，1984），頁2374。

[131] 1948年2月，錢昌照、吳景超、錢端升、樓邦 等人在北平成立中國社會經濟研究會，其性質類似英國之費邊社。3個月後，創辦了《新路》周刊，並提出了32條主張，其中在政治方面即包括了政治制度化、制度民主化、法治必須代替人治、因制擇人而不因人設制、執法與立法並重、憲政尤重於憲法等各種主張。見錢昌照，《錢昌照回憶錄》，頁101；〈中國社會經濟研究會的初步主張〉，《新路周刊》，1：1（北平，1948.5），頁24。

[132] 陳惠芬，〈世變與抉擇－龔祥瑞的法制人生（1911-1995）〉，《法制史研究》，22（台北，2012.12），頁294-296。

《東方雜誌》發表〈美國三十一位總統的分析〉和〈瑞士公務員制度〉二文。清大畢業前，與樓邦彥合寫的《歐美吏員制度》，也於1935年由世界書局出版。同年，他錄取公費留美，嗣後申請改派英國。1936年龔祥瑞前往英國倫敦政治經濟學院，拜在拉斯基門下。作爲倫敦大學經濟政治學院最享盛名之教授的學生，龔氏最初感到自豪。他如此形容他的導師：「他對待學生不擺架子，每月定期批改我所交的論文，諄諄教導，不厭其煩。記得有一次，當我抱著一大包書本和稿件從他的寫字間出來時，等在門口排隊的各國學者，不分年齡都向我表示羨慕。」[133]留英期間，拉斯基還介紹他到巴黎大學攻讀行政法學，唯收穫不大。在即將畢業前夕，拉氏把他介紹給來英訪問的康乃爾大學憲法學教授考爾溫（Edward S. Corwin），考氏願收其爲徒，惜因故未能成行。

　　在拉斯基指導下，龔祥瑞開始研讀拉氏著作，多半與國家權力和民主自由兩個問題有關。[134]兩年後，完成了《民主國家的官紀》（*Civil Service Discipline in Modern Democracies*）學位論文。在拉斯基影響下，1930年代龔祥瑞所接受的，是被馬克思主義者稱之爲「第三條道路」的民主社會主義。1939年夏，龔祥瑞經德國、瑞士、義大利回國，此時正是二戰爆發前夕。龔氏見識到一些希特勒政權底下的「新秩序」和「國家的強制力」的運用，也在羅馬參觀了墨索里尼的紀念館。這些印象使龔氏腦中出現拉斯基對納粹主義和法西斯主義的批判。[135]在回憶中，龔氏認爲，在法西斯主義和史達林主義漫天紛飛的時代，「被拉斯基所征服，我認爲是比較榮幸的，至少要比接受史達林主義或希特勒主義不知道要強多少呢！」[136]

[133] 龔祥瑞，《盲人奧里翁—龔祥瑞自傳》（北京：北京大學出版社，2011），頁74。
[134] 龔祥瑞，《盲人奧里翁—龔祥瑞自傳》，頁74。
[135] 龔祥瑞，《盲人奧里翁—龔祥瑞自傳》，頁95-97。
[136] 龔祥瑞，《盲人奧里翁—龔祥瑞自傳》，頁76。

　　1949年中共建國。在1957年的「反右運動」中，龔祥瑞與被戴上「右派分子」帽子的拉斯基其他學生如羅隆基等人的際遇大不相同。在社會主義改造運動中表現積極的龔祥瑞，在逼人形勢下，大力批判拉斯基，揭露拉斯基的「眞實面貌」。曾經是他心目中的「第一流學者」、「英國工黨的進步理論家」、「民主主義者」、「社會主義者」成爲「替帝國主義、封建主義和官僚主義服務」的革命公敵，是反對社會主義革命和無產階級專政的改良主義。」[137]他也批判自己「曾把拉斯基的漫天謊話搬到教學上來，宣傳拉斯基的『經濟平等』、『政治自由』」，指其爲「眞正的教條──洋教條」。[138]

　　然而，在改革開放後的1990年代，在龔祥瑞自傳中「我的導師：拉斯基」一章，龔氏對拉斯基作了有類傳記式的歷史定位書寫。經歷了時代變遷，此時龔氏的拉斯基記憶滿溢崇拜，與一些傳記作者或1949年以前中國學生眼中的拉斯基並無二樣。在「告別革命」的年代，龔祥瑞也再次區分拉斯基學說與馬克思主義的不同。他表示，拉斯基的論點重心是人們所見所聞的、每個人各自的經驗，而不是什麼「階級」。拉斯基不僅否認國家的階級性，而且進一步否認國家的強制性和國家主權──國家至高無上性。[139]如同1950年代以後台灣的鄒文海和杭立武，龔祥瑞也爲拉斯基思想的政治多元主義性格作出了註腳。

　　自1911年至1996年，龔祥瑞幾乎是走過整個20世紀，其生命中多處以不同的形式和拉斯基交會。在政治形勢急遽變化的20世紀中國，龔祥瑞順應潮流的行事作風，如同現身說法般爲拉斯基20世紀在中國之形象的流變留下最好的說明。

[137] 龔祥瑞，〈批拉斯基改良主義的國家學說〉，《北京大學學報》，第，頁119。

[138] 韋明，〈龔祥瑞教授駁斥右派分子對政法教育的污蔑〉，《光明日報》，1957年8月7日，第3版；另外，類似的批判見龔祥瑞，〈擺脫迷信外國的奴隸狀態〉，《光明日報》，1958年5月24日。

[139] 龔祥瑞，《盲人奧里翁─龔祥瑞自傳》，頁76。

第二章　拉斯基政治多元論在中國的傳播歷程

　　政治多元論的興起與一元的主權論有關。無論在理論或是現實上，它均是近代的產物。作爲一種主權權力，它與現代君主國同步出現，作爲一種主權的權力觀念，它是在布丹、霍布斯、黑格爾以及奧斯汀這些著名的一元論者的著作中獲得闡述。然而，這種絕對主義的主權觀念，在19世紀後期已遭質疑。至20世紀，主權論更成爲政治學的中心議題之一，其爭論的核心爲一元論和多元論。作爲一種新政治學說，政治多元論在20世紀初期被介紹到中國，從1920年代到1930年代展現了一個域外知識的傳播歷程。

第一節　民初主權論之轉向與1920年代政治多元論的輸入

　　自16世紀以來，主權論幾經變化，舉凡主權在君、主權在民、主權在議會、主權在國家等，不一而足，並不意指必然的政治形式。然而，儘管主權歸屬說法不一，爭議不斷，歷來主權論者對於主權之性質則持一致看法，以其在國內爲「最高」（supreme），對外爲「獨立」（independent）。此外，進一步強調主權具有永久性、普遍性、不可分割及不可移讓性，由是主權論演爲一元主義的國家論（monistic theory of the state）。在西力衝擊下，一元主權觀念在晚清進入中國。嗣後，隨著西方主權論新趨勢的發展，中國知識界也經歷了主權知識的轉化。

民初主權論爭議

　　鴉片戰後，清朝官員從簽訂之國際條約中對西方的主權觀念有了模糊的認識，然而此後二十年間，清廷對主權並未深入理解。1860年代以後，國家主權問題漸受注意。如1863年完成的《萬國公法》（*Elements of International Law*），其中關於「主權」的說明，涵蓋了國內、外行使的意義，以之爲國家的統治大權。國家與主權，一體兩面。[1]此後隨著中外往來愈益密切，有識之士強調國家主權平等的觀念。[2]甲午戰後，中國知識分子

---

[1] 沙培德，〈清末的國家觀：君權、民權與正當性〉，收入許紀霖、朱宏編，《現代中國思想的核心觀念》（上海：上海人民出版社，2010），頁372-373。其餘的相關討論可參見金觀濤、劉青峰著，《觀念史研究：中國現代重要政治術語的形成》（北京：法律出版社，2010），頁527-528。

[2] 施建興，〈國際法的輸入與中國近代國家主權觀念的發軔〉，《南平師專學報》，22：1（夷山，2003.3），頁46-50。

注意國家主權者漸多。

　　大抵在1900年以前，中國使用主權一詞，多只強調對外主權，甚少談論對內主權，有之，則是在言及國家起源與性質時的附帶說明。[3]如1899年《清議報》連載伯倫知理（Johann C. Bluntschli，1808-1881）的〈國家論〉，除了介紹西方國家觀念的形成和變遷，同時指出，由於主權歸屬不同而有國體之異。[4]1900年之後，民族危機加深與國家改革的要求，知識分子宣揚國家觀念，使國家相關學說獲得更多的重視，甚至有「國家之發達，與國家學之發達相表裏。……學說之於社會，其影響視兵力為過之。歐美文明之進步，固有種種之原因，而推其原動力最大者，無不直接或間接，受之於百年前諸大家之學說。故學說之移動社會，其效乃足以列入後世人之腦筋而助成國家之發達」，而國家學說之先驅，「舍泰西其孰與歸」之語。[5]

　　在介紹西方各種國家學說中，主權之性質與歸屬問題在報刊上屢有所見。如1901年《譯書彙編》之〈國法汎論〉、1902年《政藝通報》第7期之〈西政叢鈔〉均對主權作了專章的介紹。前者載有〈論主權〉一章。第

---

[3]　見沙培德，〈清末的國家觀：君權、民權與正當性〉，頁374-375。

[4]　伯倫知理（Johann C. Bluntschli），〈國家論〉，《清議報全編》，（台北：文海出版社，1986），24卷，頁5-62。《國家論》是伯倫知理於1874年出版的通俗讀物《為有文化的公眾而寫的德國政治學》節譯本，包括該書第一部分〈國家總論〉的第1卷「國家之性質與目的」、第3卷「國體」和第4卷「公權及其作用」。第1卷共5章，主要敘述國家概念的發展歷史、當時的國家概念、國家的產生、發展與消亡過程、國家的基礎以及國家的目的。第3卷各章討論國家的四種基本形式（依據領導機構類型）、四種附屬形式（依據民眾參與類型）、兩種近代形式（代議君主制和代議共和制）及代議君主制的最初幾個階段（即君主立憲）。第4卷部分，選譯前兩章，即主權、國家主權（國民主權）和君主主權（政府主權），以及第3章中有關區分公權的部分。該文為梁啓超翻譯自1899年東京出版的吾妻兵治之譯著《國家學》。見（法）巴斯蒂（Marianne Bastid），〈中國近代國家觀念溯源—關於伯倫知理《國家論》的翻譯〉，《近代史研究》，100（北京，1997.7），頁221-232。

[5]　〈國家學學說之影響〉，「政法片片錄」，《新民叢報》，（橫濱，1902），頁21。

一節「論主權之義」，有謂：主權之稱，始於羅馬，其義爲國家之最上權或曰至高權，白勤（即Bodin，以下譯布丹）以此語爲法國國王之基礎。主權之於國家關係甚大，故言國家必首言主權。所謂主權，外以列國之權利爲限，內以官民應得之權利爲限，非專橫無制之謂。其又言主權有四個特色：（一）獨立不羈；（二）尊嚴不可犯；（三）至尊無上；（四）獨一無二，四者缺一，即失其爲主權；第二節「論主權之區別」中，則謂主權之區別有二：一曰國家之主權；二曰國家元首之主權。該文否認主權在君、主權在民之說，主張主權在國家；第三節爲「論國家之主權」，論述主權必有獨立不羈之權，主權亦即制定憲法之權及改造憲法之權。[6]1902年《新民叢報》也摘錄《譯書彙編》，介紹〈歐洲主權論之沿革〉，略述歐洲自中古時期以官署有最終裁判權者，謂之有主權之官署，嗣後歐洲大陸各國競尙中央集權，中央政府逐爲全國最高之權，此從政治上言之。至於學術上，以主權爲無限制之權力者始於鮑唐（布丹），自16世紀以來，法國王專制，故此說盛行。至18世紀末，主權在人民之說起，主權掌握者變，而主權意義猶如前說。自各國憲法成立，君主運用主權，不能不從憲法，是故憲法立，而君主之權亦範圍其中，近世德奧諸國均盛行此說；並謂此說折衷於君主主權說與人民主權說之間，而以主權歸之有人格之國家，國家在乎其上；而國家之成立，本乎社會之秩序，不能無治者、被治者之別，故有行使主權與主權所及之人。若就個人言，則治者與被治者均是國家之分子。國家有主權，藉一種之分子以行之。該文肯定國家主權之說，以其「既足補一人專制之弊，又可挽眾民渙散無所統一之害，與近世之國家實際上最爲適合。」[7]全文論述歐洲主權沿革，從主權在君、主權在

6　〈論主權〉，《譯書彙編》，3（東京，1901.4），頁19-23；〈總論主權〉，《政藝通報》，7（上海，1902.6），頁7-9。

7　〈歐洲主權論之沿革〉，「政法片片錄」，《新民叢報》，（橫濱，1902年），頁21-22。

民以至主權在國家，並謂此爲歐洲主權論之結束。尤可注意者，其對主權所在之國家與行使主權之政府隱然已有區隔。

除了主權說演變之綜論，晚清知識界對西方政治思想家之個別主權論亦有所引介，如洛克、伯倫知理、日本法學家美濃部達吉（1873-1948）等皆是。[8]其中伯倫知理認爲國家爲有機體，「自有行動，自以意識決之，毫無可循之軌」，又謂「國家者，國民集合之組織體也，既能獨立有威力，有至尊權，能統一則即有根本之主權，苟主權不完備不統一，則其國家亦必不完備不統一，蓋國家以主權而存立者也。」[9]不少知識分子在論述主權問題時，多有受其影響。如1900年梁啓超即曾表示主權在民，有主權乃爲眞正之國家；1902年〈論政府與人民之權限〉一文中，對西方的國家主權學說加以評論；並在國家主權概念的前提上，注意主權歸屬不同所導致之政治後果。[10]1903年後，梁啓超提倡國家有機體說，主張國家是「最高強制權」之所在等說法，均可見受伯倫知理影響甚深。[11]論者以爲，伯倫知理的國家相關論述，對中國有關國家陳舊概念的轉變產生了影響，也就是從一個既指王朝國家，又指邊緣相當模糊的人類集體的概念，朝向一個完全人格化，並且成爲政治生活主體和政治辯論基本主題的社會人類集體的方向轉變。與此概念緊密關聯者，則是國家之目的以及屬於國家自身的主權觀念。[12]伯倫知理的國家學說，特別是國家有機體學說，對晚清知識分

8　〈伯倫知理之主權論〉，《新民叢報》，32（橫濱，1903.5），頁3-6；〈洛克之主權論〉，《新民叢報》，42/43（橫濱，1903.12），頁12-14。

9　〈伯倫知理之主權論〉，頁4。

10　梁啓超，〈論政府與人民之權限〉，《新民叢報》，3（橫濱，1902.3），頁25-32。

11　力人，〈政治學大家伯倫知理之學說〉，《新民叢報》，32（橫濱，1903.5），頁122。在〈政治學大家伯倫知理之學說〉題下，提及了德國政治學中有關國家的有機性質、主權、政治制度和司法的論述。張朋園，《梁啓超與清季革命》（台北：中央研究院近代史研究所，1964），頁175。

12　（法）巴斯蒂（Marianne Bastid），〈中國近代國家觀念溯源—關於伯倫知理《國家論》的翻譯〉，頁231。

子的君主立憲政體選擇發揮了影響。[13]

　　除說明國家與人民關係，晚清知識分子在介紹西方國家學說時，也特別注意及主權與統治權之關係。1907年《新譯界》發表美濃部達吉〈主權與統治權〉一文之譯作，對此有詳盡的闡述。譯者認爲「國力不彰，實由於學理未明。舉國上下，沉夢酣嬉，不知統治權與主權之爲何物。固有者任人攫取；喪失者未易挽回；所謂立法行政司法三大權皆混淆而不可究詰。頃者有識之士，多主張提倡學說，以挽頹波。」藉由美濃布達吉的文章，該文表示：統治權專屬於國家，因爲：（一）由於國家不可分，故統治權亦爲唯一不分之權力，但非必統治權之行使機關亦爲唯一不可分，聯邦國統治權之分割乃是事務範圍之分割，非是權力之分割；（二）於單一國有最高獨立之權力，包括對外與對內之關係，唯此就法律上言之。至於事實上，則對內對外不免有所限制，即使在法律上，依國家自己之意思而自己制限，無論如何國家皆所不免，亦即國家必有一種國法，全無國法之國家，則陷於無政府之現象，甚至對外且接受國際法之制限。唯其因係自設之限制，故不妨害統治權最高之權。[14]綜上可知，清末知識界闡述主權意義，對主權論之沿革與相關重要學說已能掌握梗概。

　　1911年辛亥革命後，民國建立。1912年3月頒布的〈中國民國臨時約法〉第二條載有「中華民國之主權，屬於國民全體」。此一宣示，與革命初成，由君主專制改爲民主共和，欲移易全國人心，變更國家面目，使已廢之君主不能再興，不無關係。約法成於戎馬倥傯之際，不少人以其僅備一時之用，非一成不可變，作爲國家根本大法之憲法，則需有全面周密之

---

[13] 王昆，〈梁啓超與伯倫知理國家學說〉，《中國國家博物館館刊》，2（北京，2013.11），頁115。

[14] 美濃部達吉著、董玉墀譯，〈譯述：主權與統治權〉，《新譯界》，7（東京，1907），頁49-59。

考量。[15]1913年，隨著第一屆正式國會開幕，制憲工作蓄勢待發，國家主權問題一時蔚爲爭議。

　　民初論述主權問題，莫衷一是。有繼續闡釋主權性質問題者，而主權歸屬問題更爲各方關注，其中主權在國家抑主權在民之說實爲爭論焦點。倡議主權在國家者，如梁啓超、吳貫因、朱芰裳、張葆彝、馬質等人皆是。清末梁啓超即有「國家握獨一最高之主權，而政府、人民綿延生息於其下者也」的說法；[16]1913年〈進步黨擬中華民國憲法草案〉中，亦有表示：「臨時約法第二條，採主權在民說，與國家性質不相容，無論何種國體，主權皆在國家。」[17]吳貫因，日本早稻田大學政治學士，清末留日期間即已表現出對中國憲政改革的興趣。[18]1912年和梁啓超在天津創辦《庸言》月刊。在爲該刊所撰的文章中，表示「今之政治學者，凡言及主權者，無不謂當屬之於國家。若主權在民之論，已成爲歷史之傳說，無復捨其唾餘者。」[19]朱芰裳在《獨立週報》中撰寫〈國家主權論〉，表示一國之主權，存在於理想無形之國家。國家爲一法人，有其自身之意思、自身之目的，無論君主或民主，皆不過發表國家意思之人，其主權所在地，實爲永久團體之「國家」。[20]又如張葆彝在論述國家主權各種問題之餘，也表達了他的看法：「若制定憲法時，仍以約法爲藍本，沿襲其文，則後之訾議憲法者恐更甚於約法。……若以主權所在不明白規定，恐滋疑竇，則有葡萄牙與智利之成例，在使主權屬於國家可也。」對於墨西哥將主權屬

---

[15] 張葆彝，〈論國家之主權（續）〉，《憲法新聞》，17（北京，1913.8），頁6-7。

[16] 梁啓超，〈論政府與人民之權限〉，《新民叢報》，3（橫濱，1902.3），頁25。

[17] 轉引自張晉藩，《中國憲法史》（吉林：人民出版社，2004），頁204。

[18] 1909年留日期間，他與張君勱等人在東京設立諮議局事務調查會，並負責編輯《憲政新志》。

[19] 吳貫因，〈建言：專論－憲法問題之商榷（未完）〉，《庸言》，1：7（天津，1913.3），頁4。

[20] 朱芰裳，〈國家主權論〉，《獨立周報》，1：1（上海，1912.9），頁8-9。

於人民規定在憲法上，他則以其「誤認國家主權在於人民，而人民之虛矯心太甚，自治力太弱，遂得不良之結果。」[21]此段評論，或可視爲張氏認爲方甫誕生之民國不宜太過張揚民權，應集權力於國家的看法，以考量實際政治爲多。

　　馬質論述國家主權，援引西方理論，更提出自己見解，甚爲精詳。馬氏強調主權之性質有五，並以其應屬國家：（一）主權爲原始的至尊無上之權。蓋因主權與國家同時發生，同時成立，非人力所能創造，亦不能由他人授與，蓋萬法由此而出。因此，國家之主權，不待承認，不待付與，自然設立，故爲原始；（二）主權爲唯一不可分者。蓋若可分割，則不僅一國，已成二三邦；不然，則陷無政府狀態。國家爲固有單位之人格，統治國政之意思，亦不可不屬一單位。人格爲唯一，意思不得有二；（三）主權爲獨立不可抗者。主權之對內對外，皆超然獨立，無受他人之裁制羈絆。國家之所以成立，則曰人民服從，服從與可抗異胎而同實；（四）主權爲絕對無制限者。法理上主權限制說，實際上足以破壞國家之平和秩序。國家主權無限制，國家之裁判有最終之效力，而人民間或人民與政府之間其爭議皆以此爲決定，實所以屛障人民自由、保護社會幸福。至於國際法，國家間自由意志之約束，是道義上不可忽怠，非法理上必當服從。國家之憲法，其目的是限制政府，並非限制國家。國家之主權，法律不能限制。國家行用主權，不可不依法律上規定之形式。國家有變更其制限，廢止其制憲之權力，但當以形式的、規定的、合法的方法行之，否則流爲暴君亂民之政治，而修正憲法之權應歸之人民；（五）主權爲不可讓與者。英人戴雪（A. V. Dicey，1835-1922）嘗謂：主權之作用不可限制，非必禁止主權之辭讓。主權之制限與主權之辭讓不能相提並論。主權者失其

---

[21]　張葆彝，〈論國家之主權（續）〉，《憲法新聞》，17（北京，1913.8），頁7。

權力之道有二：一自爲解散而不圖再興；一讓其主權於他人或他之團體。對於戴雪之論，馬質不予認同，以其不知主權與主權行使之區分，尤不知國家與政府之別異。戴雪所謂主權失其權力之道二者，對馬質而言，所失者非國家主權，不過是行使主權者之改革變易。前述二者並非主權之讓與，直是國家腐敗致亡及陵夷見亡，無讓與之可言。馬氏強調，國家不能讓其主權，猶人之不能讓其生命。主權既不可分，亦無所謂一部分讓與可言。[22]馬氏論述最值得注目者，爲其與戴雪之對話，以及指出主權與行使主權之異。

　　至於主張主權在民者，除〈臨時約法〉條文，吳經熊〈民國憲法芻議〉一文亦沿用此說。此外，1913年5月出版創刊號之國民黨機關報─《國民》月刊，亦是持此論者之主要言論舞台。[23]林學衡呼應吳經熊之論點，並以之證明如吳貫因者主權屬於國家論點爲誤。林氏表示，吳貫因之誤，首在不明人口與人民、人民與國家；所有與所在性質之分；其次，謂其不知國家之性質爲抽象而非具體的，因此國民能有主權而代國家負其責任；以及不知主權之作用，主權既爲最高，當屬之常處國家最高地位之國民。林氏認爲，僅此二者，主權在國家之說已無成立餘地。他進一步強調主權在民之利有五：（一）可以期國本之永久穩固；（二）可以引起國民對於政治上之責任心；（三）可以抑制行政機關之濫用權力；（四）可以防元首之專制；（五）可以杜絕革命之動機。基於以上五利，他表示主權在民之說實爲共和國所必探，民權能否發展，國力能否強固，政治是否良善，均視此爲轉移，況且中國初創共和，無歷史沿革可按，「奈何不標明

22　馬質，〈主權論〉，《庸言》，1：11（天津，1913.5），頁9-15。
23　1912年8月，中國同盟會合併統一共和黨、國民共進會、共和實進會、國民公黨等小黨派，建立了國民黨。該刊編輯部通告：「本月刊爲本黨之機關報爲全國唯一之叢報第一號。」該刊設「言論」、「專載」、「記事」、「叢錄」等專欄，總發行所是國民黨上海交通部。

此旨，而使全國之人咸喻於共和之所以共和。」²⁴又如署名「出軸」者，
亦在《國民》發表〈主權所在論〉一文。在略述主權沿革歷史後，他以英
法美德瑞士為例，說明主權在民為世界趨勢，法美瑞士三共和國固為主權
在民，即如二君主國，英國「巴利門」（Parliament）之所有職權幾盡為
人民代表之下院所獨攬，即謂國民為主權之所在，亦奚不可乎？」至於德
國，則「主權屬於參議眾議兩院。若其君主，雖擁有無上之尊榮，一方面
既為各邦所限制，一方面不經國會之協贊，又不能施行政事，故不得謂為
主權所在也。」作者甚至援引英哲之語：「夫輿論者，民意也。民意而與
主權混為一物，則主權在民不待詢矣！」²⁵在主權在民論者看來，「中華
民國者，中華人民造成之也。中華民國之主權而不屬國民，則焉得謂之共
和耶？」²⁶1913年〈中華民國憲法草案〉（《天壇憲草》）沒有對於主權
所在的規定，應為仿效法美英之先例。²⁷然就事實言之，應有回避當時國
權與民權爭議之考量。

　　值得注意者，民初知識界論述主權，除了主權歸屬，也繼續清末關
注主權與主權行使者問題，亦即所謂主權和統治權之爭議。民國〈臨時約
法〉將主權與統治權分載二條，輿論乃有解釋主權與統治權實為一物者；
亦有解釋主權與統治權實為二物；更有解說統治權在統一國即為主權，
二者無異，在聯邦國則主權自主權，統治權自統治權，二者各異。關於主

---

²⁴ 林學衡，〈庸言報主權所在說駁議〉，《國民月刊》，1：2（上海，1913.2），頁6-10。
²⁵ 出軸，〈主權所在論〉，《國民月刊》，1：2（上海，1913.2），頁10-11。
²⁶ 宗良，〈民主國之主權在民說〉，《國民月刊》，1：2（上海，1913.2），頁15。
²⁷ 當時《時事新報》（上海）載有〈憲法應否標明主權〉：「世界各單一共和國之憲法對於
主權之規定，約分三種：（一）主權無明文規定，法蘭西是也；（二）主權在國家，智
利、葡萄牙是也；（三）主權在人民，此唯極小之國行之，如瑞士聯邦內之日內瓦、百倫
等國是也。由此可推定，吾國憲文曰：主權在國家。」；另《黃鐘日報》亦載〈主權在國
家之證明〉：「吾人試就有名之學說，各國之成法及吾國之現象，覺制定憲法時，規定主
權之所在，萬不能屬之國家，而必屬之國家。」以上二則，轉引自《憲法新聞》，4（北
京，1913.5），頁1、2。

權與統治權關係，馬質、章士釗，老圃（楊蔭杭）等人皆有所論。如馬質沿用美濃部達吉考訂之主權觀念沿革，指出主權一語，實含「統治權」一詞，係由日本傳來。主權與統治權二者，學者多有並用。時爲《獨立週報》記者之章士釗，主張主權與統治權爲一物，在統一國家不容有所區別，在非統一國容有區別。《時事新報》記者老圃（楊蔭杭），主張主權爲國家最高權力，不受他人羈束；統治權不必盡爲最高權，在統一之國，統治權之上，更無統治權，統治權爲最高；在聯邦之國，每邦每州有統治權，中央政府有統治權，各邦各州之統治權，即不得爲最高。最高者，非統治權之要素。即無主權之國，亦不妨有統治權；無主權之國，不能謂之獨立國。此統治權與主權之區別。馬質反對章士釗所言主權與統治權爲一物，而主權與統治權之本源爲絕然相異之說，以其爲破壞國之單一性；馬質亦反對老圃所言統治權在統一國即爲最高，在聯邦國即非最高權，即非主權，而是統治權的說法，以其不啻認爲主權可以分割、可以限制，主權性質全然破壞。[28]

　　馬質極言主權與統治權之區別。他表示，主權有三種意義：一言國權之最高性；一言國權之行使；一言國家最高之地位。主權在君、在民，不過指國家最高機關如何組織而已。[29]他表示，主權自主權，統治權自統治權。二者固非渾然一物，亦非截然二物。馬氏認爲，主權爲國家權力之本體，統治權爲國家權力的作用。二者謂之爲一物，顯然有別；謂之爲二物，則體用相聯不能分別。主權與國家俱來，與國家並存，爲國家萬不可缺者，一日亡之，則國家亦亡，此之謂主權。國家對境外之邦國，常保平等之地位，自維持其威力；國家自爲其境內之政治，自定法律，以寧其民，鎮其土，不受他邦干涉。馬質模仿英人謂議會主權之語加以形容

28　馬質，〈主權論〉，頁3-8。
29　馬質，〈主權論〉，頁2。

曰：「國家之主權，除易男爲女，易女爲男，爲生理上不可能外，殆無不能。」而自法理言之，其至上無限，實極專制者也。[30]馬質並且認爲，中國四千年來政府屢易，皆以不善用主權故。

由上可知，民初抒發主權論者，引用日人或歐美著名學者所言爲其論述之基礎已較清末爲眾，而以19世紀末、20世紀初之外國具有代表性之學說爲主。此外，以西方國家之歷史經驗與制度規劃爲借鑑者亦復不少。然而，由於外國學者主張不盡相同，中國知識分子亦是視其選擇差異而各執所見。誠如張東蓀所言，在主權和統治權爭議中，章士釗視主權與統治權爲一物，係採英美法學餘緒；楊蔭杭視主權與統治權爲二物，自謂採擷德人之說，實爲日人之通說。[31]以章士釗爲例。他指出，「統治權」一詞大約翻譯自日本，其意與英字「薩威稜帖（Sovereignty）」相當。根據美國學者柏哲士（John William Burgess，1844-1931）所言，其爲加諸國內人民及各種機關最初、絕對、無限及普及之權力。在中國，「薩威稜帖」通常譯作統治權，亦多譯作主權者。然而，〈臨時約法〉第二條明載中華民國之主權屬之人民，第四條有云「中華民國以參議院臨時大總統國務員法院行使其統治權」，以同一文出現不同譯詞，將予解釋者無限迷惑，章氏指責草擬約法者失之陋劣。[32]他討論統治權，認爲宜辨明其意，勿以翻譯而致混淆。章士釗於清末留學日本東京法政大學速成科，嗣後前往英國愛丁堡大學攻讀法律、政治、邏輯等科，在民初關於法律政治相關議題討論中，引介西人學說屢有所見。

在民初主權爭論中，歐美方面的影響在馬質的相關論述中亦是清晰可見。馬質〈主權論〉一文，在敘述國際法無制裁國家絕對權力時，引用德

---

[30] 馬質，〈主權論〉，頁8。
[31] 張東蓀，〈主權討論之討論〉，《庸言》，1：14（天津，1913.6），頁1。
[32] 秋桐，〈約法與統治權〉，《獨立週報》，1：1（上海，1912.9），頁5。

人勒里耶克（G. Jellinek，1851-1911）及英人奧斯汀之論點；在反駁君主擁有修正法權力時，則直接以美人威羅比（Westel W. Willoughby，1867-1945）爲批評對象，Willoughby認爲政府就是國家意志的執行者；在堅持主權不可辭讓一事，則是對英人戴雪之說予以反對。他認爲正因爲國家與政府二者混用不究其異，於是有君主主權、民主主權、君民共有主權之說，以致眞理淯然，由此闡發抽繹之理論，自無一有當。馬氏批評君主主權說，對霍布士（Thomas Hobbes，1588-1679）批評尤多。馬質認爲霍氏謂「元始人各平等」實爲「臆說肊語」，又謂君主以「實力」制衆，亦有所不足。馬氏認爲既以君主爲主權者，主權既獨立不可抗，主權者之君主卻有被削權殺身之可能，二者實自相矛盾。因此，馬氏主張主權爲國家不可缺者，而君主則非；君主雖爲統治國家機關之最高者，其所秉握之統治權雖專擅至極，猶不得以主權謂之。至於主權在民一說，馬質指出盧梭（Jean-Jacques Rousseau，1712-1778）、辨端（邊沁，Jeremy Bentham，1748-1832）皆主是說，其因各異。盧梭以社會成於衆民之契約，衆民自己放棄其權利，服從社會共通之意嚮，以其爲社會一員之安便，而實行此社會共通之意嚮，即所謂主權，不能移於他人。辨端則謂主權左右官職之權，使一國之人民保有之則善，而任官授職，使官職得當，所以謀一國衆民之大福祉。馬質認爲盧梭所言人民親自參政變動主權，裁可法律之主張以表現社會共通之意嚮，雖甚合理，於今日天下則不能實行。他認爲社會意嚮無由確知，主權則明白存在，故以人民共通意嚮爲主之所在，實爲「不當事理之空談」。至於辨端，專重任官之權，此不過爲主權行使之一部分，「其前提已謬，不足爲討論之資」。馬質申言，今日人民，不能皆參與國政，是則主權在民之說，僅偏歸於小部分，而捨其大部，普通選舉不過持以合成行使主權之一機關，非發表國家之意思，非決定國家之行動者，民主主權將何所據而見其實相？至於奧斯汀所謂「一國之主權，當存於一人之身或數人之手。其在一人或數人者，因政體之如何而已」之說，

馬質以其陷於不明主權與主權行使之分際，致而誤認主權行使爲主權。至
於所謂「正理主權說」，馬質以其爲「忘其根本」，且「正理固可僭爲假
藉也，藉仁托義，自便其私，歷來狡桀豪猾之君主，常行此術矣。」[33]

　　大體而言，民初主權爭議，可視爲民國初建時期，清末革命派與立憲
派不同政治立場下政治歧見的延伸，亦是現實政治利害的選擇，一方彰顯
政府權威，而以國家主權爲理論依據；一方宣揚民權，而以主權在民爲依
歸。而從以上馬質等人主權論述可知，知識界談論主權，乃是在近代西方
著名主權論述的框架中進行。不可否認的是，西方各種主權論也因此大量
地被介紹到中國，有些知識分子亦已注意及主權和現實政治的關係。

政治多元論在中國傳播的發軔

　　儘管民初知識界因爲制憲而對主權問題爭議不休，其所爭論者多爲主
權歸屬問題，對其意義及其性質甚少歧異，主要爲一元主權論下之爭議。
唯在西方，自19世紀後半葉，一元主權論雖仍旗幟高揚，質疑聲浪卻已漸
起，至20世紀初成爲政治學討論之焦點，拉斯基厥爲其中最引人矚目者。
1920年代前夕，中國知識界已有注意及此者。

　　1919年張奚若在《政治學報》創刊號上發表〈主權論沿革〉一文，
向國內介紹了主權論的新趨勢，包括拉斯基與此一新趨勢的關係。張奚若
（1889-1973），1917年赴美國哥倫比亞大學就讀，1919年獲得碩士。回
國後，正值五四新文化運動，作爲政治學者，張奚若亦有投身「新革命運
動」的想法，乃決定創辦二種雜誌，一談普通政治；一談專門學術。嗣後

---

[33] 馬質，〈主權論〉，頁1-23。

乃有與金岳霖、沈星五等人創辦之《政治學報》，其內容與政法諸問題相關。[34]1925年張氏任職中央大學，1929年8月至1949年則擔任清華大學政治系教授，開設政治思想方面之課程。[35]張氏於哥倫比亞大學就讀期間，曾受教於拉斯基，當時拉斯基正以主權研究名聲鵲起，張奚若甚爲佩服。作爲政治學者，張氏對於新文化運動中諸多「維新家」常爲「一知半解、半生不熟之議論」，認爲此係「只知其一，不知其二；發爲言論，僅覺討厭，施之事實，且屬危險。」[36]其立志辦理學術雜誌，應有引介新論之意。由於張氏著述中經常有主權論以及拉斯基書評相關作品，因此有人稱他爲「中國的拉斯基」或「主權論權威」。[37]在〈主權論沿革〉一文「前言」中，張氏指出，「主權論（The Theory of Sovereignty）在西洋政論上佔一特殊地位，其影響於古今政治思想及政治改革者亦最大」，然而，「近年來中國政治革新，學者多研究西洋政治學理，惟於政治學上最關重要而且最饒興味之主權論，則問之者殊寡。今特作是篇冀引起學者研求學理之興趣。」可知張氏撰寫〈主權論沿革〉，除了自身學術興趣，亦有拋磚引玉之意。[38]

「主權」，英文爲sovereignty，法文爲souveraineté。此一詞語，張奚若認爲漢譯「主權」頗爲不適，因「主」字含對外之意多，似不能兼顧

---

[34] 孫宏雲，《中國現代政治學的展開：清華政學系的早期發展（1926-1937）》（北京：三聯書店，2005），頁187。

[35] 孫宏雲，《中國現代政治學的展開：清華政治學系的早期發展（1926-1937）》，頁106；端木正回憶，張奚若主講之西洋政治思想史與近代政治思想史兩課，「很叫座」。轉引自孫宏雲，《中國現代政治學的展開：清華政治學系的早期發展（1926-1937）》，頁185。

[36] 中國社會科學院近代史研究所中華民國史研究室編，《胡適來往書信選（上）》（北京：社會科學文獻出版社，2013），頁30-32。

[37] 張國華，〈我所知道的張奚若先生〉，《張奚若文集》（北京：清華大學出版社，1989），頁484。

[38] 張奚若，《主權論》（上海：商務印書館，1929），頁1-2；張奚若，〈主權論沿革〉，《政治學報》，1：1（上海，1919.12），頁1-2。

對內主權。唯既無更好之譯文替代，民國〈臨時約法〉亦已用「主權」二字，故而因之。由是可見，張氏之主權論，蓋有特別就對內主權（internal sovereignty）一意發揮。事實上，由於中國對外力爭主權已爲不爭之理，知識界論述主權新說，自民初以來亦多在對內主權部分發揮。

張奚若表示，自來談主權者，大多不外從兩方面立論：一是主權之性質；一是主權之處所（歸屬），議論紛紜。言性質，有謂主權無限制、有限制；可分、不可分；可讓棄、不可讓棄之說。言處所，有謂主權在君主、在人民、在國家之別。張氏指出，非知其歷史沿革，無從見各說之強弱。有鑑於此，〈主權論沿革〉一文乃專就主權論之「歷史沿革」，分八段予以說明：（一）布丹以前之主權論；（二）布丹至洛克；（三）盧梭及法國革命；（四）法國革命後之反響；（五）公理主權與國家主權；（六）奧斯汀之主權論；（七）聯邦制與主權；（八）今日之新趨勢。張氏表示，各種主權論的變遷，實是當時「政象之產物」。政象轉移，政論自異。他指出新論舊說之差異：「以前之舊說，對於主權，僅爲內部之調和。今日之新論，則作局外之攻擊。一欲其有，一欲其無。」[39]換言之，新論與舊說之異已是涉及理論之根本。

主權論之新趨勢乃是對舊主權論的抨擊。在眾多抨擊者中，張奚若認爲「其健將當以法國公法學者狄格（狄驥）爲首屈一指，其次英人拉斯克（拉斯基），亦此派中之錚錚有聲者也。」他並且從（一）玄想學說與實在學說；（二）主權與國家存在之目的；（三）主權與責任；（四）主權與地方自治等四方面介紹二人的重要論點。在「玄想學說與實在學說」部分，張氏引狄驥之言，謂舊說以國家意志爲主權，所謂公人格、公意志實爲玄想家自欺自娛之詞。自事實觀之，國家不過是社會上治者與受治者之

---

39 張奚若，〈主權論沿革〉，頁1-36。

簡稱，國家權力，悉操於治者個人之手，「公意既無，更何有於主權」；在「主權與國家存在之目的」部分，張氏引拉斯基之語，認爲國家之存在，有一定之目的。政權之繼續，悉視國家之行爲能達此目的與否爲判，是有條件的，而非絕對的；在「主權與責任」部分，按狄驥之言，「欲存主權，須舍責任，欲課責任，須棄主權。今日民政發達，二者何去何從，不卜自知。」；至於「主權與地方自治」，張氏引拉斯基之言指出，主權論乃歷史上中央集權制下之政論，今日地方自治制，日見發展，國家主權說與之到處衝突，妨害社會進化，良非淺顯。[40]如上所述，張奚若介紹了西方政治學中的「新趨勢」，也表示拉斯基的學說是「新趨勢」的重要代表。雖然〈主權論沿革〉一文旨在突出主權論之新轉變，非對拉斯基個人的思想予以深論，但是拉氏反對一元主權論之諸多觀點，如國家係由於某一目的而存在，政權之存續亦有賴於此一目的能否達成，分權乃係社會進化之表徵等，也已被介紹到中國。

　　張奚若〈主權論沿革〉一文用力至深，對中國知識界理解主權論的內涵及其變遷的時代背景及意義實有莫大的助益。該文條理清晰，對主權論發展之各歷史階段、各代表人物之學說闡述肯要，1925年被收入商務印書館《百科小叢書》第79種。1929年又以小冊子發行，收入商務印書館「萬有文庫」第一集一千種之中。值得注意者，張氏在論述國家主權的同時，特別闡揚了主權論演進過程中的人權問題。1930年代初，張奚若在《國立武漢大學社會科學季刊》上也陸續發表了人權相關著述。[41]

　　1920年以後，拉斯基的主權觀點漸爲中國知識界所注意。如1921年陸

---

[40] 張奚若，〈主權論沿革〉，頁37-41。

[41] 如1930年盧梭人權觀念的探討、與主權討論相關的自然法觀念演進之研究。見張奚若，〈自然法觀念之演進（一）〉，《國立武漢大學社會科學季刊》，1：1（武昌，1930.3），頁51-81。

鼎揆翻譯拉斯基〈人民主權論〉（Theory of People Sovereignty）一文。陸氏翻譯該文時，拉氏已是政治學界的明星，自美返英。這篇拉斯基的文章發表在《改造》月刊。《改造》原名《解放與改造》，1919年9月創刊於上海，被視爲研究系的政論刊物，也是宣揚基爾特社會主義的主要刊物。張東蓀撰寫創刊〈宣言〉，並發表題爲〈第三種文明〉的社論，表明其將致力於社會的解放與改造，造就「第三種文明」。1920年9月第3卷開始，更名《改造》，同年主編改爲梁啓超。梁氏擔任主編時期，仍對基爾特社會主義抱有高度的興趣。[42]同時，梁啓超、張東蓀也以講學社名義邀請著名的英國哲學家、社會主義學者羅素來華講學，拉斯基亦曾在考慮之內。此一知識群體注意到多元主義的新趨勢並且發生興趣。1921年陸鼎揆翻譯拉斯基關於主權的文章，反映了此一現象。

在陸鼎揆翻譯的〈人民主權〉一文，拉斯基表示，現代政治學的大前提，就是國家、政府和人民之間的關係。他宣稱主權論毫無根據，在許多意志當中，有些意志確實比其他意志更加有勢力，這個強有力的意志佔有政治上的優勢，並無道德上、理性上的根據。爲此，拉氏強調，從政治的歷史經驗看，對於政權的行使者，一定要鄭重的防預其濫權。有鑑於此，一種新的政治的形而上學也應該建立起來，這種建立要根據歷史方面的經驗，方能適於實用，才可免掉托克維爾（Alexis de Tocqueville，1805-1859）所說一拿古董式的制度來適應現代社會的需要。而最要緊的是，

---

[42] 關於梁啓超、張東蓀與基爾特社會主義此一議題的討論，詳見張朋園，〈梁啓超對社會主義的認識及中國現代化的見解〉，《食貨》，3：10（台北，1974.1），頁6-28；張朋園，〈梁啓超在民國初年的師友關係〉，《臺灣師大歷史學報》，3（台北，1975.2），頁10-12。基爾特社會主義，發軔於1912年，因厭惡資本主義機器生產，懷念中古時代基爾特（行會，guild），以主張通過基爾特組織以實現社會主義得名。這派理論的創始人爲霍布森（S. G. Hobson，1870-1940），柯爾（G. D. H .Cole，1889-1959）爲總其成者，他依據職能原則，改造社會政治機關和社會機關，也是在中國最具聲名的基爾特社會主義者。見楊幼炯，《當代中國政治學》，頁59-60。

要脫離法律上的權利觀念，而回到道德上的權利觀念。[43]拉斯基〈人民主權〉一文的出現，似乎也意味著清末民初以來主權議題的轉向，從主權在民抑主權在國家之命題，轉至所謂主權在民理論與實際的問題思考。拉斯基從實際政治層面的國家、政府和人民關係批判一元主權論，展現了政治學新理論以及新的研究取向。

張奚若在〈主權論沿革〉中，向中國知識界介紹了主權論新趨勢的特色，並以拉斯基為主要代表人物，1920年代初期知識界進一步比較舊學說與新趨勢的差異，對於拉斯基的學說也有較大的興趣，其中張慰慈可為代表。張慰慈，1912年赴美國愛荷華大學（University of Iowa）留學，1917年獲博士學位，回國後擔任北京大學政治系教授。五四運動時期，張氏為《新青年》和《每週評論》的主要撰稿人之一；1920年7月，曾與胡適等7人共同署名發表〈爭自由的宣言〉；1922年，又與胡適等16人署名發表〈我們的政治主張〉一文；同年，他在與胡適等人創辦之《努力週報》上發表〈多元的主權論〉一文，揭櫫主權的「多元」概念。張氏直言：主權論是現今政治哲學方面最重要的爭議，主權論有二種，「一元說」和「多元說」。他表示「一元說」是一般政治學界早已承認的學說，是把主權視為國家至尊無上的統治權，國家是社會中的政治組織，有強制執行其意志的權力，那種強制執行的權力就是主權。國家的性質有四：（一）有一定的土地，在那範圍之內，國家對於各種人民或人群均有絕對的權力；（二）統一，在一國之內，祇有一個主權；（三）主權是絕對的，無限制的，不可摒棄的，不能分的；（四）個人自由是發源於國家，由國家保障的。張氏同時解釋：一元論學者總是極力注重國家對於人民或人群直接的和絕對的權力。其立論的基礎是所有的多元發生於一元，歸納於一元，要

---

[43] 拉斯克（Harold J. Laski）著，陸鼎揆譯，〈人民主權論〉，《改造》，3：9（上海，1921），頁65-78。

有秩序就須把多元抑制在一元之下，如非一元有管理多元之權，多元的公共事業萬不能做起來，統一是萬物的基礎，所以也是各種社會生存之基礎。[44]他也強調，一元論的發生有其一定的歷史背景，正是由於近年來政治社會環境變遷，一元主權論遂遭受衝擊，多元論學說因之以起，其中的「健將」，要推法國的狄驥和英國的拉斯基。

張慰慈詳細介紹了「多元」的概念。他表示，多元論者不承認國家為社會中至尊無上的組織，高於其餘組織之上。在他們看來，凡是人民間有利害關係發生之處，總是群聚起來，組織各式各樣的團體，對於這種種團體，他們也和對於國家一樣，盡心盡力，同樣服從。按照拉斯基的說法，這種「多元的社會觀」，即是「否認一元的社會、一元的國家」，也就是所謂的「多元的組織」。張氏引用拉斯基關於國家與團體關係的說法介紹多元論的觀點，並且表示，拉氏認為國家既是治者和被治者所組織的社會，國家當然有種種的限制，亦即：（一）國家只能在其職權範圍以內，不受外界的限制；（二）只有在那未經人民抗議的職權以內，國家才有最高的執行權力。[45]張慰慈在該文突顯了政治多元論中國家與團體對等以及國家係為履行一定職能的概念。

除了介紹多元論學說，張慰慈還指出，這種對於一元論的攻擊亦表現在現實政治作為，亦即攻擊基於一元論所發生的政治制度的種種「運動」。其目的，或是極力提倡社會中各種團體的權利，使之不受國家侵犯；或是想把政治管理權分配於各種職業，使各種職業在一定的範圍內有自治的權力；或者用別種方法，設立一種分權的政治制度，例如，「在英國，在法國，現今有種種勢力極大的運動，其作用是根本改造現今的政治制度，或從組織，或從職權方面入手，把國家權力範圍以內，分出一

---

[44] 慰慈，〈多元的主權論〉，《努力週報》，19（北京，1922.9），頁3。
[45] 慰慈，〈多元的主權論〉，頁3。

部分職權，由各地方機關執行。」[46]這些運動，如職業代表制度、行政方面的分權、地方分權（Regionalism and distributivism）、基爾特社會主義（Guild Socialism）、工團主義（Syndicalism）等均是。張慰慈認爲，這些都是一元的主權論到多元的主權論趨勢的明證。

　　張慰慈的〈多元主權論〉清楚指出主權論的新趨勢，即是由一元論轉向了多元論。他對二者的起源、演變、內涵及代表性的學說也有簡明扼要的說明。1917年自美歸國的張慰慈，對於美國政治學界的新變化，自然有所瞭解。他持續追蹤，幾乎同步地向國人介紹新說，並以當時已有盛名的拉斯基學說爲例作爲說明。該文發表在1922年，當時中國知識界不少人投入「聯省自治」運動的潮流，張慰慈介紹外國的新理論與實際運動，可謂間接肯定了行政分權、地方分權的合理性。此外，在1922年5月9日胡適受申報館邀請所作的〈五十年來之世界哲學〉一文最後一節「五十年的政治哲學的趨勢」中，胡適特別註明該節之「從一元的主權論變到多元的主權論」部分係由張慰慈代筆。[47]顯然胡適也承認政治多元論是政治哲學的新趨勢。

　　張慰慈的文章代表了知識界對政治多元論的注意。1922年12月《石室日報》刊載了任渠成〈主權論之概要及其趨勢〉，頗有發揚張文意味。《石室日報》爲四川成都石室中學旅京同學總會所創。該文在介紹一元和多元二種主權學說的發展及主要觀點上，內容幾乎與張文雷同。唯其在「國際聯盟影響之主權論」一節，說明1921年國際聯盟成立後，國家對外主權受其限制；而國家之上既有機關，則所謂對內主權，爲此國家以上機

---

[46] 慰慈，〈多元的主權論〉，頁3。

[47] 胡適，〈五十年來之世界哲學〉，《申報五十年紀念週刊》（上海：申報館，1924），頁15-16。今人有謂該文中關於拉斯基一段係由高一涵代筆係爲錯誤，見林建剛，〈胡適對拉斯基的推崇及反思〉，《南方都市報》（廣州），2014年2月16日，AA19版。

關剝奪殆盡。此外，任氏認爲多元論方興未艾，有取代一元說之勢，蓋因「十九世紀以來，人感經濟之困難，咸思革命，而經濟制度悉受政治之支配，欲達經濟革命之目的，不能不兼政治之改造」之故。[48]任文雖大體仿效張文而作，於經濟力量欲有所伸張和政治多元論之起二者之關係，以及對外部主權部分較張文有所補充。

繼張奚若、張慰慈之後，1923年梅祖芬也在《政治評論》上發表〈主權之研究〉，分別就近世主權論大概、主權論沿革、關於主權論的問題，介紹了主權論的歷史發展及其新趨勢。《政治評論》爲北京大學政治研究會編輯，上海民國日報館主辦，北京發行，主張人民自治精神的政治，鼓勵「願爲政治運動之有志青年」，跳出學潮，推動大規模的政治運動。梅文總括近世主權論大概，以其具有四種特性：（一）國家是有主權的團體；（二）法律是主權者的命令，有絕對效力；（三）個人或其他團體對國家是無反抗的；（四）國家與國家各自獨立，不相干涉。[49]在主權論的沿革部分，梅氏也強調主權論發展與歷史環境的關係：16世紀民族國家建設時候，布丹闡發主權之對內最高性質，格老秀斯（Hugo Grotius，1583-1645）發明主權之對外獨立性質，「近世主權論的大旨，實不外乎此」；17世紀英國革命時期，霍布士極力鼓吹主權論，用以擁護君權。「議論多趨極端，爲後世庶民政治之大敵」；至18世紀，君權發展過度，盧梭著《民約論》，主張「公衆主權」，「他的學說是後世民治的張本。」，「主權論到此可算一結束」；19世紀之主權論，以奧斯汀爲領袖。他對主權的觀念，是以法律觀念爲基礎，認爲一個社會必有命令和服從兩方面關係的成立，才有國家的存在。至於服從者可不須是全體，只要大多數即可。此說爲19世紀以來法理學者及政治學者所推崇。此一派人被稱做

---

[48] 任渠成，〈主權論之概要及其趨勢〉，《石室學報》，2（北京，1922.12），頁53-54。
[49] 梅祖芬，〈主權之研究（續）〉，《政治評論》，2（上海，1923.12），頁4。

分析法學派（Analytical School），而與歷史法學派（Historical School of Jurists）相對待，後者的領袖為梅因（Henry Maine，1822-1888）。批評奧斯汀學說者大都認為其偏於形式的抽象，而不能說明政治權力最終根源，並且對法律性質抱持錯誤觀念。儘管如此，由於有些學者認為奧斯汀的主權論在法律上極為有用，解釋亦明白淺顯，遂有調和派創造「政治主權說」，企圖補救奧斯汀學說之缺點，其中以戴雪（Dicey，1835-1922）和利契（Ritchie，1853-1903）為最有名。這些人主張形式的或法律的主權，與事實的主權或政治的主權可分而為二，前者為法律的樞紐，後者為政治社會的最終權力，許多學者認為實在的政治主權永遠在民眾。[50]奧斯汀的主權論可謂主導了19世紀以來國權發展的解釋。唯對於奧斯汀主權論的批判，除了上述之梅因，梅祖芬亦舉出狄驥和拉斯基二人，認為他們的學說代表了20世紀公法界的特別議論。[51]

在狄驥部分，梅祖芬大抵因襲了張奚若的介紹。在拉斯基部分，梅氏表示，拉斯基的議論也是「很有力量」的。他指出，拉斯基把國家學說分為一元說（the monistic theory of politics）說和多元說（the pluralistic theory of politics）。一元說認為國家是一個單一體（unity），個人及其他團體都是國家的部分（part），都藉國家以存在。國家好壞就是他們的好壞，所以他們應以國家的意思為意思，以國家是非為是非，這也是近世主權的觀念。他強調，拉斯基就是推翻這種學說，他說國家未必包括一切，個人在社會上有各種團體的關係，國家不過眾多團體之一。其餘團體與國家之關係，不過與它接觸，並非被它包含（with it, not of it）。批判一個人或一個團體的好壞，都是依其本質，並未溯及國家。它們有它們的責任，並非賴國家以存在。梅祖芬引用拉斯基的話：「我們可以否認那種律師說的主

---

[50] 梅祖芬，〈主權之研究（續）〉，《政治評論》，3（上海，1923.12），頁4。
[51] 梅祖芬，〈主權之研究（續）〉，頁4。

權，我們應該曉得國家是可以抵抗的。我們應該反對那種學說，以爲每一國家都有一法律上確定的在上者，他的意思一定被人容納的。因爲我們沒有憑據可以証明這種勢力的存在。」所以國家的法律如與他團體利益抵觸時，亦是以適應環境的制勝，國家並無絕對權威。簡言之，拉斯基認爲國家與團體處於平等地位，梅祖芬表示，如此一來，主權學說「簡直是不攻自破了」。[52]

針對奧斯汀所代表的一元論主權，梅文還指出，奧斯汀的主權學說不僅在學理上受到各方面的攻擊，在事實應用上亦有許多爭辯。其中較重要者包括了：（一）聯邦國與主權；（二）自治殖民地與主權；（三）國際法與主權等。由於在主權的學理上，人各異說，事實運用，又發生困難。梅祖芬則認爲自布丹至拉斯基，對主權的觀念都是片斷的；又說，近代的政治組織，漸漸的取權力均衡主義，國家內幾乎沒有一確定的個人或團體可以說有無限的立法權，並且所謂「法律主權」又不能用於習慣法和國際法。梅氏認爲，現代公法學「簡直可以去了『主權』這名詞，反可省許多無謂的辯論。」[53]梅祖芬（1896-1946），字思平，以字行，北京大學畢業，發表〈主權之研究〉一文，與張慰慈、張奚若等人的主權論介紹應是不無關係。

和民初主權爭議一樣，1920年代初期，中國知識界在主權相關議題上持續受到日本的影響。1922年，日本同志社大學教授中島重所著《多元的國家論》一書出版，引起中國知識界的注意。1924年，時在北京大學政治系任教之高一涵在《國立北京大學社會科學季刊》上評介了這本書。高一涵，1911年前往日本明治大學攻讀政法科，1916年回國。中島重（1888-1946），師從日本自由主義學者吉野作造和海老名彈正，是研究多元政治

---

[52] 梅祖芬，〈主權之研究（續）〉，頁4。
[53] 梅祖芬，〈主權之研究（續）〉，頁4。

論的著名學者，對拉斯基的思想尤爲注意。

中島重《多元的國家論》一書共分八章：（一）關於國家本質二大思潮之對立；（二）民族基爾特與國家主權的關係；（三）英國的新國家論；（四）基爾特社會主義的職能聯合國；（五）英國的新教會論；（六）多元論國家成立的可能性；（七）拉斯基之多元論的國家學說；（八）拉斯基的「多元國」與柯爾的「共同體」。以上諸章，基本上是中島重所寫的論文或翻譯。第一章則是多島重對多元論國家的看法。中島重認爲，英國新國家論是戰後思想界的一種異彩，是很新穎的學說，對於這種思想，他不單是介紹，不單是解說，而是要使自己的主張盡量發展，和這個新學說遙相呼應。[54]中島重對這些「新國家論」表示了高度的欣賞與認同。

高一涵在書評中，認爲中島重對於國家本質的見解，大體就是英國同業社會主義者對國家的見解。中島重在書中首先考察以鮑桑葵（Bernard Bosanquet，1848-1923）之《國家的哲學理論》（*The Philosophy Theory of State*）爲代表之「德國派」國家觀，和以斯賓塞（Herbert Spencer，1820-1903）《社會平權論》（*Social Statics*）爲代表的「英國派」國家觀。他把鮑桑葵之「國家全體社會說」（國家是包括一切特殊團體的全體社會）之觀點與斯賓塞「國家股份公司說」（國家只是和別的組合一樣的一個特殊的組合）加以比較，觀察二說對「自由」、「目的」、「國際關係」三者所發生的影響。高氏指出，中島重傾向「國家股份公司說」，並且認爲若將「國家股份公司說」加以重大修正，便有許多地方適合最近國家實際生活的原理。[55]

---

[54] 高一涵，〈《多元的國家論》：日本同志社大學教授中島重著〉，《國立北京大學社會科學季刊》，2：2（北京，1924.2），頁273-275。

[55] 高一涵，〈《多元的國家論》：日本同志社大學教授中島重著〉，頁275-278。

　　高一涵認爲中島重傾向「英國派」的國家觀。他進一步審察書中的
「多元國家」意涵，指出了中島重論述中的矛盾。高氏表示，中島重對
「團體」、「國家」所作的界定是：（一）團體是爲達到一定有限之特殊
目的而設的結合；（二）團體以由構成員合意組成爲特色；（三）團體以
有組織爲特色；（四）團體以有一定的職能爲特色；（五）團體有一定的
界限。至於「國家」，則是：（一）有一定、有限的特殊目的；（二）
有一定的職能；（三）有組織；（四）有一定的界限；（五）是合意的結
合構成的。亦即，「國家」也是「團體」之一。此外，中島重列舉「國
家」三大特性：（一）有領土，是地域團體；（二）有支配的權力，是統
治團體；（三）有「主權」，或有固有的組織力及支配力。根據以上二者
「特色」，高氏認爲，「國家」和「團體」概念矛盾—其他團體若無「主
權」，如何和「國家」平行呢？根據中島重在書中所作的「主權」定義：
「所謂國家有主權者，就是國家最高獨立，不受任何團體的命令強制，祇
依自己的意思命令強制」來看，高氏認爲中島重仍是斯賓塞一派的限制國
權的國家觀，而不是什麼「多元的國家論」。[56]此一書評，突出了「多元
國家觀」與傳統「限制國權國家觀」的不同。中島重是日本著名的拉斯基
研究者，高一涵的書評並未對書中的拉斯基部分多作說明。然而，早在
1918年，高氏已向國人介紹了20世紀初年西方政治思潮的變遷，包括國家
觀念、樂利主義以及民治主義之變遷。[57]高氏闡述19世紀到20世紀初西方
政治思想的變遷，舉凡國家學說、選舉制度（代議制度）的修正、重視團
體（或「群」）在國家中的角色以及更加落實民治等。這些變遷，與政治
多元論均有所聯繫。

　　事實上，1920年代初期，高一涵已相當具體地闡述政治多元論。他

---

[56] 高一涵，〈《多元的國家論》：日本同志社大學教授中島重著〉，頁278-280。
[57] 高一涵，〈近世三大政治思想之變遷〉，《新青年》，4：1（北京，1918.1），頁1-4。

說，現在的國家並不是個人與個人的集合體，乃是群與群的聯合體；現在的主權也並不是單一的主權，乃是許多對等權力同時並立的主權。他特別徵引巴克（E. Barker）的學說，指出西方中古社會爲許多團體集合而成，近代國家亦應是許多職業行會的社會；他也藉由巴克的話，說明每個國家多少總是聯合（federal）的社會，不同的經濟組織內，每個團體都可以行使對於團體成員的支配權。因此，高氏強調，現在的國家並不是一盤散沙之個人的總積，乃是「集合成群的聯合體」。現在「分權於民」，必定要分給有組織、有團體的人民，絕不能分給赤條條的孤立的個人。否則便如同「主權在於全體人民」的規定一樣，只是法律上的空名。[58]即是從多元論的觀點出發，他指出，國家這個社會，並不是高出於一切社會之上的一個社會，而只是與各種社會平行並立的東西。換句話說，現在的主權也並不是單一的主權，乃是許多對等權力同時並立的主權。

　　1920年代初期影響高一涵政治論述極深之巴克，正是拉斯基的老師。雖然在中島重一書的評論中，高氏對拉斯基學說未多著墨，對於拉斯基的思想，亦非一無所知。1922年10月16日的〈北京大學日刊〉曾刊載一則高一涵的啓事，內容是他在「政治學史」課堂上借給某位學生拉斯基的《政治思想》（*Political Thought*）一書，希望他歸還。[59]該書旨在介紹洛克至邊沁的政治思想，於1920年出版。由此亦可推知，1920年代初期高氏對拉斯基思想的認識，實有直接來自拉氏的著作。只是當時高氏對巴克和柯爾的政治多元論興趣較大。[60]

---

[58] 高一涵，〈希望反對聯邦者注意—最近的國家性質新論〉，《努力週報》，37（北京，1923.1），頁1。

[59] 〈高一涵啓事〉，《北京大學日刊》，1922年10月16日，第1版。

[60] 高一涵對柯爾的同業社會主義（Guild Socialism，多有譯爲基爾特社會主義）表現了高度的興趣，柯爾的工業自治（*Self-Government in Industry*）、勞動世界（*The World of Labour*）、社會學理（*Social Theory*）都是他愛讀的著作。高一涵認爲柯爾的思想很精密、很有系統，可作爲同業社會主義派的代表。見高一涵，〈柯爾的國家性質新論〉，《國立北京大學社會科學季刊》，1：2（北京，1923.2），頁207-208。

　　或許針對高一涵書評之不足，1925年的北京《法政學報》，署名「易庵」者發表〈拉斯克的多元國和柯爾的共同體：日本中島重著《多元國家論》〉一文。此外，羅瑤也翻譯了中島重《多元的國家論》的最後一章─〈拉斯克的多元國和柯爾的共同體〉，將中島重對拉斯基和柯爾多元論的研究介紹到中國。中島重在書中指出，拉斯基之國家學說是一種對現實國家的說明，國家不是「黑格爾們」所謂的「一體」，也不是「全體社會」，不是「道德上的權威」，而是與其他各種普通的團體同種同列的一種團體罷了。他仔細考察拉斯基的「主權」相關著作，指出拉氏在1917年出版的《主權問題之研究》一書，僅止於現實國家的說明。直至1919年出版的《現代國家之權威》一書才在現實國家的說明外，提出計劃方案。至1921年出版之《主權的基礎》中的「多元的國家」（The Pluralistic State）一章，更訂定一個不同於以前的完美方案，謂之「多元國」（Pluralistic State）。中島重並且認為，前者似乎很像柯爾的產業自治（Self-Government in Industry），亦即在社會上國家與其他團體並立，其權力應各就其職能而分配，可說屬於基爾特社會主義（Guild Socialism）初期的思想。至於「多元國」中所說，則與此大不相同，係認為國家的構成是多元的，是由地域和職能兩要素組成的一種複雜的聯邦國，從前與「國家」相當的機關，稱為「政府」。「多元國」的設計，類似基爾特社會主義的成熟期思想，亦即中島重所謂的「職能聯邦國」。中島重強調，拉斯基的變化，「完全與基爾特社會主義全體的國家論發展方向相一致」。[61]也正是政治多元論這種「職能聯邦國」的概念，吸引了不少1920年代初期主張聯省自治的中國知識分子。[62]

---

[61] 中島重著、羅瑤譯，〈拉斯克的多元國和柯爾的共同體─日本中島重著多元的國家論最後一章〉，《法政學報》，4：1（北京，1925.1），頁8-12。

[62] 其中較著名者，如高一涵推出「聯邦建國論」，潘大道提出職能聯邦國的主張均是。見高一涵，〈聯邦建國論〉，《東方雜誌》，22：1（上海，1925.1），頁34-44；高一涵，

　　大體而言，中島重的著作反映了1920年代初期日本學者對拉斯基政治多元論的研究成果，他的書籍譯介，也使中國知識界對拉斯基政治多元論的相關著作及其思想發展變化有所認識。

*A Grammar of Politics*之譯介

　　1920年代初期，中國知識界對政治多元論這股「新國家學說」潮流已非全然陌生，對於長期關注西方政治思想和制度變遷的知識分子尤然，張君勱即是最明顯的例子。

　　1920年前後，張君勱對於國家新說即有所注意。1919年至1921年旅歐期間對戰後歐洲國家改造運動的考察研究，使張氏對西方新的政治思潮和政治運動體會深刻。留日學習法政專業的張君勱，自清末起即已關注西方的政治思想和制度，且積極參與清末立憲運動與民初政黨政治，對於中國的政制改造尤有興趣。由於批評袁世凱對蒙政策，1913年張氏赴歐避禍，前往柏林大學攻讀政治學，至1916年護國反袁事起返國。1919年張君勱隨梁啓超前往歐洲考察，留德學習哲學。旅歐期間，受生機哲學影響，他認為人類進化之大動力，為生命的奮進，為衝動、為意力，歐洲蓬勃的國家改造風潮更激動其改造中國的意志。他大倡創新，稱頌革命精神。[63]由於俄、德標舉社會革命，他研究社會所有問題以及工人參與工廠管理問題；

〈希望反對聯邦者注意—最近的國家性質新論〉，《努力週報》，37（北京，1923.1），頁1-2；潘大道，〈新國家觀之一〉，《法政學報》，5：1/2（北京，1926.4），頁21-25；潘大道，〈聯邦國之新形式—職能聯邦國〉，《東方雜誌》，23：8（上海，1926.4），頁11-18等文。張東蓀討論聯邦問題，直接提及了拉斯基的主權論。見張東蓀，〈聯邦論辯〉，《東方雜誌》，22：6（上海，1925.3），頁18。

[63] 張君勱，〈懸擬之社會改造同志會意見書〉，《改造》，4：3（上海，1921），頁1-2。

而在政治方面，他認為革命方法及民主政治問題足為中國教訓。[64]從此時
所發表之諸多文章內容可知，延續他清末以來對西方議會制度的信仰，張
氏對西方議會制度仍深具信心，對於社會主義，則以其為未來趨勢。受到
俄德革命的激勵，他充滿激情地表示：「凡屬革命，不論其所爭為思想，
為政治，為民族，為社會，吾以為當一概歡迎之，輸入之」，以其為「改
造此舊時代以入於新時代之法。」在德、俄二種社會革命模式中，張氏以
為中國當學者，厥為德國社會民主黨之腳踏實地，不在列寧之近功速效。
然而，他也表示，德國因偏於議會政略，失於社會主義而得於法律主義；
俄國以偏於革命手段，得於社會主義而失於法律主義。二者之中，絕無
盡善盡美之法，唯有「擇取而酌行」，其主張調和路線甚為明顯。[65]旅歐
期間，他已有仿效英國費邊社，成立社會改造同志會的構想。費邊社多為
知識分子組成，提倡漸進式的社會主義的改革，進而促成、參與工黨的活
動。他特別欣賞費邊社之「浸灌工夫」（Permeation），認為「不獨解目
前糾紛已焉，坦坦蕩蕩一條大路，於是乎在此。」[66]

　　張君勱訪歐之前，中國改造運動已是方興未艾。惟當時持改造之說
者，多以知識（或文化）運動為高潔，而以其他活動為卑污。他以此為謬

[64] 立齋，〈一九一九至一九二一年旅歐中之政治印象及吾人所得之教訓〉，《新路》（半月刊），1：5（上海，1928.4），頁21、24。以德憲之政治改造言之，張君勱以其頗富新意。因社會民主黨標榜建立「社會主義的共和國」，其社會革命「成果」成為張君勱法制考察的重點。1913年他在德國留學時，即與德國民主社會主義者有所接觸。1920年前後旅德，他也拜訪了幾位社會主義著名領袖如考茨基（Karl Kautsky，1854-1938）、伯恩斯坦（Eduard Bernstein, 1850-1932）等人，對社會主義實行之問題多了一些了解。學者指出這是張君勱較之中國其他傾心社會主義的知識分子的獨特經驗。潘光哲，〈張君勱對社會體制的觀察（1919-1922）〉，《國立政治大學歷史學報》，16（台北：1999.5），頁58-61。

[65] 張君勱、張東蓀，〈中國之前途：德國乎？俄國乎？〉，《解放與改造》，2：14（北京，1920.7），頁2-4。

[66] 張君勱，〈懸擬之社會改造同志會意見書〉，頁1、4。

說，認爲政治並非空言之事，乃係實行之事。所謂「知」「行」並重，即是使知識解放、政權解放與生計解放相輔，三者同時並行，其目的在「去桎梏馳驟之苦，而謀自由創造精神之發展」。改造的具體實現則是建立制度，使政治運作更爲理性化，以自由自動之個人，組織自由獨立之國家。他將改革方針以〈懸擬之社會改造同志會意見書〉爲題發表，期能作爲改造運動之「階梯」，並且強調此係「內審國情」、「外察世界」而來。具體言之，即在考慮中國現實情況下，對西方政治制度作一種選擇吸收。張氏提出關於國家大本之意見30餘項，並指出今後中國改造的大方向，一爲民主政治，一爲社會主義。[67]其相關主張，多少具體轉化在其回國後所擬定的〈中華民國憲法草案〉中。[68]代議式的民主與漸進式的社會主義改造作爲張氏一生國家改造方案的基調，可謂大致已定。

　　從1924年張君勱在《東方雜誌》上發表的〈政治學之改造〉一文，可看見他對主權論新趨勢的介紹及見解。所謂「政治學之改造」，即是指西方國家學說的革命性轉換，他喻之爲「哥白尼」革命。張氏指出，「二十年前初讀政治學書，以之與今日之政治思想相較，其對象與根本概念，已經一種絕大變化；前後之差異，雖比之哥白尼前之天文學與哥白尼後之天文學可焉。」張氏指出，新國家學說產生之背景以及論說的特點大致有四：（一）政治之至極處歸於無國家，創自克魯泡特金，至列寧輩大盛；（二）不欲破壞國家而後已，然視國家之職掌，不過執行某種職務而已，對國家至尊無上主權表示懷疑；（三）以今日代議制爲富豪把持和政黨黑幕觀之，不能表示民意，產生對國家內部構造之懷疑；（四）歐戰以來國

---

[67] 有謂，一份「民主社會主義」的中國社會改造藍圖在張君勱胸中已經成形。見翁賀凱，《現代中國的自由民族主義：張君勱民族建國思想評傳》（北京：法律出版社，2010），頁152。

[68] 薛化元，《民主憲政與民族主義的辯證發展—張君勱思想研究》（台北：稻鄉出版社，1993），頁137-151。

家主義之流毒爲世所公認，極端者欲廢國家而入大同，次焉者謂國家應以超國家統一之，此爲對國與國關係之懷疑。以上四者，他歸納之爲「國體之懷疑」。[69]

　　張君勱在〈政治學之改造〉一文介紹了幾種與國家相關的「新政治思潮」，包括「國家毀滅說」、「公共職務說」、「政治組織之改造」、「直接行動之意義」、「貧民專政之可否」、「聯邦之推廣」、「國際主義之萌芽」等。[70]其中「公共職務說」，即爲政治多元論主張，「政治組織之改造」與此亦有直接的關聯。張氏說明「公共職務說」，以法國公法家狄驥和英人柯爾之學說作爲代表，與當時知識界，特別是其師友研究系諸人醉心基爾特社會主義自是不無關係。他表示，狄驥認爲主權論不適宜，創公共職務說，指出「今日國家所執行之公務中，有教育、救貧、道路、橋樑、街燈、郵政、電話、鐵路，凡此種種行動，非有公法系統以規律之不可也。此種公法系統，其不能以主權論爲基礎甚明。」又說：「今日所謂公法，非確定某領土上一方爲號令者，他方爲個人或團體之關係，如主人對於其所服從者然。今日之所謂公法者，規定各種公務之組織，並保持此種公務之進行無阻是已。」至於柯爾學說，張氏以其「推本一切，結合於職業，且欲本職業原則（The Principle of Function）以改造全社會之生計機關與政治組織」，有謂：「凡人類之結合，原所以達公共之需要或目的，所謂目的，即結合之職掌之根本也。」此外，張氏也試圖向國人說明此一學說興起的時代背景。首先，從前國家之大政，軍事、警察、司

---

[69] 張君勱，〈政治學之改造〉，《東方雜誌》，21：1（上海，1924.1），頁1-9。

[70] 關於國家毀滅一說，張氏指其認爲政治上之罪惡，起於有國家，國家既廢，強權隨之而去，而後自由結合之團體代之以興。主之爲無治主義者，列寧之新國家論中，亦發揮此義。對於此說，張氏不表認同，認爲無國主義與社會主義者所痛心疾首者爲國中分貧富貴賤兩階級，「然階級不平，去之可也；若謂並此統治之關係而去之，則吾以夢想而已。」見張君勱，〈政治學之改造〉，頁2-3。

法而已，國家之地位，以上臨下。如今國家所掌理者，爲生計文化上之事務，「權力之義已不適用，而以職務二字爲最恰當」。此爲工業主義之影響；其次，既言主權，自必發源於一至高無上之體，然而近世社會以無數自動之人民爲主幹，人民各盡所能，各得所欲、與從前以一人爲主體者，不可同日而語。此爲民主政治之產物。再者，自進化論大昌以來，人人以社會爲變動不居之體，而柏格森（Henri Bergson，1859-1941）等之惟心哲學家，推衍其說，謂世界可以人力使之進而日上。在張氏看來，此種現代心理，當然距「固體」之「主權論」遠，而離「活變」之「職司論」近。[71]張君勱又特別強調，「職司」二字在現在儼然已有一股魔術的力量。

　　國家性質既已不同，制度改造自是在所必行，不少政治多元論者亦致力於此。張君勱指出，自歐戰後，關於政府內部之改造，有種種新論，其中最有力者，爲「職業代表說」和「立法行政分立」之反對運動。「職業代表說」之中又分二派：如柯爾，即是欲以一種職業自成一基爾特，處決本職業以內之事，廢區域代表制；如德國現制，則是保留區域代表制，另設生計會議，雇主工人各遣代表列席。張氏明白，自工商勃興以後，各職業單位之勢力，遠駕地域單位之上，情勢已大非昔比。然而，在他看來，柯爾方案以基爾特會議改造全部政府，恐尚非其時，德國之制將爲各國取法。至於「立法行政分立」反對運動，張氏於說明英俄制度後，表示：「依近時趨勢觀之，覺政府議會之對待，要以信任爲前提，而立法行政之界限，本不必過嚴。」如信任政府，「雖兼立法，有何不可？誠不信任政府也，即行政上亦不應輕易更張。」[72]即因爲如此，他認爲孟德斯鳩（Charles de Secondat, Baron de Montesquieu，1689-1755）等人的三權分立

---

[71] 張君勱，〈政治學之改造〉，頁3-5。
[72] 張君勱，〈政治學之改造〉，頁4-5。

說,恐已過時。

此外,張君勱討論聯邦制的問題。張氏指出,聯邦主義本起於異地域、異人種自由發達之要求,如美、瑞、澳皆依此原則而產生,近年來聯邦之說大盛則別有他故。以英國而言,有鑑於政務叢集於中央,中央之力,勢不克舉,於是欲以聯邦分權之法救濟之,此乃英倫三島於1820年改聯邦之決議案。近人則有持職業代表說者,謂一區域之內,應設各種職業會議,但各地之人口財力約略平等,然後一方能舉一方之事,而其上則以全國之職業會議籠罩之,此即爲生計的聯邦主義,創之者爲法人龐哥(P. Boncoui),英人柯爾贊成其說。此外,狄驥在提出國家職能說之餘,亦表示新舊職務之中,已有一種分權運動,以種種形式正在發展:(一)地方的分權,限於一地方之事務,則委諸一地方之文官;(二)財產的分權,以特種事務,委諸特種自主團體之官吏;(三)職業的分權,以某種職務,委諸專門之技術員;此外更有以一種職務託諸私人經理,國家僅從而監督之。狄驥認爲,分權之後,各種事務可以委之地方文官及專門技術員。而依英國之趨勢與柯爾之理想,則屬於地方者,地方自主團體爲之,屬於職業者,有職業自主團體爲之,均以聯邦政府之中央機關總其成。[73]

在張君勱看來,與過去要求地域人種之自由不同,新近聯邦主義之推廣係因中央政務叢集,力有不逮,欲藉此分權之法加以救濟。張氏進一步將這種聯邦觀念延伸至國際主義,指出19世紀中葉以降,有聯合各國勞動者組成之第一、二、三國際。歐戰以還,有識之士推求戰禍之由,咸認國家對峙有以致之,乃有國際組織之倡議。然而同爲國際主義,解釋各異。張氏從進化論程序觀之,認爲全人類社會必合於一政府之下,全世界尚未大一統之時,國家與超國家之關係,殆如各邦之與中央政府。[74]值得注意

---

[73] 張君勱,〈政治學之改造〉,頁6-7。
[74] 張君勱,〈政治學之改造〉,頁7-8。

者，張氏雖未特別言及拉斯基的學說，但是以上舉例諸人亦皆政治多元論者，雖具體改造方案不盡相同，其所持原則，諸如職能國家、聯治與分權等主要概念確也是拉斯基政治多元論的重要觀點。可以說，歐洲考察歸國後，張君勱對西方新國家學說已有相當的認識，對政治多元論一派的思想也能清楚掌握。

　　1925年拉斯基*A Grammar of Politics*一書出版，在歐美學界造成轟動，引起張君勱的關注。實則張氏與拉斯基政治多元論淵源甚早。拉氏於美國講學期間，當時正在美國哥倫比亞大學就讀之張奚若、徐志摩、金岳霖三人屢向張君勱言及拉斯基之「形容與學說」，徐志摩亦曾贈予拉氏1919年之作《現代國家之權威》（*Authority in the Modern State*），張氏嘗謂此書為他與拉斯基「神交之始」。[75] *A Grammar of Politics*一書出版後，張氏閱讀此書，歆慕備至，亦曾有到中國公學講授「現代政治名著選讀」課程時以之為課本的構想。[76] 嗣後張氏雖未到中國公學講授*A Grammar of Politics*，卻投注心力於此本鉅著之翻譯工作。1926年、1927年張君勱朝夕捧讀拉氏備受矚目之新作，法制專業知識的訓練、長期關注現實政治、對外國制度的考察研究興趣，以及對西方國家改造新思潮的重視與理解，皆成為張氏翻譯此書的重要基礎。

　　張君勱翻譯《政治典範》上卷，「每日以譯千字為常課，歷六月而後成，修改工夫亦費月餘。」據其所述，由於所辦政治大學遭到國民黨政府

---

[75] 〈賴氏學說概要〉，見賴斯幾（Harold J. Laski）著、張士林（張君勱）譯，《政治典範》（上海：上海商務印書館，1930），頁1。

[76] 根據阮毅成的回憶，當他在中國公學大學部求學，學校在砲臺灣，正值張君勱在吳淞的前提督衙門創辦政治大學，自任校長。兩校相距不遠，師生間常有來往。中國公學當時的教授，如張東蓀、郭虞裳、俞頌華、劉甫陔、陳筑山諸先生，皆是張氏好友。有一年，校中開設「現代政治名著選讀」課程，擬以拉斯基《政治典範》原本為課本，並耳聞由張君勱至校講授，同學甚感興奮。唯張君勱並未前往任課，由張東蓀擔任。阮毅成，〈君勱先生與憲法〉，《傳記文學》，第166號（台北，1976.3），見「傳記文學數位全文資料庫」。

封閉,因此「在滬無事可做,乃譯拉氏之《政治典範》,每月由商務印書
館拿兩百元維持生活,一天世界書局主人想出版a.b.c叢書,要我做一本政
治學a. b. c.,我以譯書甚忙無暇,拒之,他說何妨先登廣告,書可緩寫,
我以盛意難卻,應之,誰知廣告登出後,書局即得上海市黨部通告,囑其
毀櫻板,書局以爲租界尚在,乃置之未覆,數月後上海特區法院吳經熊院
長接黨部命令囑封閉世界書局,吳先生是我的朋友,即來訪告以經過,我
說書尚未寫,如何櫻板,後由書局疏通黨部,其事乃寢,事爲商務印書館
所聞,乃託俞頌華先生告我所譯之書不能用眞名,我當時依此爲生,連用
姓名自由都不敢堅持,所以改用『張士林』,於『嘉森』二字中,士取嘉
字之頭,林字取森字之腳。」[77]在國民黨高舉革命的年代,《政治典範》
的翻譯過程,可謂艱辛。

為了忠實介紹拉斯基的思想,張君勱翻譯《政治典範》,力求
「信」、「達」、「雅」,欲在西書翻譯方面建立「典範」之用心殊爲
明顯。對於嚴復以後諸人從事翻譯時,「喜將每段落或數段落以己意溶
成一片,而後筆之於書,成爲吾國文字之起承轉合」,他以爲並未做到
「信」,因此「一反嚴氏之譯法,每段每句悉仍原文之舊,每句終結處以
『。』爲符號。」爲了求「達」,他則「偶參以吾國人思想上聯類而起之
字眼,而不敢與原義妄有出入。」[78]而爲使讀者對《政治典範》中拉斯基
學說之由來與對現代之主張有更清楚的瞭解,1930年該譯本出版時,張氏
特在卷首附以〈賴氏學說概要〉一文,並對書中所引古人名字註明年月,
使讀者方便比附參照,頗有今日書籍中「導論」之性質。此外,張氏以

---

[77] 張君勱,〈廿餘年來世界政潮激盪中我們的立場〉,《再生》,108(北平,1946.4),
頁5。

[78] 拉斯基著、張士林譯,《政治典範》,「譯者例言」,頁1。關於嚴復的翻譯特色,黃克
武有清楚的闡析。見黃克武,《自由的所以然—嚴復對約翰彌爾自由主義思想的認識與批
判》(臺北:允晨出版社,1997),頁67-116。

「近年來，譯書日多，故新名詞之不經見者絕少，既有一家之學說，斯有一家之名詞，與一家之涵義，如coödination一字譯爲平勻酌劑，雖非嚴氏旬月躊躇者比，然亦幾經斟酌，逐處試驗之後乃敢決定。」張氏對所譯「平勻酌劑」一詞顯然甚爲自得，在譯本中屢有出現。事實上，此一富含調和意味之詞不僅指謂拉斯基思想，也是張氏自身思想之最大特質。《政治典範》卷帙浩繁，以之作爲譯介西學之試金石，足見張君勱對拉氏學說以及此書翻譯之重視。程滄波認爲張氏欲藉此立「千秋萬世之名」，應不爲過。[79]

　　張君勱讚賞拉斯基之文字「生氣躍然，讀之者若感觸電力然」。細讀該書後，他對拉氏更是推崇備至。張氏也像拉氏一樣，強調「一時代之政象，有其一時代之學說爲之後先疏附」。他歷數各個時代的代表學說：「以陸克（洛克）之《民政論》爲十七世紀英國政治之代表，以邊沁之《政治拾零》與穆勒（彌爾）之《自由論》、《代議政治論》爲十九世紀上半期英國政治之代表，則現代之政論家，可以代表英國者，舍菲濱協會（即費邊社）之槐柏（即前譯韋柏）夫婦，工黨之麥克洞納氏，基爾特社會主義者之柯爾氏，與新近學者之賴司幾（拉斯基）氏外，無可他求矣。」張君勱也表示，於現代政論家中獨好拉斯基，實因前述諸人「專爲政治上一種主義鼓吹」，唯拉氏「集合各派之長，而匯成一系統，非他人所能及。」[80]張氏更以其爲繼承洛克、邊沁、彌爾之正統者。

　　1928年，張君勱在《新路》發表〈英國現代政治學者賴司幾氏學說〉一文，對拉斯基思想作了系統的介紹，也可說是對《政治典範》的評述。

---

[79] 程滄波，〈追憶張君勱先生〉，《傳記文學》，第284號（臺北，1986.1），見「傳記文學數位全文資料庫」。

[80] 立齋，〈英國現代政治學者賴司幾氏學說〉，《新路》（半月刊），1：7（上海，1928.5），頁35-36。

這篇文章後來以〈賴氏學說概要〉置於《政治典範》譯書之前。其內容如下：（一）多元主義的國家論；（二）權利爲自我發展之條件；（三）今後之新財產制度；（四）政治及生計方面之改造。[81]這些內容，是《政治典範》中的核心問題，也是張氏一戰後思考國家改造的重點。他說明這些內容在政治思想史上的特殊性及意義。此外，張氏還探究了拉斯基與英國傳統學說的關係及其哲學立場。

　　在「多元主義的國家論」一節，張君勱首先介紹政治多元論的思想源流及其發展。張氏開宗明義表示：「現代之政治思潮，反對主權論之思潮也，反對國家之強制權，反對主權之表示曰法律，反對國家在國際間主權之無限，其來源起於德國學者奇爾克氏（Gierke）及英國麥德蘭氏（Maitland）。」簡單數語，張氏已道出拉斯基學說要旨及重要師承，並直言拉氏是此一思想運動中的健將。[82]他說，拉斯基對於國家主權之否認，即是拉斯基多元主義存在的根據。既言多元主義，則社團地位尤爲關鍵。他指出，拉氏對社團與國家關係闡述尤多，早期極端否認國家主權之地位，至《政治典範》一書，拉氏稍變其說，承認國家之職司，並謂「不論其組織之方式爲何種，其地位勢必凌駕一切而上之。」張氏認爲拉氏以「平勻酌劑」之地位屬於國家，實是「以多元主義者之資格，隱示對於一元主義之讓步」。[83]

---

[81] 立齋，〈英國現代政治學者賴司幾氏學說〉，頁36-56。

[82] 拉斯基就讀牛津大學時期，梅特蘭（F.W. Maitland，1850-1906）對其影響甚深。1900年梅特蘭翻譯德人基爾克（Otto Gierke，1841-1921）之《中古政治思想史》（*Political Theories of the Middle Ages*），使社團法人說、社團離開國家獨立之說大盛於歐。基爾克強調社團的重要性，梅特蘭分析歷史，也注意到社會中各種社團的出現與增加，認爲它們代表個人，與政府立場不同，因此應以法人視之。Ellen D. Ellis曾排列影響拉斯基政治多元論的學者，爲Gierke、Maitland、Figgis、Duquit、Barker等人。見Michael Newman, *Harold Laski : A Political Biography*, p. 27.

[83] 立齋，〈英國現代政治學者賴司幾氏學說〉，頁36-41。

在「權利爲自我發展之條件」一節。張君勱強調，權利說是拉斯基政治學說之重要環節。拉氏認爲權利是個人自我實現的條件，亦是國家共存共榮之所繫，權利並非國家所造成，乃是國家所承認，且由於在社會中，人民之思想言行係「本於各個人經歷，此經歷惟各人自身知之最眞，非他人所得而越俎，故不徒許各人以自有所經歷也，同時須賦以解其經歷之權。」因此，近世國家咸設定權利所由實現之最小限度之基礎，「使各人皆立於同一水平線享受同一權利，由彼自身尋求經歷之意義，承認個人在社會中之最高地位。」對於拉氏學說，張君勱以其與19世紀以後許多西方學者所認爲國家爲法律唯一泉源，權利由國法所賦予之說適好相反。他認爲，拉氏之國家論、法律論、權利論中實含有濃厚之道德成分，其權利說亦彰顯個人主義色彩。此外，關於平等，拉氏強調公民有受教育之義務，使其智識充分發展，然後能盡公民之責任；關於財產，則「與全國公福相關聯，且爲公福維持之要件，則財產權固我所應享也。……各人之財產所有權，以達於各人衝動之相當饜足爲止，此外非我所應享。蓋過此界限以上，其所以貢獻於社會者，不出於其人之人格，而出於彼之財產矣。」[84]張氏認爲拉氏關於智愚、貧富不等之語尤爲剴切。

張君勱認爲財產制度改造是《政治典範》中的另一創見。財產權之說因18世紀人權說而大昌，竟有視之爲絕對、不可移讓之權者。1848年後，形勢一變。舉凡財產掠奪說、剩餘價值說，各盡所能、各取所需說，財產公有之說甚囂塵上。俄、德革命後，德之新憲雖規定生產工具爲國有，遲遲未能施行；俄國變革尤猛，卻重返新經濟政策，可知解決不易。拉氏攻擊貧富不均甚烈，張君勱尤肯定其「常平心靜氣以研究其條理，事貴可行，不尙空談」。張氏也特別強調，拉氏之「不盡職務即不得享權利」一語與俄共產憲法條文有類，然而拉氏並不認爲貧富不均一事能以「革命」

---

[84] 立齋，〈英國現代政治學者賴司幾氏學說〉，頁41-45。

二字了結。對於拉氏關於財產分配之作法，張君勱以其亦是本於道德原則而爲溫和的改良，如在「各人之酬報方面」，拉氏認爲貧富之分之由來非徒財產之授受，平日酬報之多寡，關係尤大，因此主張在生產改良方法未經試驗以前，絕不輕易棄其最小限度之需求；唯其又提醒，酬報之制即令改良，而工廠管理舊而不革，仍不得爲自由之社會，因而有工業組織改良之方。張氏也表示，拉斯基明白財產制度之改造，甚爲艱難，因此特別謹慎小心，對於財產之沒收，主張賠償；對於改造後之工業，反對隸屬於政府以及劃一方式之管理。張氏認爲拉斯基關於財產制度的主張，實已勝於前人之空泛言論與標語之號召。[85]

　　對於拉斯基《政治典範》中政治和經濟改造的制度規劃，張君勱尤有興趣，以其能趨於事實。他表示，20世紀可謂政治上、生計上的浪漫時代，各種新理想新計劃相繼出現，期能去目前之舊，圖今後之日新又新，如俄憲、德憲然；至於學者之著述，如威爾斯（H. G. Wells，1866-1946）小說中的現代烏托邦、韋柏之英國社會主義共和國之憲法、柯爾之職業代表大會亦皆如此。然而，在有志擘畫中國憲政制度之張君勱看來，上述規劃，都是近於理想遠於事實，唯獨拉斯基的作法，「與槐氏、柯氏之專爲社會主義運動設計者，不可同日而語。」[86]

　　張君勱考察《政治典範》中國家政制改造的主張。在政治方面，張君勱認爲，與柯爾、韋伯等人強調職業代表，成立一個代議機構不同，拉斯基認爲可以設立一諮詢機關，各職業可就有關利益、有關行政，作專家之陳說。張氏認爲，先之以商議，後爲政策之決定，可謂合於責任政府原則。[87]此外，拉斯基心目中的理想政治制度是一院制的立法機關，以及如

---

[85] 立齋，〈英國現代政治學者賴司幾氏學說〉，頁46-49。
[86] 賴斯幾著，張士林譯，《政治典範》，〈賴氏學說概要〉，頁18-31。
[87] 立齋，〈英國現代政治學者賴司幾學說〉，頁50。

英國內閣制之行政機關。一院制集結全國代表，商議全國公共之利害，政黨之職司則是在明瞭選舉爭點，使國民意志集中，實為立法中不可少者。至於英國之內閣制，以其政府領導政策、集中權力，可負實行之責任。張君勱對拉氏政治改造表示稱許。至於在經濟方面，張氏表示，社會主義是其主要原則。拉斯基自言，此項計劃，非如共產黨之徹底改造，非將資本主義一一消滅，蓋因以革命方法達到生計改造之目的，不特原有目的不能達到，危害恐更甚於前。[88]對此，張君勱更表認同。

表2-1　拉斯基《政治典範》中的生計改造計劃[89]

	類別及相關工業	處置之法	目的
一	關於公共利益而具獨占性質者，如礦業、鐵道、船業、銀行、煤油等。	由政府以公債買收，設局管理，由議會監督，管理局准公眾代表參加，且設工務會議，疏導工人意志。	其利益由全體人民享有。
二	一般人日常需要只可劃一製造者，如衣履、牛奶、麵包、肉食、家具。	可以大量方法生產之者，歸於合作社。	目的不在營利，而又合於生產事業之民主精神，此經營方式可永久保存。
三	純粹私人營業。	1.國家應設條例限制之，條例中需保護者有三人：勞動者、消費者和投資之公眾。 2.董事部中，除經理人列席外，勞動者亦得占議席之半，向公眾報告每年盈虧。意外盈餘，一部分為股東紅利，一部分歸國家，或降低物價，供一般人購買。	1.勞動者：使得享相當之酬報與安舒。 2.消費者：防物價之奇昂。 3.投資之公眾：使其不受辦事人矇混。

[88] 立齋，〈英國現代政治學者賴司幾學說〉，頁53-54。
[89] 整理自立齋，〈英國現代政治學者賴司幾學說〉，頁54-55。

　　此外，張君勱既稱許拉斯基學說的哲學統系，對其學說所代表的時代意義也有所說明。他追索《政治典範》的思想淵源，認為團體人格、職業代表、財產權之限制與國營事業之說，皆為20世紀議題，拉斯基有所貢獻；而代議政治、個人主義、零星改良精神三者則是承續英國傳統學說者，展現了英國思想史的「繼續性」。拉斯基保留議會，所以防政府之專擅；而政府良否，在於監督之國民；各個人宜本其理智的判斷，以貢獻國家公善。由是，個人之智識與權利實為政治學中第一問題，教育乃是教人民以自身意志參加政治的條件。針對於此，張君勱認為，拉氏彰顯個性之說，與彌爾相同，亦有相異之處：彌爾重在發揮少數人之特長，拉斯基重在提高一般人之程度。因此，張君勱稱彌爾之個人主義為「特殊之個人主義」，而拉斯基之個人主義為「民主的個人主義」。張氏表示，拉氏推尊個人到極致，國家行使權力乃為達到國家之目的，若有所違，國民應有革命之權利。然而，張氏也強調，拉斯基並非「純粹之革命黨」，因為拉斯基認為共產主義立國非短期間可以實現，因此在政策上主張積漸之試驗，可從其在學理上常引用杜威、詹姆士之語，認為一切政治之施行應歸之於實際，可以證之。[90]然而，張君勱又指出，拉斯基的思想似「兼採唯心主義」，如謂國家須立於道德性考驗，人民服從之根據，為公道，或正當生活，或合理公時，此皆無法自遁於唯心主義之外。尤其是，在離國際聯盟理想甚遠之世，拉氏提出廢止戰爭，主張軍備擴張非一國私事，皆有書生之論之虞，更足見拉斯基唯心主義之色彩。金岳霖曾表示，張君勱為唯心主義者，何能為拉斯基思想張目，並認為張氏所言將使《政治典範》康德化。對於金氏之批評，張君勱不以為然，表示美國政治學者艾略特（W. Y.

---

[90] 立齋，〈英國現代政治學者賴司幾學說〉，頁56-61。

Elliott）亦曾指出，拉斯基是具有「康德背景的倫理個人主義」。[91]

　　張君勱〈英國現代政治學者賴司幾學說〉一文無疑是篇極有見地的「導讀」，將《政治典範》的重要觀點及拉斯基的思想特色清楚勾勒出來，可說是1930年之前中國知識界對拉斯基政治學說或謂拉斯基之《政治典範》所作之最系統、最精闢的介紹，也是拉斯基思想在中國傳播的一大躍進。此時拉斯基的政治多元論已是張君勱心目中現代政治思想的重要代表。張氏介紹之餘，他提出自己的見解，這些見解，多少影響了1930年代以後張氏對於中國國家改造方案的構想。只是，由於時空不同，其思考亦有所差異。

來自美國政治學界的觀點

　　拉斯基政治多元論的發展時期係在美國，中國知識分子對美國的政治學發展情況亦不陌生。以高一涵來說，雖是留學日本，或許受師門影響，1922年在北京大學講授政治學時，他開列了「政治學初步參考書」。書單所臚列者，包括了James W. Garner的*Introduction to Political Science* (1910)、Raymond G. Gettell的*Introduction to Political Science*和*Reading in Political Science* (1910)、Westel W. Willoughby的*The Nature of the State* (1896)、Stephen Leacock的*Elements of Political Science* (1906)、John Burgess之*Political and Constitutional Law* (1890)、Mary Parker Follett之*The New State* (1918)等書，盡是美國當代著名政治學者的著作，其中不乏政治多元

---

[91] 立齋，〈英國現代政治學者賴司幾學說〉，頁62。Elliott曾批評拉斯基，認為多元主義是國家動亂之源。另見Paul Q. Hirst edit, *The Pluralist Theory of the State: Selected Writings of G.D.H.Cole, J.N.Figgis and H.J.Laski*.

主義者。[92]1920年代，「多元主義」與「多元理論」的術語已爲美國政治學界所通用。根據1787年的憲法建立起來的美國，把主權觀念帶向新時代。這部憲法的制定者相信主權是可分的，可以在州和聯邦間分離，這種理論更由托克維爾（Alexis de Tocqueville，1805-1859）在《論美國的民主》（*De la démocratie en Amérique*，1835）一書中大力提倡。1926年7月，在北京出版的中國社會政治學會刊物《中國社會及政治學報》（*The Chinese Social and Political Science Review*）刊載了美國政治學者韋羅貝（W. W. Willoughby，1867-1945）〈政治多元論者〉（Political Pluralists）一文，介紹政治多元論者費吉斯、拉斯基，同時也介紹了基爾特社會主義、福利特（M. P. Follett，1868-1933）的《新國家》（*The New State*）以及工團主義的思想。此外，亦談及塞班（George H. Sabine，1880-1961）對政治多元論的看法以及作者自己的觀點。[93]這篇文章介紹了政治多元論，也傳達了美國政治學界對政治多元論的諸多觀點。

美國對政治多元論的熱烈討論，自然影響了當時在美國的中國留學生，更有以此爲學位論文主題者，蕭公權與陳序經即爲此中較著者。其論文在當時雖未譯爲中文，但可代表中國知識分子當時在美國對政治多元論

---

[92] 高一涵，〈政治學初步參考書〉，《北京大學日刊》，1922年10月17日，第2版。如Mary Parker Follett於1918年出版之*The New State：Grooup Organizations*一書，即指出國家是由許多團體組成。他說，多元可以獲致統一的結果。又如John Burgess爲哥倫比亞大學教授，受德國影響極深。他強調國家和政府並非一體，以民主爲政體的國家，是標準的國家。亦即唯有實行民主的民族國家才是國家。他清楚討論國家、政府與人民的關係，認爲科學與歷史是政治學的基礎科學。歷史事實的歸納和演繹，宇宙的進步就是根據歷史的經驗而來的，科學另一要義在統計。此外，Burgess表示，人類的自由就是全民政治基礎。見John G. Gunnell, *Imaging the American Polity：Political Science and the Discourse of Democracy* (Pennsylvania: The Pennsylvania State University Press, 2004), pp.73-74.

[93] Westel W. Willoughby, "Political Pluralists," *The Chinese Social and Political Science Review*, 5：3（Peking, 1926）；張允起，《憲政、理性與歷史—蕭公權的學術與思想》（北京：北京大學出版社，2005），頁8-10。

的回應。

　　1920年蕭公權自清華學校畢業後，進入美國密蘇里大學新聞學系就讀，後來改讀哲學。1922年進入研究院，接受哲學系哈德森（Jay William Hudson，1874-1958）和塞班二位教授的指導，並在對政治多元主義素有研究之塞班建議下，研究拉斯基新近所提之政治多元論。[94]蕭氏以8個月時間寫成〈多元國家的理論〉（The Pluralistic Theory of the State）一文，於1923年獲得碩士學位。嗣後，蕭公權進入康乃爾大學攻讀哲學博士學位。有鑑於政治多元論的論著已甚豐富且其理論具備新穎性和巨大的重要性，他決定對政治多元論作更加系統和徹底詳盡的研究。因此，在梯利（Frank Thilly，1865-1934）的指導下，蕭氏對政治多元論舊作進一步擴充修訂，於1926年完成博士論文〈政治多元論〉（Political Pluralism: A Study in Contemporary Political Theory），更由於康大英籍教授凱特林（George E. G. Catlin，1896-1979）的介紹，1927年在倫敦、紐約同時出版發行。[95]

　　《政治多元論》一書出版後，頗獲好評，被列為「國際哲學叢書」（The International Library of Psychology Philosophy and Scientific Method）之一，各大學多有採為教本者。拉斯基更稱讚這本書之功力與吸收力非常雄厚，是政治學界五年來的唯一佳作。巴爾教授亦推許此書簡明流暢，倫敦《泰晤士報》文學副刊，更讚美此書雖是中國學者所撰，但文筆優美，等於西人之作。[96]在1920年代的政治多元論研究中，作為中國人的蕭公權

---

[94] 1922年Sabine在康乃爾大學獲博士學位後，任教密蘇里大學，與同事Walter Shepard合譯Hugo Krabbe之 *The Modern Theory of the State* 為英文，自此Krabbe和Duquit二人漸為美國學界注意。見Paul Q. Hirst, *The Pluralist Theory of the State: Selected Writing of G.D.H. Cole, J.N. Figgis and H.J. Laski*, p.9、pp.28-29；張朋園，〈政治學家蕭公權：背景、思想、以及對國民黨憲政的期望〉，《台灣師大歷史學報》39，（台北，2008.6），頁78。

[95] 蕭公權，《問學諫往錄》（台北：傳記文學，1972），頁66-67。

[96] 關於蕭公權撰寫《政治多元論》一書的背景及過程，張朋園有深入的分析。見張朋園，〈政治學家蕭公權：背景、思想、以及對國民黨憲政的期望〉，《臺灣師大歷史學報》，39（台北，2008.6），頁76-79。

成就非凡。

　　蕭公權自謂，《政治多元論》一書旨在「闡明了這一多元主義理論的確切含義，說清了該理論所處理的諸種問題的眞實性質」，並且因此使讀者自「一元論的安眠中喚醒，從而引向一種深刻的政治理論洞見」。[97]他主要考察二個問題：（一）對傳統理論的多元主義批判在何種意義上是有道理的，或是似是而非？（二）作爲一種政治學理論，多元論的內在價值何在？[98]在介紹政治多元論中的諸多議題（包括法律、代議政治、行政、政治與經濟關係及其與之相關的主權國家概念、公意問題、哲學背景、倫理國家等），並對其批評一元論的部分加以審察後，蕭氏對於政治多元論，有批評，也有肯定。總體而言，他認爲，多元論者在否定和破壞一元論方面，言過其實，且自相矛盾；但在另一方面，政治多元論有其優點，此亦即它的價值所在：（一）強調個人自由；（二）把團體引入政治思想，並指出通向一種比迄今普遍應用的社會組織方法更爲具體的道路；（三）指出有關政治過程一種眞正包羅萬象的觀點─包括政府與法律，也包括作爲多重面向之道德存在之人的所有社會關係；（四）對政治方面的家長主義和絕對主義的有益反抗，對任何局部性制度之主權的警告。他表示：「所有這一切都具有重要的意義，任何無偏見的學者都不會不注意到這一點。」[99]然而蕭氏也指出，多元論者並未能像他們所說，將主權的觀念自政治理論中一筆勾銷。絕大多數的多元論者已設法將主權從他們的新社會的前門驅逐出去，但與此同時，它們又悄悄地從後門偷運了進來。雖然多少經過僞裝，卻仍然是一種主權。甚至，蕭氏說，多元論所提出對傳

---

[97] 蕭公權著，周林剛譯，《政治多元論》，「弁言」（北京：中國法制出版社，2011.10），頁1。
[98] 蕭公權著，周林剛譯，《政治多元論》，「弁言」，頁1。
[99] 蕭公權，《政治多元論》，頁192。

統主權論的真正批判，竟是它還不夠一元主義。[100]值得注意的是，該書廣徵博引，書後所附之「書目舉要」共有170餘種，包括闡釋批評等相關著作，可說是向讀者展示了一個當代政治多元論的知識地圖，其中包括了拉斯基的6種著作。[101]如果《政治多元論》在中國知識界得以流傳，對拉斯基政治多元論在中國的傳播當有極大的便利。在1920年代，這本書或許影響了張君勱，但是，更大的影響，應是歸國後的蕭公權對1930年代拉斯基政治思想在中國的傳播。

就在蕭公權《政治多元論》一書出版之次年—1928年，陳序經（1903-1967）在美國也完成了他的政治學博士論文—〈現代主權論〉（*Recent Theories of Sovereignty*）。[102]陳序經，1925年復旦大學畢業後，於1926年前往伊利諾大學深造，獲得政治學博士學位，後又留學德國，抗戰前主要以文化論述（全盤西化論）聞名全國。這本博士論文由加納（James W. Garner，1871-1938）指導，題目即由其所建議。陳氏自敘該論文撰寫目的，在對現代主權論作一鳥瞰，描述各種主權論而不作批評，只在「結論」中表示自己的觀點。該書以與主權相關的主題貫串，包括：「主權理論的歷史」、「聯邦國家中的主權」、「國際關係中的主權—主權的特徵、歸宿和批評」、「主權與法律」、「主權與職能組織」等，各種思想學說依時間序列展現，最後一章則是介紹一些代表性的學者。陳氏的《現代主權論》綜述政治多元論的內容，頗能反映美國知識界對政治多元論的多元觀點。

蕭公權《政治多元論》一書主要以政治多元論對一元主權批判的議題

---

[100] 蕭公權，《政治多元論》，頁106、111-112。

[101] 此三類包括：（一）基本書目：多元論著作，計46種；（二）參考書目：對多元主義理論闡釋與批評以及有助的其他圖書和文章，正文中偶然參引者不在此列，計103種；（三）補充書目：較為重要的一元論著作，計27種。

[102] 陳序經著，張世保譯，《現代主權論》，「前言」（北京，清華大學出版社，2010）。

作爲討論的核心，拉斯基學說的相關部分雖是經常成爲討論的重點，但並未作爲一個獨立的單元整體考察。在《現代主權論》中，陳序經迺以「拉斯基和其他」爲章名，並以專節討論了拉斯基的政治多元學說。在陳氏看來，拉氏雖不是闡述主權多元理論的第一人，但確是此一運動中最突出的代表，「如果主權的多元主義理論不被後人忘記，則拉斯基先生一定會被研究主權觀念史的學者永遠銘記。」[103]

　　陳序經從主權論歷史發展的角度審視拉斯基的政治多元論。他指出，主權多元論並不是現代的產物，17世紀格老秀斯《戰爭與和平法》（*De Jure Belli Ac Pacis*，英文：*On the Law of War and Peace*，1625）一書中已顯示出他對主權可分性的懷疑。從這個角度看，這位「國際法之父」可稱得上是「主權論的多元主義理論之父」。[104]在敘述美國聯邦憲法制定主權可分與否的理論爭議後，陳氏引用拉斯基書中「序」文所感謝的學者，一方面顯示拉斯基的思想淵源，一方面補充他在該書中所未介紹，然而對主權理論有重要影響的人物。

　　陳序經繼續以拉斯基著作爲中心，追蹤拉斯基1915年至1925年多元主權論的發展脈絡。第一篇是1915年7月的〈國家的人格〉。陳氏認爲拉氏已表達了主要的思想—強烈反對主權的一元論和團體的法人理論；其次是1917年《主權問題之研究》一書，書中的多篇文章中重述了上述觀念，兩篇附錄〈主權與聯邦主義〉和〈主權與中央化〉中，拉斯基提出主權的本質是聯邦的。第三種是1919年論文集《現代國家之權威》，該書涵蓋了

---

[103] 陳序經著，張世保譯，《現代主權論》，頁255。

[104] 格老秀斯在《戰爭與和平法》一書中，以羅馬爲例，指出羅馬的主權只有一個，但所有權經常被分割。由此，可以有一個統治者領有西羅馬帝國，另一個領有東羅馬帝國，有時甚至分爲三個部分。另外，如果一個民族選出一個國王，它可以先保留一部分權利，而把剩下的權利交給國王。這不是契約約束的情況，而是權利被分割後的情況。見陳序經著，張世保譯，《現代主權論》，頁255。

許多範圍，其主旨為堅持主權僅僅是權威的特例，其中隱含了拉斯基對解決此一問題的主要方法。再次是第三本書《主權的基礎》，亦是由許多論文組成。拉斯基希望本書是國家整體重建之架構的一部分。第四本是《政治典範》，則是試圖勾勒這一理論的全貌。陳氏指出，拉斯基早期的著作是破壞性和批評性的，最近則是建設性的。他主要從巴克（Barker）處得到靈感，但理論成型主要得益於菲吉斯（Figgis）。陳氏也特別強調拉斯基晚近似乎受到社會主義者的影響，這些社會主義者主要的企圖是對社會進行經濟重建。他認為，在拉斯基的理論建構過程中，雖用與宗教有關的證據打擊《利維坦》（*Leviathan*），但其理論體系還是建立在經濟基礎上。[105]在本書中，陳序經以拉斯基的著作為線索，串連出拉斯基政治多元論的建構過程，從破壞到建設的過程。此種論述方式在1930年代的盧錫榮的《拉斯基政治思想》一書獲得進一步發揮。

　　陳序經還指出，由於拉斯基受到許多學者的影響，因而其思想可視為多位學者之多元主義的揉合。陳氏指出，拉斯基政治多元論的哲學基礎受到詹姆士「多元的宇宙」觀念的影響。詹姆士用實用主義的觀點解釋多元論，認為現實世界的所有組成部分都是以各種各樣的方式與其他部分進行外部的連繫，沒有任何一個事物包括或統率每個事物。多元論的世界更像一個聯邦共和國，而不是一個帝國或王國，不管聚集在意識或行動的有效中心是多麼的多，仍會有其他事物是自主的，沒有歸於一統。拉斯基和詹姆士一樣，也相信宇宙的本質是多元的。拉氏宣稱，不能因為國家比它的部分更具整體性，而說國家的部分源自國家，多是源自於一，部分和整體一樣真實存在。陳氏表示，多元主義幾乎是實用主義，多元主義不僅是一個事實，也是一種不斷發展的理論。拉斯基相信多元主義國家會從人民出

---

[105] 陳序經著，張世保譯，《現代主權論》，頁260-261。

發，用更好的方法滿足人們的追求。[106]

　　陳序經進一步說明，拉斯基區分單一國家和多元國家之不同：在單一國家，最受重視的是權威，不同意政府的觀念就是錯誤的；多元主義國家通過分散權威來保證自由，如此一來，個人在只有單一生活方式的社會中不能被滿足的需求就能得到實現；單一國家用武力壓制人民的意志，多元主義國家則會盡力給人們提供合理的途徑去實現自己的個人價值。對拉斯基而言，人類不斷爲政治生活尋找合適的實施途徑，使其不會對個人價值的實現產生壓力。有些因素—如宗教、職業、政治—作爲個人價值的外在表現，其方式實是多種多樣的。拉氏表示，多元主義國家是從結構上解決問題，它不會對任一個人特別關照，因爲它不能在不了解人的行動背景之情況下，給人以優先關注。它否定古典意義上的主權觀念，因爲這種主權觀念提高了一部分人的地位，而讓其他人不得不接受一個讓人難以接受的命令。簡言之，多元主義國家反對主權國家，旨在保證個人價值的實現。[107]

　　陳序經在拉斯基書中所引述的觀點，正是拉斯基在1918年爲其政治多元論的意義所作的說明。陳氏同時指出，拉斯基堅持了巴克的「多頭政治主義」（polyarchism），此可從1919年《主權的基礎》一書中拉斯基對國家與社團之間關係的論述清楚看出。在此書中，拉斯基明顯表示，一個團體可以與國家有關聯，但並不意味它必須與國家有關聯；因爲如果它的形成與國家無關，那麼它將獨立於國家存在，因爲它有自身的利益、自身的目的和自身的意志，是與國家不同的。至於國家的性質，陳氏則是進一步用拉斯基《政治典範》的說法，謂國家是一個公共服務體，與其他組織不同，因爲：（一）它的加入是有強制性；（二）有確定的統治區域。在

---

[106] 陳序經著，張世保譯，《現代主權論》，頁215-267。
[107] 陳序經著，張世保譯，《現代主權論》，頁267-268。

國家中，人們作為消費者的利益是息息相關的，在任何地方，它們都需要最大限度地得到滿足。吃、住、受教育的基本需求，國家正是一個滿足這樣需求的機構。在國家面前人人都是一樣的。比起其他功能，這些功能具有優先地位。為了滿足這些共同需要，國家必須在一定程度上控制其他組織，來保證提供產品、滿足這些需要。換句話說，國家的本質就是體現在保護消費者的利益。[108]由上可知，比起蕭公權，陳序經特別突顯了拉斯基政治多元論中一元論與多元論的意涵差異，以及一元與多元國家中個人、社團與國家的關係，別具特色。此一現代主權研究引起了當時在嶺南大學任教之陳受頤的興趣。1929年，陳序經的畢業論文即在廣州出版。

除了由西方知識界直接將政治多元論的討論引入中國，以及中國知識分子在國外對政治多元論（包括拉斯基）的研究專論，1920年代後期中國知識界也有不少人直接譯介了外國學者對拉斯基政治多元論的評介及研究成果。

事實上，在《政治典範》於歐美出版後，即有彭學沛翻譯外國學者之評論，間接推介了此書。彭學沛（1896-1949），清末公費留日，進入京都帝國大學修習政治經濟學，7年後，留學法國巴黎大學及比利時布魯塞爾大學。1926年歸國後曾任北京大學政治學教授。1926年4月，他在《晨報》發表之〈一個新的政治理想〉，即是介紹了Walber James Shepard的文章，以其介紹拉斯基學說，頗有鉤玄提要之妙。[109]此外，由於政治多元論在1920年代已是政治學上的重要問題，許多政治思想新著大都將其納入篇章。如1927年傅文楷翻譯了格特爾（R. G. Gettell）1924年新著*History of Political Thought*中的第29章，譯名為〈主權的多元論〉，發表在《法學季刊》上。該章對多元論與一元論的爭論作了說明，對多元論代表人物的學

---

[108] 陳序經著，張世保譯，《現代主權論》，頁269-271。
[109] 彭學沛，〈一個新的政治理想〉，《晨報副刊》，26（北京，1926.4），頁5-6。

說亦有簡要的介紹，其中包括了拉斯基。

　　格特爾指出，拉斯基著作係受了梅特蘭的歷史觀點、費吉斯的宗教意向、狄驥的法律理論，以及工團主義和基爾特社會主義等經濟運動的影響。拉斯基極力攻擊及反對國家超越各個人和社會而具有絕對的權力，認爲國家主權應分配於各團體。個人主義和職能主義應起而結合，反對統一和權力的政治制度。格氏在文中列舉了一元論者對多元論的反駁，包括：多元論者把各個人的忠誠義務分散於各團體中，必定引起社會混亂，甚至變成無政府；多元論者以自由同意理論爲服從的基礎，將會破壞法律及社會秩序，陷自由保障於危險的境地；多元論是向中世紀的國家概念後退。格特爾同時表達了個人的看法。他表示，多元論對政治思想極有貢獻，因爲它看重事實；它說國家雖是法律全能，但必須受道德的限制；它指出非政治團體的重要及國家干預這些團體正當職務的危險，認爲有給予這些團體在政治制度上承認之必要；至於它所倡行的聯邦政府之組織和團體代議制度也是極有價值的貢獻。然而，儘管肯定了政治多元論的貢獻，格特爾卻認爲不必拋棄國家主權的觀念：國家可承擔道德責任，縮小活動範圍，地方組織可依照地方分權制和利益代議制，但不失它最高的法律主權。[110]格氏對一元論和多元論所作的評論，充分表達了美國政治學界對政治多元論的一般觀點，包括正反二方的意見。其中，拉斯基的政治多元論即是美國政治學界考察的重點。

　　無獨有偶，1930年，戴剛百也在《新民半月刊》中發表〈多元主權論〉一文，也是節自格爾特書中的相同章節，說明多元主權論已受到知識界的普遍注意。在譯文之前，戴剛百指出：「晚近政治學中，最有興趣之問題，爭執激烈、聚訟紛紜、莫衷一是者，實無過於主權一元論與

---

[110] 傅文楷譯，〈主權的多元論〉，《法學季刊》，3：3（上海，1927.1），頁151-168。

多元論之爭。」他接著簡要敍述了西方主權論自16世紀以後的變遷線索，指出「自吉爾克，麥特蘭輩出，根據精確科學之引證，闡明團體人格之學說，於是一元主權論乃一變而成眾矢之的，吾人偶一披閱近代西方政治學者之著作觀其對於此論之攻擊，直有使其體無完膚之慨，其中號稱一代權威而擁護多元主權論最力者，則有法之狄驥，英之拉斯基與荷之克拉伯諸氏。」[111]除了狄驥和拉斯基，他也特別提出基爾克、梅特蘭以及克拉伯（Hugo Krabbe）。

拉斯基共產主義觀的譯介與評論

　　1929年商務印書館將張奚若〈主權論沿革〉一文印製成小冊子，以《主權論》爲名出版。這篇1919年首次將政治多元論的新趨勢介紹到中國的文章，10年後以書本形式出現，說明了中國知識界對政治多元論的興趣正與日俱增。此外，1920年代後期，隨著拉斯基政治多元論逐漸爲人所重視，中國知識界已有人注意到拉氏的其他著作。如1928年章熊譯了拉斯基的《美國政制論》、1928年陳湯彬華和1929年黃肇年陸續翻譯了拉斯基論述共產主義的著作以及堯伯發表在《泰東月刊》上〈對於拉斯克〈唯物史觀之研究與批評〉〉一文。相關的譯介突顯了拉斯基的社會主義觀點，以及1920年代後期拉斯基對馬克思主義的看法，這些觀點在日後對拉斯基的政治多元論產生了較大的衝擊。

　　1927年，拉斯基*Communism*一書出版。由於根據學理對共產主義作出系統敍述或批評的文字在歐洲或英美國家甚少，拉斯基以知名學者撰寫

---

[111] 戴剛百，〈多元主權論〉，《新民半月刊》，16（北京，1930.3），頁21。

此書，廣受矚目。自1927年4月出版後，不到二、三個月即已售罄，7月再版，可見其需要之切，價值之高。

　　該書連同結論共分六章：首章敘述共產主義發展的歷史，側重之點即是馬克斯的共產主義。拉氏指出，馬克思主義的貢獻在於給共產主義以哲學的基礎和實行的方法，也就是唯物史觀和階級鬥爭；第二章討論唯物史觀。拉氏認為這個理論大體上是正確的，但是共產黨有時把這個原則用的太廣，反生許多流弊。對於馬克思所自認之三個貢獻：（一）生產組織造成有產與無產兩個階級；（二）階級鬥爭的結果是無產階級專政；（三）無產階級專政的結果是廢除一切階級，使人類一律平等。拉氏認為第一點較為可信，第二點表示懷疑，第三點則是簡直完全不信；第三章討論「共產主義經濟學」；第四章討論「共產主義的國家論」；最後一章說明「共產主義的戰略」。拉斯基明白指出，「任何討論共產主義的著作，都不能希望它是不偏不倚的，因為它討論的問題過於迫切了，總不免要牽涉到某種偏見，儘管這種偏見是不自覺的。」[112]他表示只能力求自己不帶偏見。

　　拉斯基闡釋共產主義出現的意義，指出：「在我們這個年代裡，共產主義已成為一種理想和方法了。」他說，在馬克思之前，雖然一些社會主義思想家清楚知道他自己最後的希望是什麼，但他們沒有人知道怎樣把自己的理論和冷酷的現實連繫起來，沒有創造一種可以作為方法的準繩和社會變革之解釋的歷史哲學。自馬克思後，共產主義的歷史就具有完全不同的性質。儘管馬克思利用前人之見，比他自己願意承認的大的多，但他確實將共產主義轉變成一種運動，使共產主義獲得一種哲學的方向。他是第一個認識到草擬烏托邦的詳細憲章，不如討論如何到達烏托邦途徑更為重要的社會主義思想家。同時，他也是第一個理解要尋找這個途徑就必須詳

---

[112] 拉斯基著、黃肇年譯，《論共產主義》，「序言」（上海：商務印書館重印，1961）。

細分析自己周圍環境的人。[113]然而，他也表示，從1871年到1914年，工人階級大部分從事於本階級的權力的和平發展，由於各社會主義政黨在各國議會內取得重要地位，他們轉而尋求削弱資本主義政權的辦法。資本主義的發展，特別是以帝國主義面貌出現的資本主義的發展，似乎表示資本主義來日方長。可以說，在一次世界大戰前，歐洲社會主義幾乎完全沒有鬥爭威力。對於歐戰，共產主義者認爲這次戰爭是以帝國主義面貌出現的各資本主義國家相互競爭的必然結果。他們認爲資本主義國家的根基已經動搖，工人們團結的革命力量一定會把它推翻。1917年俄國實驗說明了，馬克思以戰略充實了共產主義，列寧和他的信徒再把這戰略變成一種實踐的哲學。

　　也就是拉斯基論述的第一次世界大戰和俄國十月革命使中國知識界以西方資本主義文明爲取向而蓬勃發展的五四新文化運動開始了分歧的發展，社會主義成爲不少知識分子的新思想取向。其中，清末即已介紹至中國的馬克思主義在此時也獲得大量的發展空間。影響所及，有1921年中國共產黨的誕生，以及1923年國民黨改組的聯俄容共，揭示革命再起。[114]1925年，張奚若看到共產主義運動在中國之崛起，愼重地思考了「共產主義是否能行於中國，是否適宜於中國？—尤其是今日的中國？」他認爲「世界上沒有包醫百病的東西」，「主義和藥一樣；藥是對症發的，主義也是看社會情況而生的。」張奚若是多元論者，他相信社會現象是多元的，因此「政治學上的眞理也是相對的」。[115]

　　1927年的中國，在北伐運動屢屢告捷，兵至長江之際，國共合作生

---

[113] 拉斯基著、黃肇年譯，《論共產主義》，頁7-8。
[114] 呂芳上，《革命之再起：中國國民黨改組前對新思潮的回應（1914-1924）》（臺北：中央研究院近代史研究所，1989），頁535-539。
[115] 奚若，〈共產主義與中國〉，《晨報副刊》，50（北京，1925.11），頁33。

變，至7月而徹底決裂。此後國民黨標舉反共旗幟，中共陸續在南昌、長沙與廣州等大城市採取武裝「暴動」。「湘鄂擾亂」與「廣州大焚殺」更形塑了「共產黨人」的恐怖形象。即使如此，中國對於共產主義的理解尚屬有限。

有鑑於「國人對共產主義的內容知之不多」，國內「敘述共產主義的書籍，除了有作用的宣傳品外，實在太少」，張奚若1927年乃以書評的形式向國人介紹了拉斯基*Communism*一書。[116]在該書書評中，張奚若認為第二章討論唯物史觀部分是全書最為精采者；第三章最弱；第四章則因拉斯基本為知名政論家，該章既屬批評性質，因此「所言特有精采」；第五章則是「頗饒興趣」。他並且表示，本章極有見地的批評，是說：「共產黨人戴上有色眼鏡把社會上一切問題都要硬認作經濟問題；在各國宣傳，完全抹煞人家的民族問題，以致常常失敗。」[117]1928年4月陳湯彬華在《時事新報》的「學燈」副刊上發表其所翻譯的第二章，也正是張奚若認為很精采的一章，題為〈唯物史觀之研究與批評〉。1929年黃肇年則以〈共產主義的歷史的研究〉為題，在《新月》發表了第一章的譯文。1930年，黃譯全書《共產主義論》由新月書店出版。黃肇年在南開大學翻譯此書，曾得到蕭公權和蔣廷黻的幫助。商務再版此書時，將書名改為《共產主義的批評》。收入何炳松和劉秉麟主編的「社會科學小叢書」，1961年商務印書館重譯此書，改名為《我所了解的共產主義》，作為內部讀物。

黃肇年譯文在《新月》發表時，徐志摩在文前為之作了小記，除了向讀者說明該書已被收入「家庭大學叢書」（Home University Library）中，並介紹拉斯基是「現代政治學學者中最卓絕的一人，亦為在學理上掊擊共

---

[116] 張奚若，〈共產主義的批評（書評）〉，《現代評論》，7：160（上海，1927.11），頁17-20。

[117] 張奚若，〈共產主義的批評（書評）〉，頁17-18。

產主義最有力的一人。」徐志摩同時也強調，在這本書內，拉斯基「取的
是完全學者的態度，從歷史及學理方法作研究，絕無一般專作宣傳反共產
者的粗獷與叫囂的不愉快。」[118]此時拉斯基理性客觀地闡述共產主義歷史
的發展及理論與實踐諸多問題，透過譯作，爲中國知識分子提供了一個理
解共產主義的管道。拉氏關於共產主義的論著，也首先在中國以中文的形
式出現。拉氏對於共產主義的批評，多少爲其《政治典範》中的社會主義
改造路線作了註腳－堅持實行「改良的社會政策」。

　　1920年代末年，雖然張奚若和徐志摩等人讚賞拉斯基闡述共產主義
歷史發展、理論與實踐諸多問題的態度理性而客觀，然而拉氏的共產主義
觀卻無法獲得中國左翼知識分子的認同。早在1920年代初期，中國的馬克
思主義者已清楚表達了他們的國家觀。如陳獨秀在1920年時，在《新青
年》上發表〈談政治〉一文，即表示：「我承認國家祇能做工具，不能做
主義」，這工具有改造進化的可能性，但是不必廢除，「因爲所有者的國
家固必然造成罪惡，而所有者以外的國家卻有成立的可能性；我雖然承認
不必從根本上廢棄國家、政治、法律這個工具，卻不承認現存的資產階級
（即掠奪階級）的國家、政治、法律有掃除社會罪惡的可能性；我承認，
用革命的手段建設勞動階級（即生產階級）的國家，創造那禁止對內、對
外，一切掠奪的政治、法律，爲現代社會第一需要。」[119]陳氏的文章，大
抵闡述了唯物史觀下的國家觀。

　　1928年堯伯在《泰東月刊》上發表之〈對於拉斯克（H. J. Laski）〈唯
物史觀之研究與批評〉的批評〉主要是反駁拉斯基對唯物史觀的看法，係
因看到陳湯彬華的譯作而寫。他承認拉氏對於唯物史觀的理論有相當的了

---

[118] 拉斯基教授原著，黃肇年譯，〈共產主義的歷史的研究〉，《新月》，2：2（上海，
　　1929.4），頁71。
[119] 陳獨秀，〈談政治〉，《新青年》，8：1（上海，1920.9），頁9。

解，並且敘述得很有系統，其態度「頗近乎科學家」，「比起一般只是
以耳代目道聽塗說和固執成見的所謂學者先生們來，大有天壤之隔！」
然而，在讚美之後，他也指出拉氏「不透徹不周到和錯誤的地方」，認
爲拉氏對於唯物史觀的批評很武斷，很少客觀的論證。他將其歸納爲三：
（一）拉斯基認爲唯物史觀「大旨不錯」，「但不能說明許多特別事
實」，「不能完全解釋各人的種種行爲」。堯伯表示，拉氏根本不了解唯
物史觀的本質是一種「方法論」，是無產階級的世界觀。同時，它也是
無產階級的社會觀，不在於要解釋或說明許多枝枝節節的「特別事實」或
「個人的種種行爲」；（二）拉斯基認爲，唯物史觀斷定「最後的勝利屬
於無產階級」，「將來必然會產生共產主義社會的組織」，這是沒有根據
的。關於這點，堯伯認爲拉氏不懂唯物史觀對於整個人類歷史的觀察是合
乎歷史事實，且從現代資本制度社會的構造上看，勞動與資本間的矛盾，
帝國主義與殖民地弱小民族間的矛盾以及各派帝國主義間的矛盾－－天一
天地發展而趨向於最後的爆發。一切生產資料的集中化、生產技術組織的
社會化以及全世界經濟的逐漸統一化，也都客觀地表明現代資本主義制度
往社會主義的經濟制度方向走。堯伯表示，資產階級是資本主義的代表
者、維持者，改來改去還是資本主義，絕對不能解決現時資本主義本身所
包含的一切矛盾。他說，「歷史告訴我們，社會上種種大改革，沒有不經
過革命的。」[120]值得注意的是，堯伯所堅持的「革命」改造路線，恰是拉
斯基政治多元論所要避免的，拉氏堅持實行「改良的」社會主義改造。

　　堯伯所憑藉反駁拉斯基的武器，也即是唯物史觀。他在一一辯駁之
後，認爲拉氏全文事實上有個「很大的矛盾」，亦即「拉氏差不多承認唯
物史觀的理論是對的」，但「在他批評中所提出來的問題，不是在他前面

---

[120] 堯伯，〈對於拉斯克（H. J. Laski）〈唯物史觀之研究與批評〉的批評〉，《泰東月
刊》，1：10（上海，1928.6），頁2-8。

所承認的理論可以解答的，便是牛頭不對馬嘴的問題」。他認爲拉氏的矛盾，正是資產階級學者們在一方要維護資本主義制度的利益，一方又要求眞理矛盾狀態中苦惱生活的表現。因此，他認爲拉氏研究唯物史觀，不是要「研求眞理」，而是爲了「避免革命」。[121] 堯伯的批評，大體上可視爲此一時期中國的馬克思主義者對拉斯基思想的批評。這樣的批評，並未隨著日後拉斯基思想的「馬克思主義化」而有所改變。在西方如此，在中國亦是如此。只是，此時堯伯沒有想到，這樣的矛盾，到了1930年代，卻逐漸使拉氏向馬克思主義靠攏，和政治多元論告別。

---

[121] 堯伯，〈對於拉斯克（H. J. Laski）〈唯物史觀之研究與批評〉的批評〉，頁9-10。

第二節　1930年代政治多元論在中國的深化及轉折

　　1937年張君勱考察中國知識界對歐洲學術之態度，將之分為三個時期：（一）門外漢翻譯時期，指的是船堅礮利時期曾國藩、李鴻章設立江南製造局後，翻譯各種西洋書籍言之；（二）一肩承擔時期，此時代略當戊戌政變、庚子事變以後，當推嚴復、梁啓超二人；（三）分科研究時期，東西洋留學生漸漸增多，此時期中，分科研究趨勢，已漸明顯。[122]拉斯基政治多元論譯介到中國，以其學術性質濃厚，大抵反映了張氏所言的第三時期。1930年代以前如此，1930年代更有甚之，可說是拉斯基政治多元論在中國持續深化並且逐漸轉化的時期。

學院刊物的積極引介

　　1930年1月，胡道維在《清華週刊》發表〈多元政治論〉一文，清楚提出「多元政治」的說法。胡道維從清華學校畢業後，赴美留學。先入華盛頓大學，後至普林斯頓大學，獲政治學博士。1927年曾擔任加拿大大學的講師，回國後擔任北京大學政治學教授，此時也是張奚若清華大學政治系的同事。在〈多元政治論〉一文，胡氏對中國一般學者所習用之「主權」一詞，以「宗主權」名之。在比較一元論與多元論的歧異後，胡氏對多元論的觀點，讚譽有加，以其「窺之於事實與理論，俱稱穩健。其偏重於社會上之小的組織，於人類之創造天性，自由理想，尤多有所裨助，且

---

[122] 立齋，〈三十年來中國學術思想之演變及其出路〉，《再生》，4：3（北平，1937.4），頁17-22。

所謂無上尊榮之宗主權的國家，實際上受有土地的限制，是流爲褊狹的國家主義。他種組織，既不爲國家領土所界限，允足充世界大同之墊基。」同時，他也指出，一元論者所以對多元論極力批判，除其自身之耿介守舊性格外，尚有以下數點理論上之因素：（一）多元論推重自由團體，復蔑視政治組織，與無政府主義相近；（二）國家既與其他組織立於平等地位，遇有彼此衝突無任何機關可以排難解紛；（三）凡有法人性質之團體，既已相互平等，則彼此關係，非但無所規定，即公共利益亦將失其保護與憑依；（四）若於人與人間，團體與團體間之上，加以政治威權，以爲解除紛難，以爲規定關係，以謀其公共福利，則又不免於蹈襲一元宗主權論；（五）各團體既爲絕對自主的單位，內部不受國家干預，則團體有侵團員個人之自由時，後者將盡失其保障。[123]綜合以上五點，大致是認爲多元論將招致無政府所帶來的社會混亂、團體間衝突無法解決、人民權利無法獲得保障。

對於反多元論者的批評，胡道維站在多元論立場，爲其澄清。他認爲上述理由，前三點「似全出於誤會」。因爲多元論者，一方面承認政治國家有存在之必要，一方面認爲國家有仲裁糾紛，維持平等關係之義務。他舉出多元論者的說法以爲證明。其中「立論較爲激進」的拉斯基，嘗有：「自法律方面言，國家之內，總有一無限制之威權的集合團體」，並謂：「政府爲一切組織中之最重要者，此爲莫能否認之事實」之語。胡氏認爲，這些論點，直與一元論者所言無異。因此，多元論者所詬病者，實是一元論者「籠統的宗主權說」而已。對於拉氏所言：「方今時勢已非，一元之宗主權論，實不復能解釋國家一切生活之狀態與變遷」，胡氏以其識見卓絕，大爲讚賞。[124]胡氏文章發表後，徐雄飛在同一刊物發表一文，對

---

[123] 胡道維，〈多元政治論〉，《清華週刊》，32：13/14（北平，1930.1），頁1-4。
[124] 胡道維，〈多元政治論〉，頁2、4。

胡氏將「主權」與「宗主權」混用，提出質疑。除援引中外各種辭典、百科全書釐清二者定義外，對於胡氏佩服推崇拉斯基，信賴多元主義的印象特別深刻。[125]胡道維的文章顯示出，到了1930年代，介紹政治多元論者闡述新說時，多元論和一元論的爭議已是不可忽略的環節。胡氏自身且以政治多元論的立場，對一元論提出了反駁。

　　大抵在1930年代以前，中國知識界介紹政治多元論，多以狄驥和拉斯基並稱，1930年代以後，比起狄驥，拉斯基儼然被視爲當代最具代表性的政治多元論者，介紹、評述拉斯基思想的相關文章日多。上述胡道維的政治多元論介紹，即大抵以拉斯基的思想爲主軸。日後以歷史學家享有令名之邵循正（1909-1976），於1930年進入清華大學研究院攻讀歷史前，係清華大學政治系學生。1931年在清大《政治學報》發表了一篇譯自L. Rockow《英國當代政治思想》（*Contemporary Political Thought in England*）一書中之〈拉斯基與羅素之政治多元論〉。該文先對政治多元論的發展作一概述，並將拉斯基和羅素學說詳細解說，並予以比較。Rockow表示，與前人抨擊主權大抵自團體立論不同，拉斯基乃是特別爲個人計畫，其諸多著作如《主權問題之研究》、《現代國家之權威》、《主權的基礎》，已經建立新政治學說的基礎，「俟其構體備就，便可作一完整國家哲學」。[126]對於拉斯基的政治多元論，Rockow以其乃是立基於個人權利，並且肯定拉氏開創新國家學說之貢獻。

　　自1920年代以來拉斯基政治多元論傳播的過程中，新創未久的大學政治系實是充當了重要的媒介。[127]其中北京大學、清華大學尤爲突出。1902

---

[125] 徐雄飛，〈「主權」與「宗主權」—因胡道維博士〈多元政治論〉所引起之聯想〉，《清華週刊》，33（北平，1930.3），頁145-152。

[126] 邵循正譯述，〈拉斯基與羅素政治多元說〉，《政治學報》，1：1（北平，1931.1），頁53。

[127] 根據1936年全國各大學的統計資料，設有政治學系的學校如下：國立大學中有中央大學、北平大學、北京大學（法科研究所暫緩招生）、清華大學（法科研究所分政治、經濟兩

年，北京大學前身的京師大學堂就已設有政治學門。1905年改為法政科政
治學門，1913年又改稱法科政治學門，1919年廢科改門為系，正式定名為
政治學系。前述張慰慈、高一涵等人即任教於北京大學政治系，高一涵的
政治思想史課程受到學生的熱烈歡迎。從1934年起，北京大學政治學系開
始分組，包括政治思想、政治制度和國際關係三種專業。至於清華大學，
1926年清華學校始設政治學系，1928年清華學校改制清華大學，政治學系
的課程亦作調整。1930年前後，在課程設計以及師資陣容上復有革新。
以1930年情況來說，政治學系學生佔全校人數5分之1，教授為全校各系最
多，所開課程有20幾門，學生亦深受鼓舞。[128]至戰前，清華政治學系對研
究部之要求，具有一定的地位和水準。[129]1930年代初期，張奚若、蕭公權
與浦薛鳳是清華政治系政治思想領域重鎮，其中張、蕭二人均開設有西洋
政治思想課程，對於拉斯基思想頗為重視，許多學生頗受啟發。除北大、
清大外，1930年代以後，如中央大學、武漢大學在拉斯基思想的傳播上亦
有貢獻。1928年合併成立的國立武漢大學，其政治學系淵源已久。在1930

部）、武漢大學（法科研究所設經濟部）、中山大學和四川大學；省立大學中有東北大
學、河南大學、山西大學、湖南大學和雲南大學；私立大學中有南開大學、滬江大學、震
旦大學、燕京大學（法科研究所設政治學部）、東吳大學（法科研究所設法學部）、齊魯
大學和廈門大學；國立獨立學院有廣東法科學院；省立獨立學院有河北法商學院；私立獨
立學院有朝陽學院、上海法政學院、之江文理學院、復旦大學、金陵大學、光華大學、
大夏大學、廣州大學、廣州國民大學、嶺南大學、福建協和學院、正風文學院、中國學
院、北平民國學院和金陵女子文理學院。據《全國公私立大學、獨立學院、專科學校一覽
表》，1936年1月。見中國第二歷史檔案館編，《中華民國史檔案資料彙編》，第5輯第1
編，教育（一），頁300-323；孫宏雲，《中國現代政治學的展開：清華政治學系的早期
發展（1926-1937）》（北京：三聯書店，2005），頁79；王向民，〈學科與學術：中國
20世紀30年代政治學的建立〉，《政治學研究》，3（北京，2008.6），頁70。

[128] 潘如澍，〈對於「充實政治系內容」的一個新建議〉，《國立清華大學校刊》，144（北
　　平，1930）。此處轉引自孫宏雲，《中國現代政治學的展開：清華政治系的早期發展
　　（1926-1937）》，頁119。

[129] 孫宏雲，《中國現代政治學的展開—清華政學系的早期發展（1926-1937）》，頁137。

年代至1940年代，成爲當時中國最具影響力的政治學重鎮之一。至於1928年5月甫經改名後之中央大學，也成立了法學院。嗣後在法學院院長戴毅夫積極整頓下，著名學者濟濟一堂。1930年，甫從倫敦政治經濟學院學成歸國之杭立武，應中央大學之邀，擔任政治系教授兼主任。杭氏在倫敦政治經濟學院就讀期間，曾參加許多學術、社會活動。回國後，見國內社團蓬勃發展，唯缺政治學術團體，乃立意成立有關政治學的團體。在許多著名學者如周鯁生、王世杰、張奚若、錢端升等人的支持下，1932年9月中國政治學會終於在南京成立。[130]杭氏積極推動學術，對於1930年代初期拉斯基思想在中國的傳播有舉足輕重的影響。

1930年3月《國立中央大學法學院季刊》創刊。創刊號上雷嘯岑的〈多元的主權論之研究〉一文可謂南方大學期刊傳播拉斯基政治多元論一個正式的發端。雷氏宣稱，「自拉斯基的所謂多元的國家論發布以來，掀動了政治思想界的怒潮，對於國家主權之所謂絕對、最高、唯一不可分性的學說，高揭著反叛大纛，到最近代，這思想不但是支配著國家論和主權論，並且發展到實際的政治問題上。從前所謂一元主義的巨頭國家，其實力漸漸薄弱，新興社會集團的實力，日益伸張，而誘致多元主義的抬頭，在社會生活上的各集團，反映了群雄割據的象徵，因而引起政治思想界的群雄割據的趨勢，而政治思想界的群雄割據之綜合，即構成多元主義的國家學說。」[131]雷氏一文，指出了拉氏學說乃是最近政治學說中所創生之政治的、思想的、社會的環境產物，他認爲其與18世紀的契約說，同其價值。

---

[130] 1932年9月1日中國政治學會於中央大學召開成立大會，具名發起人有45人，網羅了當時政治學界的精英。見王萍訪問、官曼莉記錄，《杭立武先生訪問記錄》，頁10。

[131] 雷嘯岑，〈多元的主權論之研究〉，《國立中央大學法學院季刊》，1：1（南京，1930.3），頁59。

　　雷嘯岑仔細標舉拉斯基學說在政治思想史上的重要意義。他說，直至近代，政治學說仍存有兩個需要解決的問題：國家與社會的關係，以及國家的統一性、人格性問題。多元國家論的基礎，即是從區別社會與國家的概念上出發。他們不信任中央集權的國家，否定一元的國家觀以及單純頭數的民主（democracy），而肯定職能代表主義。[132]雷氏認爲多元國家論者主張複數主權說是對現代社會的貢獻，其內容大致有三：（一）否認國家主權；（二）要求團體權；（三）主張複數主權。第一種主張可以狄驥和克拉伯爲代表；第二種主張中，英法二國的多元主權論都是含有對德國唯理主義（rationalism）攻擊的意思，在英國以費吉斯和巴克爲著名；第三種主張可以柯爾和拉斯基爲代表，其立場與費邊協會（費邊社）的集產主義，以及共產主義等不同，他們特別注重於團體生活和社會生活中的「自治」。[133]

　　比起其他政治多元論的介紹者，雷嘯岑一文似乎更加突顯了拉斯基思想中自由主義的特色。他指出，拉斯基所主張的，是團體對國家的自主權，認爲各職能團體的組織是民主的，個人有最高的權威，團體基於其創作的法而活動，其間沒有絲毫統制，沒有階級，一切是平等的、自治的。雷氏認爲拉斯基的主張是社會化的個人主義、自由主義，是在契約國家觀之下，以團體的自由代替個人主義的放任自由，在團體內部則是以極端的民主化爲理想。他進一步表示，複數主權說在今日已不是理論問題，而是未來社會的改造方案。至於其利害得失，雷氏並未在該文予以評論。[134]

　　或許受到教師的啓迪，中央大學學生亦有介紹政治多元論或拉斯基思想者。如1930年，楊悅禮在《國立中央大學半月刊》發表〈近世多元

[132] 雷嘯岑，〈多元的主權論之研究〉，頁60-61。
[133] 雷嘯岑，〈多元的主權論之研究〉，頁71-78。
[134] 雷嘯岑，〈多元的主權論之研究〉，頁80。

主義〉，倪渭卿在《新聲半月刊》發表〈拉斯基的多元國家論〉之短文
皆是。楊悅禮在〈近世政治多元主義〉中指出，多元主義雖不足以代表
現代政治的一般趨勢，卻表現在政治生活的各方面。他分別介紹法律學、
社會學、國際主義、基爾特主義及工團主義等四種多元主義，說明其對實
際政治之影響，亦是指其代表了一個「新德謨克拉西」的潮流：「今日個
人自由思潮已經被社會主義者掃蕩淨盡，而團體自由的思潮又在澎湃洶湧
了。」[135]倪渭卿的〈拉斯基的多元國家論〉則從國家的歷史觀和拉斯基批
評理想派政治哲學二方面介紹了拉斯基的多元國家論。在批評理想派政治
哲學方面，倪氏特別介紹拉斯基對黑格爾全體主義的批評，說明拉氏強調
部分和全體一樣是真實的存在。他也指出，拉氏的治學方法是經驗派，其
國家學說很注重社會份子的獨立性和自治性。[136]

　　政治多元論的風潮即使在僻遠的山西亦同受波及。1933年劉繼漢在
《并州學院月刊》中發表〈政治學史上主權多元之傾向〉一文。他分別從
「主權多元之傾向」、「主權多元論之發達」、「戴溝梯（Duguit）與拉
斯凱（Laski）（主權多元論之代表學者）」、「主權多元論之心理學解
釋」、「主權多元論與其社會背景（即實際社會經濟等運動）」各方面說
明多元國家觀的緣起、發展過程及內涵。劉繼漢，日本東京大學政治科畢
業，山西省并州學院教務主任，代理院長。

　　劉繼漢表示，自19世紀起各種學問對於一元論的批評已時有出現，
並顯現出多元傾向，政治學亦不能離此運動之漩渦，狄驥與拉斯基首先向
一元論攻擊。政治學方面之多元論，即「不承認國家主權之傳統的理論正
確性，與實際的、又道德的妥當性」。他指出，狄驥與拉斯基二人之多元

---

[135] 楊悅禮，〈近世政治上多元主義〉，《國立中央大學半月刊》，1：6（南京，1930.1），
頁689-711。
[136] 倪渭卿，〈拉斯基的多元國家論〉，《新聲半月刊》，23（上海，1929.1），頁30-31。

論，自法理學出發，而成立於社會學、心理學、哲學之上。至於組合社會主義（即基爾特社會主義）與工團主義乃是多元的經濟學說。故政治學史上之多元論，係在法理學、社會學、心理學、哲學、經濟學等影響之下產生。[137]其在社會過程中，是「自中央集權，向地方分權推移，自全國的單位，向職業的及地方的單位推移，自政治向產業推移。如此推移，實要求一個新興的政治學也。社會學在群的概念上，心理學在社會本身之意識上，哲學在多元之方法上，各整其旗鼓，以準備新政治學之產生，自如斯要求與準備中所生來者，即所謂多元的國家觀。」[138]劉氏指出，多元論者之間，雖論調不一，然對於一般人所承認之主權及其權限的挑戰攻擊及批評精神，則如出一轍。他認為拉斯基證明社會的政治泉源非一元而為多元，所採取的資料範圍，較狄驥為廣，注意到19世紀起於英國之三個宗教運動，而拉斯基謂主權思想不足為取，為無用學說，則是以國家對於國內之反抗群集、反動團體或犯上作亂者，實際上無力制止，無能壓服為例，作為證明。[139]

劉繼漢一文進步對政治多元論的理論建構基礎作了分析，而特重心理學及社會學背景。從心理學背景考察，劉氏表示，現代社會學說，無不受美國心理學家與哲學家詹姆士實驗心理學之影響，政治多元論自不例外，認為詹姆士對於「社會的自己」（The Social Self）之分析與多元論者解釋個人對國家和社團服從或忠誠的問題類似。[140]從社會學背景考察，劉氏

---

[137] 劉繼漢，〈政治學史上主權多元之傾向〉，《并州學院月刊》，1：3（太原，1933.3），頁17-18。

[138] 劉繼漢，〈政治學史上主權多元之傾向〉，頁18。

[139] 劉繼漢，〈政治學史上主權多元之傾向〉，頁23-24。

[140] 劉繼漢指出，詹姆士將「自己」分為四類：物質的自己（The Material Self）、社會的自己（The Social Self）、精神的自己（The Spiritual Self）、純粹的自己（The Pure Self）。所謂「社會的自己」，係指自朋友所得之認識言。吾人之所有「社會的自己」，等於吾人所交際之各種迥不相同之團體的數目。由於團體不同，吾人之「社會的自己」亦成種種樣

指出，多元論者擁護「代表人類真實利益的諸種集團及群體之權利」，反對集權的全權國家，主張根據機能（即以發動力奮力工作施展才能）的民主主義之分權制度。因此，他特別從顯現多元傾向之「實際的」社會運動及經濟運動反對現行政治組織之情況加以說明。[141]劉文兼顧政治多元論之理論與實際，對拉氏學說亦有專門之介紹，且特別就其思想的背景加以說明，應與當時拉斯基《政治典範》（*A Grammar of Politics*）在中國知識界引發的一場討論不無關係。

《政治典範》的出版及回響

　　楊幼炯曾指出，自1929年以後，政治學者著譯工作已達全昌盛時期。[142]比對拉斯基著作在中國的譯介，此一說法堪稱吻合。1930年代可謂拉斯基著述譯介至中國的黃金年代。前已述之張君勱翻譯《政治典範》與黃肇年翻譯*Communism*一書，至1930年亦已全部譯完出版。[143]此外，隨著拉斯基著作在西方的出版，中國知識界亦踵隨以至，譯為中文，拉氏的重要著作幾乎涵蓋其中。至以單篇文章出現之譯作更不乏見，知識界為文評介拉氏著作或學說者更所在多有。

樣，絕不能歸於一律而無異同。每人有其「社會的自己」，其數目與該人有深淺關係之各種團體總數相同。吾人懷有若干之忠義或忠實（Royalty），其數亦同於吾人所歸屬之團體之總數，然忠義性質強弱不同。見劉繼漢，〈政治學史上主權多元之傾向〉，頁25-26。

[141] 劉繼漢，〈政治學史上主權多元之傾向〉，頁27-28。
[142] 楊幼炯，《當代中國政治學》，頁43。
[143] 新月書店出版拉斯基教授《共產主義論》，到書店報館去登廣告，被政府當局檢查員禁止刊登。見梁實秋，〈思想自由〉，《新月》2：11（上海：1930.1），頁10。

表2-2　1930年代拉斯基重要著作的中文譯本

書名	出版時間	譯者	中文譯名	出版時間	出版社
A Grammar of Politics	1925	張士林	《政治典範》	1930	商務印書館（上海）
Communism	1927	黃肇年	《共產主義論》	1930	新月書店（上海）
The Dangers of Obedience and Other Essays	1930	羅隆基	〈服從的危險〉	1930	新月書店（上海）
A Plea for Equality	1930	羅隆基	〈平等的呼籲〉	1930	新月書店（上海）
An Introduction to politics	1931	邱新白	《政治》	1931	新月書店（上海）
Liberty in the Modern State	1930	何子恆	《現代國家自由權》	1932	商務印書館（上海）
The State in Theory and Practice	1935	張虹君	《國家往何處去》	1935	新民學會（天津）
The State in Theory and Practice	1935	王造時	《國家的理論與實際》	1937	商務印書館（上海）
Communism	1927	黃肇年	《共產主義的批評》	1936	商務印書館（上海）
Democracy in Crisis	1933	王造時	《民主政治在危機中》	1940	商務印書館（長沙）

　　從上表可知，在拉斯基思想傳播至中國的過程中，商務印書館和新月書店是其主要的媒介。其中，晚清以降即傳播新知不懈的商務印書館，在拉斯基思想傳播至中國的過程中更是扮演了關鍵性的角色；新月書店則是在1930年左右以其倡導自由人權的積極性角色，與彼時拉斯基對自由權利的理論抒發相互映襯；其次，在譯介者中，不少是對改造中國懷抱激情

者，如張君勱、羅隆基和王造時等人，其中羅、王二人是拉斯基的中國門徒。

如前所述，中央大學師生，在拉斯基將要來華講學前夕，即有相關思想的介紹。中大以外，共襄盛舉者亦復不少。如向來對政治多元論有興趣的孫斯鳴，於1924年翻譯了柯爾的《現代實業組織之學說與方式》，1931年6月也在《東方雜誌》上發表〈拉斯基的多元主權論〉一文。在這本歷史悠久、發行甚廣的綜合性刊物上，孫氏以提綱挈領的方式分別介紹拉斯基政治思想史上的地位、拉斯基主權論的性質及思想源流、對一元主權論的攻擊（從個人、社團、國際以及法律各方面）以及拉斯基的政治多元主義觀點。

孫斯鳴介紹拉斯基，以其為「現代英國第一流的政治學者，以思想新穎聞名於世，生平言論踔厲，著作等身。特別是關於討論主權的作品。主權論實為拉斯基生平最得意之作，也可說是構成拉斯基思想最重要部分。」[144]孫氏也指出，拉斯基雖是多元主義的學者，但又自拔於各家流別之外，自成一家之言，「其所發理論，多不落尋常窠臼，獨到的見解頗多」，然而拉斯基學說亦有受到別家影響者，如費吉斯對教會的興趣、狄驥的法學理論、工團主義以及基爾特社會主義運動等，對拉斯基都有相當的啓示。此外，雖然拉氏自言得力於其師巴克（Ernest Barker），但巴克對國家主權之批評，遠不如拉斯基為甚。[145]孫氏強調《政治典範》一書在政治多元論思想發展上的意義，也表示出對拉斯基思想背景的興趣。這些改變與《政治典範》在中國的出版不無關係。

1930年，張君勱的譯作《政治典範》出版。此事不僅是1930年代中國政治學界，更是拉斯基思想在中國傳播的大事。自1930年代之後，《政治

---

[144] 孫斯鳴，〈拉斯基的多元主權論〉，《東方雜誌》，28：18（上海，1931.9），頁15。
[145] 孫斯鳴，〈拉斯基的多元主權論〉，頁16。

典範》成為拉斯基政治多元論在中國傳播的重要組成。作為一本享譽國際的著作，*A Grammar of Politics*吸引了中國的法政學者。如陶希聖，原本即對「法國的社會聯帶主義法學家狄驥的論著，下過功夫。拉斯基教授的政治學說是與狄驥教授同一流派」，因此，他對拉斯基的新著頗為期待。1930年底至1931年上半年，當他在中央大學任教時，時任政治系主任之杭立武慨然贈送此書，陶希聖「很快的把它讀完了」。[146]又如1928年至1930年在美國哥倫比亞大學攻讀文學碩士之許澄明，亦於課餘時間選讀該書，拉斯基對權威之限制及保障基本人權之觀點，給予他新的啟示。[147]

在中國知識界對拉斯基思想的興趣方興未艾之際，張君勱譯作《政治典範》的出版確有推波助瀾之作用。該書甫一出版，立即獲得回響。其中給予最積極、最具體的回應者，無過於研究多元政治論而在國際政治學界享譽多年，此時正在清華大學任教的蕭公權。

如上章所述，1926年蕭公權在康乃爾大學完成博士論文《政治多元論》。同年8月他回到中國，先是在上海國民大學擔任教授」，開設「政治學概論」、「政治思想」和「社會學原理」三門課程。1927年，他的《政治多元論》在倫敦、紐約同時發行。同年，獲得推薦，前往南開大學教授「政治學概論」、「比較政府」和「法理學」，第二年則開設「中國政治思想」、「西洋政治思想」和「社會演化論」。1929年前往東北大學任教，開設「西洋政治思想」和「政治學」，一年後前往燕京大學，開設「中國政治思想」、「西洋政治思想」和「政治學概論」等課程。蕭公權原有久留燕大之意，唯在1932年，由於清華大學政治系主任浦薛鳳之邀，

---

[146] 陶希聖，〈中大一學期〉，《傳記文學》，第5號（台北，1962.10），見「傳記文學數位全文資料庫」。）

[147] 劉紹唐，〈民國人物小傳（二四六）〉，《傳記文學》，第402號（台北，1995.11），見「傳記文學數位全文資料庫」。

於9月返回母校任教，至1937年7月。[148]

　　蕭公權自美歸國，雖其《政治多元論》一書已入國際學術之林，當時國人對其卻不甚熟悉。1930年2月楊宗翰在《益世報（政治副刊）》介紹了這本書。楊宗翰，1920年清華學校畢業後留美，在哈佛大學攻讀政治學，1924年畢業回國，在北京大學任教，1930年轉往清華大學。楊氏總評該書，以其「自成新意，非剽竊成者，抑勝舉事實以成篇者所能望其項背，固傑出之作也。」[149]對於該書所提觀點，楊氏以其不僅能「見今日一元制之短而傾向多元制，然亦能見多元制之短。」且其「所云政治一元論，經濟一元論，合於倫理思想之政治一元論等說，均可謂爲詳聞前人之所未詳，精闢獨到，得未曾有」。然而，楊宗翰對於蕭氏謂「政治多元制即合於倫理思想之政治一元制」，又謂「赫格兒（Hegel）之說實與近日多元之說相合」等語不表贊成，以其並不相同，且「一元之論，本非必是專橫不顧黎元權利者。」儘管如此，楊氏認爲「今日多元論之不可得而廢，正如中世紀二元論之不可得而廢」，即以哲理言之，「今人思想鮮有信獨一之眞理者。」[150]楊宗翰肯定政治多元論在當代的特殊價値。

　　蕭公權撰寫《政治多元論》時，*A Grammar of Politics*已經出版。該書除狄驥、克拉伯、韋柏夫婦與柯爾之學說，對拉斯基觀點的討論亦復不少。張君勱在譯著《政治典範》書前的〈賴氏學說概要〉（即1928年〈英國現代政治學者賴司幾學說〉一文）中，即對蕭書有所言及。[151]《政治典

---

[148] 蕭公權，《問學諫往錄》，頁87、99-112。

[149] 楊宗翰，〈蕭公權著政治多元論（*Political Pluralism: A Study in Contemporary Political Theory*, Ph.D. London, K. Paul, Trench, Trubner and Co, Ltd. 1927）〉，《益世報（政治副刊）》（天津），1930年2月，頁2。

[150] 楊宗翰，〈蕭公權著政治多元論（*Political Pluralism: A Study in Contemporary Political Theory*, Ph.D. London, K. Paul, Trench, Trubner and Co, Ltd. 1927）〉，頁2。

[151] 張君勱自謂其從蕭書得知Elliott對拉斯基思想之評論。見立齋，〈英國現代政治學者賴司幾學說〉，頁62。

範》出版後，蕭公權作出回應。在中國知識界競談拉斯基政治多元論之際，蕭公權此篇書評，與其說評論張君勱之譯著，不如說是蕭公權藉此書評將其對政治多元論的見解以中文宣示於中國知識界，亦是藉此文對拉斯基的思想進一步抒發看法。

蕭公權的評論大致分為二部分，一是翻譯問題，一是理論說明。在翻譯方面，蕭氏詳細考訂張譯中的諸多問題，頗有提醒知識界在移植西方學術，特別是翻譯方面所該注意者。如前所述，張君勱翻譯此書，極其講究，唯卷帙繁多，疏漏難免。蕭氏指其翻譯之問題，大致有三種：（一）譯文之尚須斟酌者九；（二）人名地名譯音不一者有六；（三）譯本中訛字數見者七。[152]蕭氏治學之嚴謹於此可見，張君勱翻譯之力求其「信」亦於此可證。

在理論方面，蕭公權發表自身見解，亦有回應楊宗翰之說用意。他認為，拉斯基的政治論是一種理想政治論，與唯心論者之黑格爾派相遠，而與康德派相近。因為唯心論者大抵以理想之國家為政治之基礎，而拉斯基係以理想之個人為政治之基礎，此為拉斯基思想之焦點。拉斯基為個人而有社會團體之組織，為個人而限制國家之威權，亦為個人而使社會受國家「平勻酌劑」。蕭氏表示，政治家之中心問題，非如何解釋人民服從國家之義務，而為如何改善社會中之一切制度，使其阻障或危害個人發展之有效工具減至最低限度，同時又使其成為襄助個人發展之有效工具。而為了實現倫理的目的，個人非但須具批評國家之智，抑且須有反抗政府之勇，勉強隱忍，危害國家之禍尤大。蕭氏指出，拉斯基身處民治制度發達之英國，仍反覆申言自由之保障，進而為奮發激越之論，「設使賴氏異地而居

---

[152] 蕭公權，〈評張士林譯賴斯基「政治典範」〉，《益世報（政治副刊）》（天津），1930年5月27日，第14版。

今日之中國,其感想不知又當如何耳。」[153]反思中國,蕭氏之感慨溢於言表。

　　拉斯基在《政治典範》駁斥唯心論者鮑桑葵(Bernard Bosanquet)等人之說,認爲若以國家能表現「眞意志」,無異使個人自由葬送於國家之口。「蓋所謂國家,實際上僅爲少數人當權之政府。國家既操縱於少數,政權亦時有濫施之虞。欲保障個人之人格自由,則非限制政權而予個人以考核裁判國家之權不可。若滿意國家治績,則心悅而服從。不然則雖違政府之命令,謀國家之傾覆所不惜。」[154]拉氏並且表示,若能教導國民,使其對國事發生興趣,輔之以事理之判斷,自能熟習民主政治下之處事方法。[155]唯在蕭公權看來,拉氏思想中裁判國家之個人,絕非實際上吾人所見之個人。

　　拉斯基批判唯心論的「眞意志」,蕭公權以其理論有所矛盾。蕭氏表示,唯心論者所談之「眞意志」,原亦一種理想。眞意志之內容爲眞善,就全體言之,此善爲社會幸福之邁進;就個人言之,此善又爲個人人格之發展。個人與社會之善不可分,眞意志之表現於國家及個人亦同爲一物。爲使政府與人民合於眞意志之標準,唯心論者欲以教育增進個人政治能力,以憲法指導政府之強力,使二者皆能日趨近於理想。蕭氏指出,拉斯基否認眞意志之存在,自然不得不以個人意志爲政治之標準。然而,將國家重任加諸假設之個人之身上,其學說又何嘗建立於唯實之基礎呢?[156]對拉氏之說,他表示懷疑。

　　儘管蕭公權認爲拉斯基在理論上尚有矛盾,但肯定其在政治思想史上

[153] 蕭公權,〈評張士林譯賴斯基「政治典範」〉,第14版。
[154] 蕭公權,〈評張士林譯賴斯基「政治典範」〉,第14版。
[155] 蕭公權,〈評張士林譯賴斯基「政治典範」〉,第14版。
[156] 蕭公權,〈評張士林譯賴斯基「政治典範」〉,第14版。

意義重大。蕭氏表示，拉氏之個人主義與洛克及18世紀英國之個人主義有極大不同。英國傳統之個人主義，其眼光在個人自由與國家威權之對峙，拉氏則認為個人權利與社會幸福之相聯屬。彌爾以個人人格之發展為自由之真詮，權利所以保障自由，亦即所以保障個性之發展。拉氏則謂個人有權利，乃是因為個人生活之中，處處與社會有相互關係。如此詮釋，蕭氏表示滿意，並認為拉氏之職司權利論，不啻對英國正宗個人主義之宣言，且是對現代政治思想的重要貢獻之一。他認為，拉斯基之思想既非舊式個人主義，亦非極端社會主義，實是一種折衷之新論。其綜合之原則，則是富有人文主義色彩而為理想觀念。[157]

《政治典範》一書確實引發知識界對拉斯基學說進一步的注意。如前所述，杭立武回國後，見當時國內政治學界「頗震驚於拉氏1925年出版之《政治典範》一書」，故擬邀請拉氏來華講學，拉氏原允於1931年11月來訪，報刊多有報導。對此件知識界大事，朱家驊、楊杏佛等人大力贊助，身為中央大學校長的朱家驊更允籌川資招待各費。惜因九一八事變爆發，拉氏亦以校務纏身，函請展期。[158]

為迎接拉斯基來華，杭立武預為國人介紹拉斯基思想，寫成〈拉斯基思想概要〉一稿。拉氏來華講學計劃生變後，杭氏乃決定將前述即將付印之稿加以擴充，再約請友人蕭公權、盧錫榮、吳頌皋、張奚若等人合撰「拉斯基之政治思想」一書，而於1931年12月完稿。全書結構，以杭氏所作〈拉氏政治思想概要〉列為「導言」；蕭公權〈拉氏思想哲學背景〉

---

[157] 蕭公權，〈評張士林譯賴斯基「政治典範」〉，第14版。

[158] 杭立武，《政治典範要義》，「序」（上海：黎明書局，1933），頁1。關於拉斯基來華講學計劃生變一事，據當時《大公報》所載，有謂拉斯基自美講學返英，倫敦大學以拉氏離英已一年，堅請其留校服務，故有展期來華之說；又有傳言因拉斯基左傾，國聯擬改聘其他教授替代。唯《大公報》特別指出，拉斯基力抨共產主義不能行於他國，且拉氏此行係由中英庚款委員會主持，與國聯無關。〈拉斯基教授來華確訊〉，《大公報》（天津），1931年10月29日，第12版。

列為第一篇；盧錫榮〈拉氏主權論〉為第二篇；吳頌皋〈拉氏人權論〉
為第三篇；張奚若〈拉氏共產主義論〉（原載《現代政治評論》）列為第
四篇；此外，鑑於《政治典範》「卷帙浩繁，非初學者易覽」，杭氏另撰
〈政治典範要義〉一文，作為該書最後一篇。全書共9萬言，由王雲五推
介商務印書館印行。排版之際，一二八事變爆發，商務印書館毀於炮火。
是年（1932）秋天，商務印書館復業，杭氏於印刷所舊址瓦礫中尋得數十
頁，然字跡模糊，至全稿已不可得，可整理者，僅其所撰〈政治典範要
義〉一篇。杭氏乃再從蕭公權處索得〈拉氏思想哲學背景〉底稿，復另撰
〈讀拉氏思想哲學背景書後〉一文，集為一冊。蕭文對張君勱所譯《政治
典範》一書只及於第一冊理論部分，未及於制度革新之後半，表示遺憾。
唯蕭氏之評論亦多在拉斯基《政治典範》之「理論」方面發揮，仍未將拉
斯基的「制度設計」多所介紹。嗣後，吳頌皋請將《政治典範要義》發行
單行本，由黎明書局出版小冊，孫寒冰將其列入所編「現代政治思想小叢
書」之冠。[159]

　　杭立武《政治典範要義》於1933年出版，該書並附有〈拉氏小史〉，
內容與1932年1月發表於《國立中央大學法院院季刊》之〈拉斯基氏略
史〉大體相同。[160]以拉斯基為其業師自詡，並且作為引介拉斯基學說至中

---

[159] 杭立武，《政治典範要義》，「序」。

[160] 此後杭立武轉入政界。數十年後，杭立武對介紹拉斯基思想一事並未忘懷，1970年代左
右，杭氏對因經常觸及人權理念，對拉斯基政治多元論因此有更進一步的認識，認為其與
政治現實相吻合，乃興重新出版之思。其中，〈拉斯基小史〉一文，將拉斯基之事蹟由原
先1926年延伸至拉斯基逝世之1950年，原先請蕭公權撰寫之〈拉斯基思想之背景〉，因蕭
氏己擴充成書，不再錄入，如此杭氏撰寫之〈讀拉斯基思想之背景書後〉一文自當刪去，
另撰較充實之〈拉斯基思想評介〉一文。〈拉斯基小史〉與〈拉斯基思想評介〉二文，由
陳少廷代蒐資料，整理初稿，三者連同舊作〈政治典範要義〉，合為《拉斯基政治多元
論》一書，於1987年6月出版，並以之作為杭氏發起之中國政治學會55週年之獻禮。見杭
立武、陳少廷著，《拉斯基政治多元論》，「序」（台北：台灣商務印書館，1987），頁
1-2。

國的積極者，杭氏該文對於拉斯基的個人背景有甚爲詳細的介紹，其中對於拉斯基與學界人士之交往及其對拉斯基之學術影響介紹尤爲詳盡。杭文指出，拉氏就讀劍橋大學新學院，成績優異，卒業時年僅21歲，時校中先進以新說名世者，如巴克（E. Barker）、林賽（A. Lindsay）、菲希爾（H. A. L. Fisher）等人，「咸樂與遊」。此輩對拉斯基之影響，「觀於氏自述謂對於社會一詞之意義，係學自巴克，對於個性一詞之意義，係學自菲希爾而可知。」而「卒業之年，留校服務，充統計學前輩皮爾孫（C. Pearson）助理，從事於社會政治事業之調查與統計，是氏學說之能溶理想與實際於一爐，蓋亦良有以也。」在應聘哈佛大學時，「與校中法理學諸先進龐德（R. Pound）輩，標榜新穎之政法論深獲最高法院推事賀姆斯（Justice Holmes）之贊許，與訂忘年之交。又與美政治學界所謂新派（New School）之領袖李普門（W. Lippmann）善，自謂頗受諸人影響。」1920年應倫敦大學政治經濟學院聘爲講師，「會時賢如霍布哈士（L. T. Hobhouse）、華洛士（G. Wallas）、韋柏（S. Webb）及曾來中國之湯乃（R. H. Tawney），咸集該院，拉氏益得精研所學，與諸人相探討。又大文豪蕭伯納（G. B. Shaw）等所組之費賓會（Fabian Society），薈萃於斯。氏騁口筆，稱翹楚於其間，至今爲該會之理事。諸人與拉斯基，其所以互相影響者蓋至深巨。而拉氏之思想，亦漸以成熟。」[161]杭氏之介紹，不僅特意突顯拉斯基引人目光之學術才華，當代不少學術巨擘身影亦躍然紙上。

在《政治典範要義》一書中，杭立武也如張君勱，對《政治典範》一書推崇備至。他指出，拉斯基的政治多元論，至《政治典範》出版，可謂煥然大備，「實開近代政治思想之新紀元」。杭氏以該書最可稱道之處

---

[161] 杭立武，〈拉氏小史〉，《政治典範要義》，頁1-3；杭立武，〈拉斯基氏略史〉，《國立中央大學法學院季刊》，2：1（南京，1932.1），頁115-120。

有二：（一）集拉氏個人思想之大成，且使近代批評政治一元主義之論述得一系統；（二）過去之政治著作，言思想者罕及實際，言實際者罕及思想，而《政治典範》則不然。杭氏表示，拉斯基認為新世界需要新哲學。其新政治哲學要點有三：（一）社會組織意向，在求達到社會之公善。此公善即人人之善，即人人咸能充分發展其人格；（二）社會合乎國家，國家與教會工團等，同為社會團體。雖國家之職司範圍較廣，然性質一貫；（三）國家在事實上即政府，政府即執政之人員。國家之意志，即執政者之意志，固無所謂盧梭「公意」者在。執政者行動之善惡及人民服從與否，須經公民審查而後定。此政治之唯實論（Political Realism），拉氏自稱溯源於Gierke，並可稱為改良之功利主義論。[162]此一種新政治學，即是多元主義之國家論（Pluralistic Theory of the State）。所謂「多元」，係指社會中團體甚多，教會工團以至國家，皆為同等性質，社會之權力，當不屬一種組織，而含有聯治性（Federal Nature），即分屬各種團體。杭氏表示，拉氏此說，顯然根據於事實，之所以尚未臻於確立，實是政治一元之主權論深入人心，一時未能盡脫其蒙惑故。而所謂政治一元之主權論，即拉氏前此諸書批評攻擊之目標，是說始於布丹（Bodin），定論於奧斯汀（Austin），猖獗於黑格爾。其中心之主張，適與新說相反，認為國家主權為絕對，對內對外，均屬最上。[163]杭氏闡釋拉斯基政治多元論，頗得精要，於此可見。對於《政治典範》中的內容，他也一一依序述說其要。

在杭立武邀稿下，蕭公權寫下〈拉斯基政治思想之背景〉一文。蕭氏表示，拉斯基「為當代新派政治思想家領袖之一」，「自《政治典範》一書問世後，拉氏之學說殆已燦然大備，成一家之言。」也和張君勱一樣，蕭公權強調，「任何政治思想家必有其時代之背景，亦必有其思想上之背

---

162 杭立武，《政治典範要義》，頁3、5-6。
163 杭立武，《政治典範要義》，頁7。

景。」根據拉氏自述與蕭氏之分析，拉氏至少曾受三派思想之重大影響—邊沁、顧林（Thomas Hill Green，1836-1882）、詹姆士，在承續前人論點上，有同有異；且其自身思想爲多種思想之融合，其中實見矛盾。[164]然而，如同〈評張士林譯賴斯基「政治典範」〉一文中所言，蕭氏在〈拉斯基政治思想之背景〉一文再次表示，拉氏理論上之衝突未必影響全部思想之眞價值。

蕭公權比較拉斯基與邊沁之思想，表示拉氏詳論社會組織之目的，並且自謂其所持之論，實係修改邊沁學說而成之一種新功利主義。然而，蕭氏指出，邊沁認爲人我之利相殊，拉氏以爲群己之利爲一，二者實不相容。在蕭氏看來，拉氏雖得功利主義之面目而棄其精神。其反覆申言之保障個人自由，「致意之殷，正不減於穆勒」，而其重視自由之理由，「大致亦與穆勒相同」，帶有濃厚個人主義色彩。因此：「與其謂拉氏學說爲邊沁功利主義之新解，毋寧謂其爲穆勒自由論之嗣響，似尤較爲近是也。」[165]

在比較拉斯基與顧林方面。蕭公權指出，拉氏大倡「職司之權利說」，以個人之權利與社會之福利爲相聯屬而不可分割。權利者，與職司相關，「我有權利，所以使我能盡促進社會公善之職司也。」蕭氏認爲拉氏之說，足以突破傳統個人主義之範圍，與現代思想潮流相合，受往昔學者如康德派之倫理個人主義及顧林權利說之政治義務原則影響甚爲明

---

[164] 蕭公權，〈拉斯基政治思想之背景〉，《清華學報》，7：2（北平，1932.6），頁1、17-18。

[165] 蕭公權指出，約翰穆勒於邊沁快樂以分量爲標準外，另設性質之標準，認爲快樂雖爲盡人所追求，而本身上實有高下等第之判別。說者謂穆勒之修改邊沁，立論雖較爲近理，而實已根本摒棄師傳；又表示，拉氏所言：「自由者，使個人得機會以實現其最高生活之一種環境也。……國家欲使其人民完全發展其本能，必以自由之權利賦與人民。蓋自由足以啓發人之個性，使人能各以其由己身體之特殊經驗公之大衆，……而免使人類特具之創造力受阻撓之害也。」見蕭公權，〈拉斯基政治思想之背景〉，頁3-4。

顯。[166]然而顧林重視個人自由,拉氏則有「國家者,不過在某一時間執掌(社會中)實際權力之一群人耳」,國家可用此權力滿足社會中人眾之合理需求,亦可濫用此權力以壓迫或侵害人眾之福利,故人們必隨時依據社會福利之眼光以批評及監督國家之行動,此言論自由所以為「國家之元氣」。蕭氏認為此說又似棄顧林之倫理國家觀而與洛克派之個人主義攜手。此外,顧林承認「公意」(General Will)之存在。「公意」之說,創自盧梭,是近代「唯心論者」政治思想之中心觀念,為顧林大體採用。拉氏認為同一環境中,多數個人意志固可取同一之目的作一致表示,而此多數之意志仍各有其自身之分殊存在。除了排拒「公意」之說,拉氏進而否認「公意」說所根據之「真意」(Real Will)之說。此說創於英之鮑桑葵,其宗旨實為盧梭康德以來唯心論者所公認。拉氏則不以此言為是,認為個人之意志並無真偽之分,自由之真諦,在乎個人之自決。[167]關於此點,蕭氏在〈評張士林譯賴斯基「政治典範」〉一文中即有清楚闡述。

在蕭公權看來,拉斯基雖反對唯心論之說,實未脫唯心論之窠臼;一方面接受顧林之倫理個人主義,另一方面又拒絕據此成立之公意說,乃陷於矛盾之地。他認為,拉斯基拒斥唯心論,實與其重視實驗之政治哲學有關,其宇宙觀與方法論實奉洛克派之「經驗論」、詹姆士等為圭臬。既服膺徹底之經驗論,乃處處注意防止國家背離個人之經驗而轉入絕對權威之途。[168]

除了徹底的經驗論,蕭公權也指出,拉氏之「多元國家」觀念乃由

[166] 顧林之權利論要點有三:(一)個人之權利乃個人本身所應有,國家對之僅負承認與保障之責,而不能創造與消滅任何權利;(二)權利既根據人類共同之倫理生活而生,由人群之互認而立,則個人之權利不能離社會而存在;(三)權利之目的,純在使個人能實現人己共同之倫理生活,故權利非為個人私己之享受而設,乃為保障個人服務於公善之能力而設也。蕭公權,〈拉斯基政治思想之背景〉,頁5-7。

[167] 蕭公權,〈拉斯基政治思想之背景〉,頁7-9、10-11。

[168] 蕭公權,〈拉斯基政治思想之背景〉,頁13-15。

詹姆士「多元宇宙」觀念而來。拉氏承續詹姆士之說，認為宇宙中物事
萬殊，彼此之間僅有發生關係之可能，而無絕對統一之可能，人類社會亦
然。因此必須社會合作。據拉氏所言，在社會中，除個人人格之自由發展
外更無較高之目的，國家基此目的存在，則社會中豈容許第二威權與國家
之威權互相爭競？[169]顯然，蕭氏一方面承認拉氏應用實驗論之成功，一方
面卻以拉氏應用多元論為失。

　　蕭公權〈拉氏政治思想之背景〉原受杭立武邀請而作，蕭氏於稱頌
之餘，對拉斯基學說亦本治學精神予以批評。杭氏閱後，不表認同，亦以
「研究之精神」為拉斯基辯解：首先，拉斯基自謂承邊沁衣缽，亦詳其異
同，則自謂其為功利主義之新適應，當無不可；其次，拉氏主張個人人格
充分發展，以達到合乎道德生活之最高標的，其雖否認「眞意」存在，亦
無妨倫理生活之主張；至於第三點，杭氏認為拉氏主張權威即聯治性，是
即蕭氏之複性，其目標中的國家已非一元論者之國家；再以多元論言，杭氏
指出，拉氏認為國家與社團性質根本無異，自無「絕對權威不容有二」之問
題。[170]杭氏對蕭氏批判之點，一概不予認同，維護其師立場甚為明確。

　　綜上可知，張君勱、蕭公權和杭立武各展長才，為《政治典範》的
「理論」部分作出深度的評介，誠為拉斯基政治多元論在中國傳播的另一
種「典範」。尤其是蕭氏所作拉斯基思想背景之研究，以精湛的政治哲學
素養，推論拉氏思想與各家關係，分析其間異同，立論精闢，誠如杭氏
所言，「即西方學者亦所難能」。經由這場圍繞《政治典範》一書的學術
交鋒，不僅拉氏思想的脈絡更為清晰，國人對西方政治思想，特別是對
自由主義內蘊的認識也有更大的躍進。蕭氏任教清華大學政治系，其對拉
斯基政治多元主義的精湛理解，表現於課堂，多少激勵了清大政治系的學

---

[169] 蕭公權，〈拉斯基政治思想之背景〉，頁17-18。
[170] 杭立武，《政治典範要義》，〈附錄二：讀『拉氏政治思想之背景』書後〉，頁71-75。

生。[171]1930年代初期即有不少爲文介紹拉斯基思想者，跨海直接師從拉斯基者，亦所在多有。

　　在前述杭立武的計劃中，曾有盧錫榮所撰之〈拉氏主權論〉。1931年9月26日盧錫榮亦曾在上海威海衛路中社以〈拉斯基的主權思想〉爲題作了一次學術演講。[172]此後杭氏出版計劃改變，盧氏則在1934年9月出版了《拉斯基政治思想》一書。雖然當時以拉斯基政治思想爲題之著述已逐漸增加，盧氏該書從拉斯基各階段的主權論代表著作，梳理拉斯基政治多元主義的發展脈絡，在中文專著中可謂獨樹一格。[173]盧錫榮，1914年留學美國哥倫比亞大學政法學專業。1918年11月9日「中國政學社」在哥倫比亞大學成立，是留美學生和華僑中有影響的政治學術團體之一，發行《政學叢刊》，盧氏擔任該刊第一任總編。[174]1919年盧氏獲哥倫比亞大學哲學博士學位。就讀期間，拉斯基曾在哥倫比亞大學講學，盧氏對拉氏及美國政治學界的多元論風潮當不陌生。[175]

---

[171] 根據學生的記憶：「上他的課，懶惰的人也要變勤快了。一學期一篇大論文，是逃不了；讀書報告又是少不得的。政治系同學能拿出點像樣的東西發表，大都是蕭先生教導的成績。」〈教授印象記：蕭公權〉，《清華暑期週刊》，9：8（北平，1934.9），頁459。

[172] 〈中社學術演講日程〉，《大公報》（天津），1931年9月26日，第20版。

[173] 以拉斯基政治思想爲名之專書，尚有如1932年由世界書局出版，盧晉侯所著之《拉斯基政治思想》。

[174] 該刊宣言聲稱該刊宗旨爲「端政論、明政學、固政本、新政德」，並以貫徹「不主偏激議論、亦不涉黨爭臭味」爲其辦刊方針。該刊爲32開季刊，1920年出了4期，1921年出了3期，同年5月停刊。所發表的36篇文章皆圍繞如下幾個中心論題：山東半島的形勢和前途；中國國民教育；宣揚英美式的平民政治；國際形勢和各國政權、政黨的政治基礎；世界銀價飛騰與我國經濟之關係。摘自4月9日《社會科學報》，見〈鮮爲人知的《政學叢刊》〉，《人民日報》（北京），1987年4月26日，第8版。

[175] 關於盧錫榮之背景資料，甚爲紛歧。根據周棉所著《中國留學生大辭典》（南京：南京大學出版社，1999）所載：盧錫榮1917年哥倫比亞大學獲得博士學位後，轉赴英國倫敦大學、德國柏林大學，從事政治經濟學研究。1924年回國，先後任雲南東陸大學副校長，北京政府教育部秘書、專門教育司司長，南京東南大學文科主任，上海光華大學教授，雲南省政府委員、教育廳廳長等職。1929年後，又任上海大夏大學文學院院長，南京中央大學政治系主任，上海新中國大學校長，中國地方自治學會常務理事。

　　盧錫榮的《拉斯基政治思想》一書主要從《主權問題之研究》、《主權的基礎及其他論文》以及《政治典範》三本關於主權論的代表性著作檢視拉斯基的主權思想。針對拉氏對一元主權論的批判及其建設性、創造性、有關政制改造的諸多看法，他勾勒出拉斯基政治思想的要點及發展脈絡。盧氏將拉氏的主權思想分爲二大時期，前兩本屬於批評時期，後一本屬於建設或創造時期，與上章所述陳序經之分期雷同。

　　盧錫榮指出，拉斯基雖然不是最先批評一元主權說的人，卻是第一個批評一元主權說最有力的人。在第一章，盧氏從拉氏個人的生活、個性以及他所處的經濟、政治、宗教和學術大環境來鋪陳拉斯基的思想背景；在第二章《主權問題之研究》的討論中，盧氏表示已可從該書看出許多建設思想或創造思想的暗示，即是聯治思想的萌芽，同時介紹拉氏在本書中對歐洲與一元主權論相關之社會運動的討論；第三章介紹《主權的基礎及其他論文》一書。盧氏表示，該書是拉氏新國家思想由蘊釀到成熟時期—由批評到建設、由模糊的聯治思想到多元國家論—的一個過渡時期。他在本章介紹了拉斯基的思想方法和內容。盧氏表示，拉氏是近代新聯治主義者，是近代多元的國家論者，是近代社會化的個人主義論者，是近代新人權論者；在第四章《政治典範》一書的介紹中，盧氏指出，拉氏此時期的思想是，漸由批評變爲建設的或創造的思想，由否定的思想變爲肯定的思想，由未成熟或半成熟到完全成熟的思想，更進一步說，由國家的思想轉向世界的思想、世界國家的思想。在《政治典範》中，拉氏從歷史、法律和政治對一元主權論發動總攻擊，而從團體、國家和世界發展其建設的思想。盧氏表示，此時拉斯基雖然一方面談世界的國家，一方面仍丟不了英國，但他最後的理想政治，總是朝世界國家的道路的。他評論拉氏思想：「批評一方面深切而警闢，建設一方面精密而有系統。」[176]

---

[176] 盧錫榮，《拉斯基政治思想》（上海：世界書局，1934），頁96。

在盧著《拉斯基政治思想》出版前，除了對《政治典範》一書有較細緻的分析，中國知識界對拉斯基思想的介紹多爲綜合性的說明，雖亦言及拉斯基主權論相關著作，但未有如盧書藉拉氏主要著作探究其思想發展脈絡者。性質較接近者如1933年鄭鏞在《拓報》評述拉氏思想中的「聯治論」與「多元國家論」，前者主要介紹拉氏1918年對「行政之區域」的觀點；後者則是以1919年拉氏所提出之「多元國家」爲介紹重點。鄭鏞指出，拉氏之地方聯治與工業聯治見解，乃是基於對英國社會情形的觀察，而拉氏的多元國家主權學說，實爲重視民主政治，帶有個人主義色彩，其目的則不外在乎個人之利益，而在各種社會團體利益之上。[177]鄭鏞認爲，拉氏於純粹政治思想外，對於不同時代的問題實甚關懷，其注意之殷，不僅限於豐富巨著之文字，而是更能積極力行。鄭鏞之作，雖以拉斯基政治思想爲題，實則對1920年以前拉斯基政治多元論的著作有所補充。

拉斯基新作的譯介及思想轉向之討論

杭立武在《政治典範要義》之〈拉氏小史〉中指出，拉斯基「自一九二五年至今，幾年年有新著，然要以政治典範爲圭臬。或據以此批評其他學說或運動，如一九二七出版之《共產主義論》（*Communism*）。或敷其主張於淺顯之文字，以爲一般人說法，如一九二八年出版之自由論及其他（Liberty and Other Essay），及稍後出版之《服從之危機》（*Dangers of Obedience*），暨最近出版之政治學淺說（*Politics*）等皆是。」[178]《政治典範》一書出版後，固然有張君勱、杭立武、蕭公權、盧錫榮等人忙於論

---

[177] 鄭鏞，〈拉斯基政治思想〉，《拓報》，1：6（上海，1933.5），頁10-11。
[178] 杭立武，〈拉氏小史〉，《政治典範要義》，頁3-4。

辯、解析《政治典範》思想，亦有不少追蹤譯介拉斯基新著者，其出版情況已如前述。

　　國家中個人的權利和自由，以及人民對國家的忠誠與服從等問題，是拉斯基《政治典範》中引人注目的議題。1930年前後，拉斯基有更深刻的解說。1930年羅隆基所譯〈服從的危險〉與〈平等的呼籲〉分別在《新月》月刊發表；[179]1931年邱新白翻譯同年出版之《政治》（*An Introduction to politics*），由上海新月書店發行；而1930年出版之*Liberty in the Modern State*也由何子恆譯成《現代國家自由權》，1932年由商務印書館出版發行。其中拉斯基關於自由的論述在1930年代初期獲得中國知識界較大的注意。

　　1930年拉斯基*Liberty in the Modern State*一書出版，係為講演體裁。次年，拉氏在出版的*Politics*一書書後，附有一張治政治學的人應當研究之最低限度書目。該書目列舉了從柏拉圖到當時出版的20本書，其中包括了他自己的著作一本，即是*Liberty in the Modern State*，顯然認為該書最能代表他現階段的思想。*Liberty in the Modern State*一書出版後，曾在倫敦政經學院深造，時在清華大學政治系任教之吳之椿很快地介紹了這本書。[180]

　　吳之椿開宗明義指出，「近代國家內的自由」（即何子恆所譯「現代國家自由權」）是政治學內一個基本的問題，而拉斯基是「代表政治新

[179] H. J. Laski著，羅隆基，〈服從的危險〉，《新月》，3：5/6（上海，1930.6），頁55-71；拉斯基著，羅隆基譯，〈平等的呼籲（A Plea for Equality）〉，《新月》，3：7（上海，1930.7），頁25-43。

[180] 吳之椿（1894-1971），1917年公費留美，1920年依利諾大學畢業後，入哈佛大學，次年獲碩士學位；嗣後在倫敦政治經濟學院和法國巴黎大學深造；1922年夏歸國，歷任中州大學、武昌國立商科大學、中山大學教授。1926年秋，加入武漢國民政府，寧漢分裂後，前往莫斯科。1928年春取道西歐，在巴黎大學和柏林大學聽課，是夏回國，在清大政治學系任教，擔任系主任，任內聘任張奚若、萊特（美國芝加哥大學國際法教授）、胡道維等學者，1931年春因病辭職。

的趨勢的一位先進」。該書分概論、思想自由、自由與社會勢力三部分，討論近代情形下的自由條件及其問題，特別是自由與法律的關係。吳之椿認爲以如此大的題目容納在如此小的篇幅，是本書的特點，使讀者能在短時間內明瞭這個問題理論與實際的大意，但也惟有拉斯基有這樣的能力。吳氏指出，拉氏從多元的人生觀出發，主張經驗是個別的，眞理是多方面的，應當盡量容忍與鼓勵不同的主張，也就是拉斯基所謂「各人的經驗既然根本是個別的，只有各人自己纔能完全了解這經驗的意義；除非本著自己對於那個意義的感覺去活動，就決不能自由。喪失自由對於自己，就是經驗不被承認，就是有組織的社會使自己天然認爲生活的教訓不得滿足。」吳之椿強調，拉氏突顯了以往從未充分注意到的個人間差異及其在政治學的意義。他同時也指出，拉斯基雖然標榜多元的人生觀，卻也明白表示，因爲各人的經驗有所衝突，人們在行爲上就得共同遵守幾種限制免致破壞和平，所以自由不是絕對的。至於法律，其所以對社會行爲的方式能有決定力，大半是由於有多數人的贊助。在生活上受其原則制裁的人，也大致是因其具有理性根據而接受。不合於這個條件的法律永不會成功，其結果反使人藐視法律。吳之椿以爲，拉氏的看法，可以減少法律與自由的衝突，但這也是近代政治最高的目標與最困難的工作，恐怕是可即而不可達。[181]

　　除了吳之椿，張維楨也在1931年介紹了這本書。張維楨，1922年考進滬江大學，1926年到美國密西根大學就讀，次年獲得學位回國。[182]在〈讀拉斯基的現代國家中的自由問題〉一文中，她首先介紹拉斯基的知識和社

---

[181] 吳之椿，〈近代國家內的自由－*Liberty in the Modern State* by H. J. Laski（Faber and Faber Ltd., 1930）〉，《政治學報》，1：1（北平，1931.1），頁142-143。

[182] 羅久芳口述、李菁文記錄，〈我的父親羅家倫〉，《三聯生活週刊》。轉引自《濟南時報》，2012年12月8日。此處見http://blog.sina.com.cn/s/blog_537f441001015z8f.html，2013年8月11日。

會背景，指出英國在19世紀是自由主義的中心，在20世紀又是工聯主義最發達的國家。倫敦大學主要的思想家如Hobhouse是反唯心派國家主權論者。自由主義、工團主義和反唯心派的國家觀合併起來，再加一點實驗主義的色彩，以及Duguit和Figgis一班人的影響，或許就構成拉氏政治多元論的基礎，「加上他的辯才和詞令，無怪他的著作能風靡一世了。」[183]

　　拉斯基在該書對自由的定義是：「對於近代文明中保障個人幸福必須的社會條件之存在上不加束縛。」張維楨解釋，拉氏的自由觀既是以人生幸福為前提，所以處處提出平等，尤其是經濟平等。他的平等，第一是機會平等；第二是經濟平等。他相信在經濟不平等的社會，公道成為強者的法律，自由成為強者的特惠。張維楨進一步介紹該書所論述的自由範圍，特別是拉斯基對於現代世界中輿論自由的看法，也就是，在不平等的社會，輿論大都代表私利的偏見。她也表示，拉氏認為，單有個人自由，沒有結社自由和團體自由，在現代社會中是沒什麼意義的。此外，拉氏認為近代的經濟組織和科學發明使全世界成為一個互相依賴的團體，一個國家的行動若是涉及其他國家，必須用和平的方法解決彼此的困難。他對世界大同的理想保持樂觀。[184]張維楨總結該書，認為拉斯基從絕對的自由主義出發而轉入一種社會主義，從個人的自由而轉入社會經濟的平等，「凡穆勒、哈蒲浩斯、狄驥、費賓主義、工聯主義的精華都熔在一起」，「『個人主義的社會主義者』這個名詞，雖然驟然看去，像是有名詞本身上的矛盾，但是卻也想不出更適當的詞來形容拉斯基了。」在該書評介中，張維楨並未提及拉斯基所特別注意到的民主政治與自由、平等諸觀念之間的關聯。

---

[183] 張維楨，〈讀拉斯基的現代國家中的自由問題〉，《國立武漢大學社會科學季刊》，2：3（武昌，1931.9），頁611。

[184] 張維楨，〈讀拉斯基的現代國家中的自由問題〉，頁617。

　　1934年，尚在清華大學政治系就讀，日後到倫敦政治經濟學院留學之樓邦彥也發表了〈拉斯基之自由學說〉，闡述了拉斯基思想中關於「自由與權利」、「自由之限制、種類及保障」、「自由與平等」、「政府與自由的關係」、「言論自由、結社集會自由」等議題。樓氏總結拉氏的自由學說，認為拉氏重視個人之經驗，以個人經驗作為政治威權的基礎。對此，他同意蕭公權所說，這是他對於英國人的「theory of government by consent」所下的新解釋。此外，對於拉氏把平等視為自由之侶伴─認為經濟、政治、法律、機會的平等不能實現，自由始終是人們的口頭名詞，樓氏也認為拉氏思想的出發點是個人主義，他的立場是自由，他的結論則是社會主義。樓氏認同拉氏的思想特性是「個人主義的社會主義者」。[185]

　　此外，1935年筆名「志遠」者在《行健月刊》發表〈拉斯基的自由平等觀〉一文。作者在結論中表示，拉氏認為一個國家的人民，都該立於平等的地位，其人格是相等的。人民要求自由平等，就是要求他們個人人格發展的均等機會；國家承認自由平等，就是承認他們個人人格的存在。如果個人將其最高的「我」能貢獻給社會，社會的文化，才能自然的向上發展。所以消除所有自由平等的障礙，無論從哪一方面去說，還是現代國家應該注意的問題。[186]作者對拉氏自由平等觀念的理解主要來自《政治典範》一書。

　　拉斯基的思想雖然包含了自由主義與社會主義的成分，但從中國知識界介紹拉氏學說的情況看來，大多偏重自由主義一端。唯在1930年代初期，由於對拉斯基思想的持續關注，有些知識分子對拉氏思想的轉變已有所察覺。1931年10月出版的《南大週刊》，編輯主任陳振漢翻譯了同年7月份《外交事務報》（*Foreign Affairs*）中拉斯基的〈英國國會改造問題〉

---

[185] 樓邦彥，〈拉斯基之自由學說〉，《民族雜誌》，2：2（上海，1934.2），頁293-294。
[186] 志遠，〈拉斯基的自由平等觀〉，《行健月刊》，6：5（北平，1935.10），頁127。

（The Mother of Parliaments）一文。該文開宗明義地表示：「凡知議會政府（Parliamentary Government）在英國現狀者，殆無人對之滿意，人皆將以爲議會政府不能再繼續負荷重任矣。固不特國會不能勝其職務之繁重；不特在內閣勢力支配之下，議員個人無獨立地位；亦不特貴族院之存在民主國中爲不合法。」在拉氏看來，英國國會的問題，即在於「以十九世紀之組織用之應付二十世紀之問題，知此中情形者自無不預見其窘態」，改造之法，須從組織做起，唯該文尙未特意突出階級矛盾。[187]1933年，《政治學刊》出現一篇翻譯自拉斯基刊載在1932年8月發行之《美國政治科學》（*The American Political Science*）的書評－*The Present Position of Representative Democracy*，作者題爲〈代議政治之現狀〉。該文說明代議民主政治實行所需要的條件以及當時代議民主政治衰落之原因。拉氏更宣稱，代議民主政治之問題是因爲統治階級不願意去改革資本主義社會而使群眾深受痛苦。他說，不情願改革制度是可以的，但必須尋求經濟改進的能力基礎，以滿足工人的需要。[188]此時，拉斯基將民主政治問題訴諸階級矛盾已是相當明顯。譯者伍雄也在文後提醒讀者，拉氏思想已有改變的跡象。

　　1933年，也正是馬克思去世50週年，拉斯基在3月寫了一篇紀念文章。這篇文章更清楚地顯示拉氏對馬克思主義的態度，中國知識界也很快將它譯出。在文章中，拉氏指出，自馬克思死後，其學說已從亡命黨人之瘋狂幻想成爲近世之基本主義，其名字更激發百萬人民的敬仰。拉氏認爲，此時政治家所應注意者，除馬克思之社會主義外，別無社會主

---

[187] 拉斯基（Harold J. Laski）著，陳振漢譯，〈英國國會改造問題〉，《南大週刊》，116（天津，1931.10），頁20-21。
[188] 拉斯基（Harold J. Laski）原著，伍雄譯，〈代議政治之現狀〉，《政治學刊》，3（上海，1933.2），頁122、130。

義。[189]1934年，拉氏爲費邊社50週年紀念所寫之介紹費邊社的文章在同年
11月的《時事類編》中譯介發表。譯者嚴鴻瑤表示，拉氏認爲費邊社的社
員都是識時務的好漢，他好像希望他們再認清英國現狀，「錘鍊出一個社
會主義的政策，適合英國目前的新局勢。」[190]在該篇文章中，拉氏期待費
邊社員，別再回避馬克思主義，更要認識在某種情況下馬克思的重要性。

　　儘管知識界自1933年以來已有人對拉斯基思想的激進化有所警覺，
1935年拉斯基《國家的理論與實際》（*The State in Theory and Practice*）
一書出版，思想的明顯轉向仍令中國知識界震驚。同年，張虹君之中譯
本迅即問世，由天津新民學會出版，名爲《國家往何處去》。[191]爲之作序
之陳先舟讚譽此書，謂其：「不愧爲名人名著，所論淵博、見地深遠，
關於國家的性質，國家與戰爭、革命，民治、獨裁的關係，均有精闢的分
析，對於立憲制度何以崩潰，並崩潰後究往何處去，舉例論證句句中肯，
此對於資本主義制度，多數制度，民主制度，以及武力在現代國家的地位
等重大問題，亦均有極正確與扼要的闡明，最後給現代國家指出一條光明
大道。」陳氏所述書中主題，皆爲1930年代關心中國政制改造問題之知識
分子的思考重點。對於該書，陳氏認爲「執政者不可不讀，研究者不可不
讀」。他並且指出，拉斯基全書最值得政治家和民眾注意之句，即是：
「向來政治家多用欺騙手段，蒙蔽民眾。」[192]在中國政治紛亂依舊的1930

---

[189] 賀羅爾特‧拉斯基（Harold J. Laski）著，康選宜譯，〈五十年來之馬克斯主義〉，《國際
　　每日文選》，16（上海，1933.8），頁2。

[190] 拉斯基著，嚴鴻瑤譯，〈費邊社之沿革〉，《時事類編》2：27，（南京，1934.12），頁
　　82。

[191] 有謂1930年代中國知識界翻譯的拉斯基著作反映出中國思想界相對拉斯基思想的滯後，
　　市面上出現的譯本基本上都是拉斯基20年代的主要著作，此說不確。劉是今，〈拉斯基
　　思想對20世紀30年代中國思想界的影響──以羅隆基、王造時爲例〉，《湖南第一師範學
　　報》，6（長沙，2009.12），頁97。

[192] 陳先舟，「序言」，見拉斯基（Harold J. Laski）著、張虹君譯，《國家往何處去》（天
　　津：新民學會，1935），頁1-2。

年代，陳先舟借拉氏語言發爲論述，耐人尋味。而在張虹君譯書的另一
「序言」中，艾秀峰認爲「國家往何處去」一名頗能道破書中眞義。他
認爲此書與拉斯基1919年的《現代國家之權威》（*Authority in the Modern
State*）和1925年的《政治典範》二書在思想上沒有明顯的「質」變，但在
「認識的深刻度與主張的堅決度」上，則有過之。艾氏的觀察，尚稱敏
銳。此外，他特別讚賞拉斯基的寫作筆法，認爲拉氏處處用歷史事實證明
他的理論，逐條批駁反對者的意見，「說理深入而淺出，語調溫柔而堅
決，像他這樣的『國家理論』和『文字技術』都值得我們佩服」。[193]

　　雖然，誠如艾秀峰所言，*The State in Theory and Practice*一書在「質」
的方面與《政治典範》無甚差異，但該書的馬克思主義分析視角卻令不少
中國知識分子迷惑。如當時在北京大學任教之陳受康讀完該書後，指出該
書係拉斯基延伸《民主政治在危機中》（*Democracy in Crisis*）一書之議
論，闡明一般國家實質的著作。對於拉氏以馬克思主義來解釋政治社會現
象，但不認爲俄國革命可做榜樣，主張英美的社會革命應依憲法手續較爲
可靠的說法，陳氏印象深刻。他認爲，拉氏接納馬克思思想的一部分，殆
由當時英國的政治經濟狀況所暗示。陳氏相信，拉氏廣徵博引各家論調，
並收集史實和事像，旨在堅定勞工黨的信仰和政策，並警告極端份子妄動
的失宜。他說，拉斯基的主張本是急進中較爲穩健者，但本書的言論「像
很激烈」，「殆因不如是不能盡嘲諷之能事歟？」[194]對於書中所呈現的馬
克思主義論述話語，陳氏認爲或許只是拉氏策略性的運用，其理念基本未
改變。

---

[193] 艾秀峰，「序言」，見拉斯基著、張虹君譯，《國家往何處去》，頁1。
[194] 陳受康，〈學術書籍之紹介與批評：拉斯基教授的《國家之理論和實際》及其中文譯本
　　（*The State in Theory and Practice. By H.J.Laski. London: George Allen and Unwin Ltd. 1935.*
　　中文譯本：《國家往何處去？》天津新民學會張虹君譯）〉，《國立北京大學社會科學季
　　刊》，5：4（北平，1935.12），頁413-414、416-417。

　　然而，對於張虹君的譯本，陳受康卻是極為失望，認為「隨意增刪和錯誤的地方太多」，此誠張譯之絕大闕失。1937年王造時重譯本出版，名為《國家的理論與實際》。作為拉斯基學生的王造時，1930年秋返國，歷任上海光華大學、中國公學等校政治系教授、光華大學文學院院長兼政治系主任，並擔任《新月》雜誌撰述。1930年代初期，他陸續創辦《主張與批評》、《自由言論》等刊物，並參與「中國民盟保障同盟」。1936年底，因「救國會七君子事件」被捕入獄。《國家的理論與實際》係在獄中翻譯完成。抗戰時期，他繼續翻譯拉斯基1933年的著作《民主政治在危機中》（*Democracy in Crisis*）。從拉斯基政治多元論在中國的傳播言，由於各時期的代表著作皆已被譯至中國，1930年代拉氏思想轉折的內涵也愈見完整。王氏翻譯之時，也驚覺拉斯基思想的急遽變化，已不是他從學時期的「進步的自由主義」拉斯基。他認為1929年起的世界經濟不景氣、1930年代以後國際政治的急變，尤其是侵略國的窮兵黷武及法西斯主義的抬頭，對拉斯基影響至深。[195]

　　對於拉斯基的思想轉變，長期注意西方政治多元論發展的蕭公權自然也有所感受。在1935年評介拉斯基的*The State in Theory and Practice*（1935）、柯爾的*A Guide to Modern Politics*（1934）以及凱特林（G. E. G. Catlin）的*A Preface to Action*（1934）三書一文中，蕭氏言及於此。他指出，1929年以來經濟蕭條，雖歐美列強努力復興而繁榮尚未可期，且由於經濟民族主義勃起，國際政局更加不安，在資本主義先進之英國社會，工人階級雖大體守舊，然而一部分知識階級思想左傾之趨勢卻頗為明顯，拉斯基的*The State in Theory and Practice*一書足為代表。拉氏政治思想的轉折，蕭公權也認為是時代背景使然。

---

[195] 拉斯基著，王造時譯，《民主政治在危機中》（長沙：商務印書館，1937），「序」。

　　蕭公權認爲拉斯基在過去雖對現代國家有所不滿，但仍欲於資本主義議會制度之輪廓內求得改善。然而，1933年出版之*Democracy in Crisis*一書已表示態度之轉向，書中自由主義與社會主義消長之跡尤爲明顯。他歸納*The State in Theory and Practice*書中要旨如下：（一）國家之存在，所以謀全體人民之利益，絕不可有所厚薄軒輊於其間，此僅就理論言；（二）實際上，任何國家皆以不平等之待遇加諸人民，國家不過爲政府之另一名辭，政府不過爲某一時間執掌大權之少數人士。人民評判國家之功過不應注意其理論上之目的爲何，而應考察其實際上之成績如何；（三）政治上之不平等有經濟上之必然性，絕非民治政體或議會制度所能消除。在經濟不平等之社會，國家亦必成爲維持不平等之工具；（四）社會中眾人如與生產程序有根本不同之關係，則必自成利害不同之兩階級，而使社會組織永含衝突之成分。所謂階級鬥爭之主要目的在攫取政權以爲己方之助。目前之政治制度既以資本主義爲基礎，社會中之生產工具爲私人所有，則階級鬥爭之一切痛苦自不能免。[196]蕭氏強調，拉氏在本書清楚表示，今日所處之境地已達馬克思預言中所指資本主義最後矛盾之階段，和平合法手段是否能達到社會改造之目的，在實際上誠爲疑問。

　　值得注意者，儘管不少人認爲拉斯基的思想已經馬克思主義化，蕭公權仍細心梳理出拉斯基思想與馬克思主義的明顯差異。蕭氏指出，*The State in Theory and Practice*之結論，幾乎全與馬克思主義中經濟史觀，階級鬥爭，國家爲壓迫之工具等理論相合，然而相合之點，只此而已。因

---

[196] 蕭公權特別舉出書中拉斯基所言：「吾人既知病源，乃可對症下藥。欲求根治，惟有剷除資本主義之不平等。爲資本主義辯護者固尚不乏人，或謂目前之危機爲吾人未曾徹底遵守自由競爭之原則所致，或謂管理經濟之方法尚可以救資本主義之困頓，殊不知資本主義本身含有不可解除之矛盾。除改變階級之關係，因而放棄資本主義外，其他補救之方法皆歸無效。」蕭公權表示凡此種種皆社會主義者家喻戶曉之常識，而拉斯基教授予以採納。蕭公權，〈書評：Laski, *The State in Theory and Practice*; Cole, *A Guide to Modern Politics*; Catlin, *A preface to Action*〉，《社會科學》，1：1（北平，1935.10），頁261。

爲拉氏認爲，在資本主義發達之過程中工人階級之一大部份逐漸資產化
（Embourgeoisment），成爲擁護資本主義階級之勢力。換言之，資本主義
之進展不特未使工人團結，反使之分崩離析。在拉氏看來，無產階級獨裁
本身艱鉅，因此勢不得不承認，改造之坦途仍是利用政治之手段以漸行生
產國有之計畫爲宜。[197]換言之，馬克思主義者強調社會革命之必然性，拉
斯基僅承認其必須而不承認其必然。蕭氏在拉斯基著作的字裏行間論證拉
氏並非「革命派」，以蕭氏對拉斯基思想的長期研究，此一結論，應屬可
信，拉氏可感安慰。

　　和以往一樣，具有深厚哲學造詣的蕭公權，在讀罷*The State in Theory
and Practice*後，仍不免覺其書中論點之矛盾。蕭氏指出，拉氏之主張本
爲英國工黨人士之常談，並非新義。就表面觀之，其既承受經濟史觀與階
級鬥爭理論，卻又力持革命不必然之說，不免前後矛盾。蕭氏認爲，此或
許由於拉氏思想曾受實驗哲學影響甚深之故。然而如此「修改」馬克思主
義，不但正統派不能接受，亦使本書不能自圓其說；且既已承認階級間有
不可避免之衝突而國家爲壓迫之工具，則利用合法手段以廢除階級構造之
計畫豈非絕不可能？對於拉氏再次根據自由主義之立場駁斥鮑桑葵之「眞
意」說，力辯個人眼前之意志即爲政治之最後威權，法律之所以合法，乃
由於個人良心之認可，別無所謂無上之威權等說法，蕭氏也再次表示懷
疑。在蕭氏看來，個人意見可能有誤，誠爲不可否認之事實。此外，按拉
氏之語，一切之社會組織及思想皆取決於經濟生產之方式，然則在生產方
式根本未改，階級組織大體未變之前，擁護現狀之思想亦應不變。蕭氏反
問，當社會中大多數之人士仍承認資本主義爲合於良心之制度，拉氏又將
利用何種方法使人同意於自己所主張之社會改造計畫？因此，蕭氏認爲，

---

[197] 蕭公權，〈書評：Laski, *The State in Theory and Practice*; Cole, *A Guide to Modern Politics*;
Catlin, *A preface to Action*〉，頁263。

拉斯基思想中之自由主義與社會主義本爲兩不相容，兼收並蓄自是困難。
何況，在資本主義處境艱苦之際，英美社會大體上留戀現狀下之政治經濟
制度，一部分知識分子雖感覺危機迫切，提出根本改造之主張，「其不
能逃出大衆觀點之範圍而排去一切激烈之論調亦勢所必至耳。」[198]儘管如
此，蕭氏對拉氏表示了同情的理解，認爲拉氏的自由主義立場未變，只是
其社會經濟改造的目標出現技術和理論上的兩難。

　　1936年，時在武漢大學任教，也是拉斯基學生的樊德芬，對《國家
之理論與實際》一書也作出評論。樊氏也是特別釐清拉斯基思想與馬克思
主義之異。他表示，馬克思之出發點爲經濟，「強循邏輯，有所重即有所
忽」，拉斯基的出發點爲政治，「就事尋理，未嘗偏一方而仇一方」；且
馬克思爲急進革命份子，拉斯基是客觀學者，態度不同，意趣亦異。[199]樊
德芬爲其師辯護，亦是表明自己的立場。

　　在樊德芬的書評中，對拉斯基的治學方法有特別的分析，無疑使中國
對拉斯基學說的建構過程能有更深入的掌握。樊氏指出，「拉斯基馳聘古
今，精心比較，以分析之結果，鑄成具體之學說，再以新成之學說，驗之
於現代歐美之時勢；大要以歷史方法爲經，以比較方法緯之，以歸納方法
著手，以演繹方法推之」，並認爲「求之現代，豈可多得？」[200]相較於過
去「籠統的」、「抽象的」研究方法，這些研究方法，在當時被視爲一種
新方法。其中，以歷史資料作爲輔助或者將某種制度的產生與歷史背景作
結合以論證其思想，事實上已漸漸成爲1930年代中國知識分子著書立說的
「流行」模式。中國向有重「史」的傳統，社會達爾文主義和唯物史觀的

---

[198] 蕭公權，〈書評：Laski, *The State in Theory and Practice*; Cole, *A Guide to Modern Politics*; Catlin, *A preface to Action*〉，頁265。

[199] 樊德芬，〈新刊介紹與批評：國家之理論與實際〉，《國立武漢大學社會科學季刊》，6：2（武昌，1936.4），頁429-433。

[200] 樊德芬，〈新刊介紹與批評：國家之理論與實際〉，頁432-433。

影響助長了這種表述形式。曾接受歷史學訓練並浸淫於西洋中古史之下的拉斯基，每從歷史發展追述思想或制度發生的合理性，此種論述風格頗能引起中國知識分子的共鳴。[201]此外，強調根據實際調查以獲得事情眞相，或所謂事實甚於雄辯，也在1930年代以後蔚爲風氣。拉斯基思想具有吸引力，也正是它的「實事求是」。

美國政治多元論相關評論之譯介

　　1920年代，美國關於政治多元論的討論甚爲熱烈，中國學界對之亦有所悉。因此在介紹拉斯基相關書籍文章外，1930年代亦有知識分子譯介此類專論，將美國學界的著名論點傳播至中國。

　　除了上章所述1927年傅文楷翻譯格特爾（R. G. Gettell）的文章外，柯克爾（F. W. Coker）對於政治多元論的系統評論，在1931年也以〈多元論及反對國家主權說的理論〉爲篇名被譯介到中國。顧名思義，這是一篇檢視多元論的文章。Coker認爲國家多元論是對傳統的一元主權論加以非難，卻同時主張國家爲社會必須的制度之一種學說。多元論者不像無政府主義者或工團主義者要廢除國家，他們是要存留國家，不過是要褫奪國家的主權罷了。而且他們是要維持現在的國家，非放棄主權的國家。Coker指出，一元主權學說較著名的批評家，最足稱述者有狄驥、克拉伯、拉斯基、林賽、巴克等人。由於他們對於傳統學說的批評─即是他們所要補充或革新的─密切交連，以致於他們的概念似乎沒有獲得適當的理解和評價。由此可見，Coker力闢批評者以多元論爲無政府之說，同時認爲多元

---

[201] 1947年楊幼炯指出，當代政治學者大都用歷史的比較研究，一改以前籠統的抽象的研究弊病。見楊幼炯，《當代中國政治學》，頁3。

論者的概念並未獲得正確的對待。

　　針對多元論者對一元論的批評，甚至想將一元論根本推翻的說法，Coker則認爲應該要討論一元主權論是否適用於現在社會秩序的需要。他認爲可觀察以下幾個問題：國家強迫的、調和的作用對於社會是否必須和有用？非政治的社會團體，假使沒有國家所賦予的特殊工作，能否達到它們的目的－它們自己的特殊目的？如果其他團體的份子都承認應該有一種較大隸屬性的組織來執行限制和適應的作用，則似乎不能說完全否認，也不能說公共利益的觀念是虛構的，更不能說，政治情形只是事實的情形而不是法權的情形。因此，Coker表示，不僅想拋棄國家主權說－像狄驥、拉斯基、克拉伯所嘗試的－是不可能的事，而且以那種態度制定一種社會組織的積極學說，也是不可能的事。雖然拉斯基有言：「自法律上講來，沒有哪一個能否認各個國家中有某種機關的權力是無限的」，「政府是最重要的機關，任何人不能否認，除非空論家」。但他認爲拉氏並未說清楚：假使不承認國家行使主權的時候，他們將如何保持國家貢獻其有效的權益。[202]大體而言，Coker指出多元論的諸多矛盾，卻也承認，多元論者對於社會高於法律的說法較前清楚，這是有價值的貢獻。

　　1930年代中期，雖然拉斯基本人已漸少提及多元國家一詞，中國知識界對拉斯基多元國家的理論依然興趣不減。透過研究，廣徵博引，內容愈見深度，多有從學理加以評述者。1935年陳春沂發表在《民族雜誌》上的〈拉斯基政治思想〉一文即爲一例。陳春沂，燕京大學畢業後，於1932年進入清華大學政治研究所就讀，1939年公費留英。陳氏在該文中，引用當時美國著名政治學者艾略特（W. Y. Elliott）之說法，謂此時期之拉斯基，對兩個重要問題之態度已有改變：（一）不再祖師梅特蘭，推崇團體

[202] 柯克爾（F. W. Coker）原著、重威譯，〈多元論及反對國家主權說的理論（三）〉，《新時代半月刊》，1：5/6（武昌，1931.7），頁32-35。

爲道德的最終體，具有組合人格，享絕對權利；（二）有強制力的一元主權在法治上之必要已被承認擁護，雖此主權之所在爲國際聯盟而非民族國家。陳春沂亦表示，在論述國家之功用時，拉斯基不能逃出理想主義之圈套，雖處處自承爲詹姆士之信徒，亦無意中每每通入一元論之園地。即使如此，陳春沂仍是認爲，此種理論之衝突究不能抹煞拉斯基斯思想之眞價值，其思想足以啓示未來之傾向。此外，陳氏指出拉斯基政治思想之特色及價值：「預擬將來國家之形狀，授自由平等之原則以更確實之意義；著重經濟，有過於前昔之政治思想家，權力分配問題亦經精詳探討，玄學理論不復爲曚混之具，社會統計已受其賞識，斯誠足以顯示科學方法之適於研究政治」，他引用了Rockow的說法作爲佐證。[203]

　　1936年張明時發表在《東方雜誌》上的〈拉斯基的國家權力論〉一文討論拉斯基的國家觀更爲深入。張明時強調，拉氏的政治思想受狄驥影響很深，其關於國家權力的理論，亦完全是在發揮這種權力中性的學說。在這篇文章中，張明時分別探討二個部分；（一）拉斯基對傳統主權論的批評；（二）拉斯基權力中立論的主張。前者從歷史、法律和政治三方面著手，說明傳統絕對主權論已無存在價值；後者從拉氏的「以個人爲中心的工具國家觀」說明拉氏的中性國家權力論。和陳春沂一樣，張氏在文末也介紹了當代學者對於拉氏學說的批評，其徵引更爲廣泛，歸納有三：（一）認爲拉斯基及一般多元論者，在理論上雖否認國家主權，到政治上實地計劃時，仍不免承認社會上需要一個最高機關，以規範及糾正各種衝突的個別利益，此項批評可以Coker之*Recent Political Thought*（1934）和前述蕭公權之*Political Pluralism*一書爲代表；（二）謂絕對主權僅法律上一名詞，專爲法官律師所用，不含道德上和實際上無限制之意義。多元論者以主權者在道德上及實際上有限制，遂而否認主權之存在，實是忽略

---

[203] 陳春沂，〈拉斯基之政治思想〉，《民族雜誌》，3：6（上海，1935.6），頁1081-1105。

了法律與道德及事實上之區別。主此說者，除柯克爾外，韋羅璧（Westel Willoughby）和格特爾（Raymond G. Gettell）亦曾作過類似言論，他們的批評建立在法律道德二元論的立場上；（三）謂國家目的在建設法律統治，法律統治的必要條件，即法律本身須成為一種自行完備的體系。拉斯基認為個人良知是法律基礎，主張個人具有反抗國家法律的權利，不啻是否認法律統治，將有導入無政府主義的危險。[204]關於此點，張明時以艾略特（W. Y. Elliott）的說法為代表。[205]

　　對於上述三種批評，張明時以拉斯基自身學說一一作了評述。張氏表示，拉氏批評絕對主權說是正確的，但他否認任何主權概念，不給國家行為任何善良推定，而是將國家所有行為的善惡悉付個人良知去判定，則似乎有點太抹殺形式作用在社會行動上之功用，而有矯枉過正之嫌。他認為拉氏思想的這點缺陷，係因為對於前世紀絕對主義之反動，與大多數反動思想一樣，長於批評，絀於建設。拉斯基曾批評狄驥，謂其對各經典學說的批評，全是極正確的，然而當他走到積極方面，從事開發的時候，他立即失去了他學說的中心需要。張氏認為這段話正可以移之於拉氏本人。[206]張明時的文章，奠基於廣泛的閱讀，在介紹拉斯基政治多元論中的國家權力觀後，援引當代政治多元論西方著名研究者之論點，並與之駁辯，拉斯基政治多元論在中國的傳播形態也更趨完整。

---

[204] 張明時，〈拉斯基的國家權力論〉，《東方雜誌》，33：3（上海，1936.2），頁39-53。

[205] Elliott接受Lindsay旳憲法至上觀念，但也接受Duguit的觀念，認為法律令人害怕，也有強制的力量，這與民主是在總意之下的政府並不相符。Elliott指出，W. James、Henri Bergson等人的哲學都威脅到民主理論，影響到義大利墨索里尼（Mussolini）的出現。他認為實驗主義（pragmatism）、唯物主義（realism）、多元主義都是國家動亂之源。他實際是在攻擊拉斯基。因此批判多元政治論的文章竟多採自Elliott，可見他當時在美國政治學界之影響力。見William Yandell Elliott, *The Pragmatic Revolt in Politics：Syndicalism, Facism, and the Constitutional State*（New York, Macmillan, 1928）.

[206] 張明時，〈拉斯基的國家權力論〉，頁56。

對拉斯基思想轉化的左翼思考

如前所述，1930年代前後的經濟大恐慌、英國經濟改革的困難和憲政危機、以及法西斯主義的崛起，均使拉斯基進一步思考資本主義國家的本質問題。對於現實問題的悲觀亦使他的唯物史觀論調更趨明顯。這些論點，對當時摸索著中國現代化道路而徘徊於民治與獨裁、資本主義與社會主義、改革抑或革命之間的知識分子啓發尤大。五四運動期間，馬克思主義挾著俄國十月革命勝利的威勢大量傳播至中國，此後隨著科學主義的浪潮成爲不少知識分子的信仰。大抵在1925年以前，馬克思主義在中國的傳播主要仍圍繞在唯物史觀的介紹，尚少用其史觀分析中國社會。北伐期間，國民黨和共產黨決裂，革命路線分歧，以唯物史觀分析中國社會形態以解決革命問題逐漸蔚爲風潮。1930年代的中國知識分子更在有關國家改造之重大議題的論戰中，運用了大量的唯物史觀作爲辯論的武器，即使是反共最烈的國民黨知識分子，也都陷入唯物史觀框架中。[207]拉斯基的唯物史觀，對1930年代的中國知識分子而言，應不致過分突兀。

在*The State in Theory and Practice*探討現代資本主義國家的本質後，1936年拉斯基《歐洲自由主義的興起》（*The Rise of European Liberalism*）一書出版，進一步說明自由主義的本質以及自由主義形成一有體系之學說的各種因素。同年，張奚若即在《社會科學》期刊發表該書書評。他向讀者說明，該書並非一種敘述體或批評體的著作，乃是對於自由主義一種富於極端挑戰性的唯物史觀式的解釋。在這篇簡短的書評中，張奚若主要討

---

[207] Arif Dirlik, *Revolution and History : Origins of Marxist Historiography in China, 1919-1937* （Universiryof Califonia Press, 1978）, pp. 57, 70-71.；阿里夫·德里克（Arif Dirlik）著、翁賀凱譯，《革命與歷史：中國馬克思主義歷史學的起源，1919-1937》（南京：江蘇人民出版社，2004），頁16-36。

論了拉斯基唯物史觀式解釋的方法論問題。他表示，唯物史觀固然有很大成分的眞理，但是它的毛病即在於「它以爲，至少它的極端派的信仰者以爲它有絕對或全部的眞理。」他說：「平心而論，經濟狀況誠然影響意識型態，但是意識型態也影響經濟狀況。肚皮不見得永遠或到處能支配腦筋和情感。……經濟問題在歷史上許多時代或社會中並沒有『定命』的力量。」[208]然而，從全書的精神看，他認爲拉斯基似乎是同意極端派的見解。所以在該書中把自16世紀以來各時代、各地方、各黨派、各思想家的理論和行爲都一一與此種見解相符，一一使之成爲證明經濟定命說及階級鬥爭論的好資料。1927年向中國讀者推介拉氏*Communism*一書的張奚若，此時再度向國人介紹了這本新作。10年左右的光景，拉斯基已從馬克斯主義的同情者變成信仰者。張奚若的書評，也再度向中國知識界確認：拉斯基思想已經轉向。

拉斯基思想的轉折，固然使一些知識分子大爲不安，但也引發了另一些知識分子更大的興趣。此可從有些知識分子對1936年拉斯基的蘇聯新憲法草案評述之回應得知。1936年12月5日通過的蘇聯新憲中，除規定他國憲法所習見之言論自由、出版自由、集會自由等，還包括了世界各國所未看到的工作權、休息權、教育權等等重要權利的享受。至於選舉方面，自蘇聯最高議院起，至各自治省、縣、市、村的勞動者代表會，都由選民依普遍、平等、直接、秘密投票選舉出來。所謂普遍，是任何公民，只需達到18歲，除有精神缺憾，或已由法院剝奪了選舉權的以外，都有選舉權和被選權；所謂平等，是任何公民不問種族及民族，所信宗教、教育程度、居住地點、社會身分、財產地位及過去活動，都有平等的選舉權和被

---

[208] 張熙若，〈書評：The Rise of European Liberalism. By Harold J. Laski, London： George Allen and Unwin, 1936. Pp. 287〉，《社會科學》（清華大學），2：3（北平，1937.4），頁599。

選舉權。對於蘇聯新憲草案，拉氏予以極高的評價，認為是巴黎公社憲法後最為驚人的事件，其效果必然很大；認為它明白表示經濟安全和財富發展，使自由大為擴張。為此，胡愈之亦於是年發表〈拉斯基教授的蘇聯憲法觀〉一文，介紹拉氏對蘇聯新憲的評價。胡氏認為，以上諸種公民基本權利和選舉權利的規定，極為符合拉氏所謂的「自由大擴張」。拉氏把它歸功於「經濟安全」，他也頗為認同，「因為真正民主化，必在社會上了軌道之後，否則什麼都是紙上談兵，甚至虛偽欺騙！」對於拉氏認為「蘇聯憲法草案的最有趣味者，為憲法所給與的工作和教育權利，這就在資產階級民主政治最理想的方式，亦所不能」，胡氏也予以肯定。胡愈之在文中還特別強調拉斯基對憲法於挑撥民族惡感，也視為犯罪行為，規定各民族、經濟、文化、社會生活方面，都享有同等權利一事，表示贊歎，並認為這是「對西歐具有偉大的意義」。[209]藉由拉斯基對蘇聯新憲評述，胡愈之再次展示了拉氏的自由觀，他也像拉斯基，肯定蘇聯新憲的「自由大擴張」。事實上，除了字裏行間的階級概念，這些自由權利的內容，大抵仍是拉氏1920年以來的長久看法。

　　針對拉斯基對蘇聯新憲草所作的評論，與胡愈之一起主持《生活周刊》之鄒韜奮也表達了對拉氏思想的歡迎。1934年12月至1935年間，鄒韜奮曾經訪俄，考察蘇俄「物質與精神文化方面的建設」。1935年4月，他總結此行對蘇聯的「一些概念」，表示蘇聯的新社會不是烏托邦，是從現實作出發點而英勇鬥爭出來的，是一萬六千五百萬的大眾靠自己的奮鬥邁進，解除了壓迫和剝削的鎖鍊，剷除了人剝削人的制度，「根據他們所信仰的原則，繼續向著自由平等的人的生活大道走。他們已成功部分的事蹟

---

209 胡愈之，〈拉斯基教授的蘇聯憲法觀〉，《生活日報》，「社論」，1936年6月23日，收入胡愈之，《胡愈之文集》（北京：三聯書店，1996），頁400-401。

是鐵一般的事實，任何人不能一手抹煞」。[210]1936年6月，《生活日報》刊登〈蘇聯憲法草案〉全文。鄒氏也表示，拉斯基認為這個草案是巴黎公社憲法後最可驚人的事件，是很對的。[211]而從1936年到1941年，在報章雜誌上，鄒氏更數度為文引用拉氏對蘇聯民主或民主價值的看法，對拉氏闡述自由與平等一義，提出民主社會主義的改革路線深表認同。[212]這些知識分子對拉斯基民主社會主義思想的信仰，至1940年代形成一股改造中國的洪流。

　　儘管拉斯基1930年代思想中的馬克思主義色彩日益鮮明，然而，由於拉氏對民主自由的信仰與和平變革手段的堅持，拉氏的政治思想在1930年代，也如同在1920年代，受到不少中國左翼知識分子的抨擊。他們認為拉斯基的論調仍是「小資產階級」屬性，仍是「唯心論」，仍是構築在「想像」的一種學說。1932年董之學的一篇文章〈拉斯基政治哲學的根本錯誤〉可為其中代表。董之學，哥倫比亞大學經濟學博士。[213]對於早期拉氏所反對最激烈的，也就是反對所謂國家主權高於一切的說法，董氏認為含有極濃厚的個人主義色彩，但沒有看清國家的性質，不曉得國家的用處在什麼地方，或者可說，拉氏「根本沒有理解社會的構成與進化的程序，所以對於由社會內生長出來的國家，自然不能瞭解。」董之學批評拉斯基「完全不瞭解現代的社會是階級社會，現代的統治是階級統治，國家是統

---

[210] 鄒韜奮，〈關於蘇聯的一般的概念〉（倫敦，1935.4.24），收入中國韜奮基金會韜奮著作編輯部編，《韜奮文集》（香港：三聯書店，1978），頁277-278。

[211] 鄒韜奮，〈讀蘇聯憲法草案〉，收入《韜奮全集・卷六》（上海：上海人民出版社，1995），頁662。

[212] 《韜奮全集・卷六》，頁661-662、670-671；《韜奮全集・卷九》（上海：上海人民出版社，1995），頁106；郝丹立，《韜奮新論：鄒韜奮思想發展歷程研究》（北京：當代中國出版社，2002），頁297。

[213] 傅國湧，〈追尋林昭的精神資源〉，http://ppt.cc/1aN-，2013年9月30日。董之學，《各國民權運動史》（北平：商務印書館，1930年10月初版），收在「萬有文庫」第一集。該書簡略介紹了英、美、法、德、俄、日本和中國的民權運動史。

治階級用來壓迫被統治的階級的。」[214]完全是從馬克思主義出發的觀點。

　　董之學批評拉斯基「政治哲學的根本錯誤」：（一）認為支配政府的幾個獨佔資本家，沒有階級的結合，只是幾個私人。對於少數資本家霸佔政府，他覺得要用互讓方法，建立平等的社會；（二）一切理論，離開了經濟基礎，不知道現在已是獨占資本主義時代，既沒有經濟的自由主義，焉能有政治的自由主義，同時指出，現在不是資產階級的獨裁（義、英、德、日等），即是無產階級的獨裁，如蘇聯。董氏表示，在獨佔經濟時代，要想找自由主義的代議民主，還希望這民主和平地擴大到平等社會，不啻空想；（三）沒有認識現在的民主實際上如列寧所言，「只是少數人的德莫克拉西。只是一個階級在壓迫一個階級的組織。」董氏接著表示，「我們在現在的經濟基礎上來擴大這個民主到拉斯基的平等社會，尤其是採用投票的方法，是萬萬辦不到的。只有毀滅資產階級民主，建立大眾的民眾政權，極寬泛的德莫克拉西，才有可能。至於平等社會，恐怕是經濟條件成熟後國家死亡後才可以實現呢。」[215]董之學對拉斯基的批評可謂典型。即使到了1930年代中期，拉斯基在其著作中已經使用大量的馬克思主義語言，對馬克思主義的「正統」信仰者，拉氏的思想都只是「改良」學說，只是空想。

---

[214] 董之學，〈拉斯基政治哲學的根本錯誤〉，《學藝》，11：10（上海，1932.12），頁3。
[215] 董之學，〈拉斯基政治哲學的根本錯誤〉，頁6。

第三章　政治多元論與中國知識分子的國家想像

　　拉斯基的政治多元論乃是一種以政治轉變爲基礎的理論，其宗旨爲改造國家。作爲一種政治學新說，它被知識界引介至中國。其中的過程，除了知識分子個人的主觀動機，1920年代至1930年代中國歷史時空的特殊性更爲它提供了客觀的條件。此一特性在拉斯基政治多元論於中國的「實踐」面向中表現尤爲明顯。知識分子展現出對新說的熱情，並且將之運用在實際政治上制度變革的理論表述和設計。

第一節　新國家學說的吸引

　　作為一種新政治學說，政治多元論傳播至中國，引起政治學界的關切，成為中國政治學發展的新潮流。同時，拉斯基思想中的國家改造觀念也激發不少知識分子的救國熱情。對拉斯基其人其事的興趣更及於學界之外，表現在現實政治上，拉斯基的自由權利觀念成為政治抗議的學理依據，並且受到廣泛的討論。

作為法政知識和思想的最新環節

　　在本文討論的1920年代和1930年代，拉斯基思想已逐漸成為政治學界的一種「時尚」。1932年12月，蔣廷黻在《獨立評論》中曾如此描繪當時中國大學政治思想課程的概況：「學政治思想的，那一定是上自柏拉圖，下至拉斯基，都聽過一遍；好一點的，還對於某派某家下過專門的研究。」[1]當時擔任清大歷史系主任之謝鍾璉的回憶印證了此一說法。[2]蔣廷黻雖是有意突顯當時中國社會科學相關課程的「西洋化」弊端，謝鍾璉亦是強調當時著名政治思想學者精於西洋政治思想，卻在中國政治思想用力不足，卻也間接說明，拉斯基的思想在當時是被中國政治學者視為西方最新的、最具代表性的政治思想。[3]1931年清華大學政治系創刊《政治學報》，其發刊宗旨雖然表示：「本刊並不具有某種想像的目標，更不敢預

---

[1]　蔣廷黻，〈中國社會科學的前途〉，《獨立評論》，29（北平，1932.12），頁8-12。

[2]　謝鍾璉：「有一段時間，清華有三位教授都能教政治思想，他們能從最早的柏拉圖講到當代的拉斯基。」謝鍾璉，〈我在清華大學時期〉，《傳記文學》，第185號（臺北，1977.10），「傳記文學數位全文資料庫」。

[3]　謝鍾璉，〈我在清華大學時期〉，見「傳記文學數位全文資料庫」。

計負有何等時代的使命」，然而卻強調：「宇宙間須有動的思想，來鞭策時代的前進，同時要有一種靜的智識，作退一步的參考。」[4]在創刊號上，即有三篇介紹拉斯基思想的書評或譯述。

此外，在當時大學政治系所開列的參考書單中，拉斯基的著作更是位列其中。如1930年北京大學政治系的書單臚列政治學相關議題參考書目，其中即有獨立的「多元主權論」一項，其書單尚且分二階段閱讀。在第一階段「初步認識」之書目中，開列了當代著名政治多元論者及評論者的著作或其中部分篇章，包括了格特爾（R. G. Gettell）、克拉伯（Hugo Krabbe）、艾利思（E. D. Ellis）以及艾略特（Elliott）等；第二階段「進一步閱讀」，則開列了克拉伯、狄驥（L'eon Duguit）以及拉斯基三人共6種著作，其中拉斯基的著作即占4種，幾乎涵蓋了拉氏政治多元論的重要著作。[5]又如1933年，在復旦大學政治系執教之費鞏，認為攻習政治者，應及之門類，至少三種，即政治學理、政治思想、政治制度，並謂須按步學習，而融會貫通，始足以論政。費鞏開列「政治必讀之書」，認為專取英美人之著作，即已不少。[6]在政治學理方面，所列10本書中，有拉斯基著作《政治學引導》（*Introduction to Politics*）和《政治典範》（*A Grammar of Politics*）二書。關於前者，費氏表示，「其雖寥寥數十百，而字字珠璣」；至於後者，費氏讚其為政治學術放一異彩，「名人名著，宜人手一編」。他特別介紹《政治典範》，謂其分為二卷，卷上論國家、主權、權利、自由平等、財產、民族主義與文化、權威與服從之關係等「極關重要而極饒興味之政治與社會問題」；卷下論政治、經濟、司法、國際組織，

---

[4] 徐雄飛，〈創刊辭〉，《政治學報》，1：1（北平，1931.1）。

[5] 包括*The Problem of Sovereignty*、*Authority in the Modern State*、*Foundation of Sovereignty*、*A Grammar of Politics*等書。見《北京大學日刊》，1930年5月29日，第3版。

[6] 費鞏，〈政治必讀之書〉，《復旦大學政治季刊》，2（上海，1933.6），頁126。

「不落俗套，處處獨到，恂恂學子，宜三折肱之，讀百十遍可也。」費氏同時介紹了張君勱的譯本，推崇其可當「信雅達」之稱。而在政治思想方面，費氏也指出當時各校政治系莫不有政治思想史課程，大體自柏拉圖、亞里斯多德講起，直至孟德斯鳩、盧梭。如再推廣之，則可至19世紀之功利主義派為止。20世紀英人之政治思想，可以「近代思潮」為名，另成一門。因此，其所列參考書目，亦以此為界，分為二段落。在第一段落，費氏認為在讀完提綱挈領、包羅萬象之美人丹寧（William Archibald Dunning）的《政治思想史》（*Political Thought*）此一入門書後，可讀於某一時代專述幾個政治思想家之書三本，其中拉斯基1920年出版之《政治思想史：從洛克到邊沁》（*Political Thought from Locke to Bentham*）一書亦包含在內。第二階段為「近人之政治學說」，最合用之入門書為Lewis Rockow的《當代英國政治思想》（*Contemporary Political Thought in England*）。至於所提各家之代表作，則有五書，其中有拉斯基之《主權之問題》（*The Problem of Sovereignty*）。

由費氏所列書目看來，無論是政治學理，或是政治思想，拉斯基的著作均在其中。作為英國留學生，費鞏所選之書，也以英人著作為多，美人之著作，僅擇其特出不亞於英人，或宜於作課本者。他曾比較英美之作，認為「英人之作，深刻透澈，殊覺開卷有益。美人之作，深刻弗如，而或完密過之，以作啓蒙之課本，則固甚相宜也。」可以說，1931年方自英國牛津大學學習政治經濟學歸國，抱持自由主義信仰的費鞏傳遞了西洋政治學的新訊息，特別是英國，其中拉斯基的政治多元主義思想更是獲得他的重視。[7]由以上兩份政治系書單可以得知，至少在1930年代初，政治多元論

---

[7] 費鞏，畢業於上海復旦大學後，前往英國牛津大學深造。1931年出版第一部學術著作《英國文官考試制度》。此後又陸續出版《英國的政治組織》（1932）、《瑞士政府》（1933）和《比較憲法》（1934）等新著。其中《比較憲法》一書，被列為當時「世界

明顯地成爲中國著名大學政治學系的主要課程內容，拉斯基則是執其中牛
耳。當時大學的課堂及法政期刊成爲引介拉斯基政治思想的重要管道亦可
由此推知。

　　由上面蔣廷黻之語以及二則參考書目可以得知，拉斯基的政治多元論
是1930年代政治學中頗受注目的新說。1931年編譯《近代政治思想史略》
一書的鍾挺秀表示，政治學是一種社會科學，是以國家現象爲主題的社會
科學，因此政治學不能一成不變。由於時代的轉移，國家的變遷，遂有新
的政治學趨勢。1930年他在一個社會科學講座中談及「現代政治學的趨
勢」時指出，由於各種科學的互相關聯，在各種科學急遽進展的現代，政
治學的趨勢是非常複雜的。他介紹了三個重要趨勢，其中之一即是國家主
權的反動及多元主義國家學說的發生。和前此政治多元說的介紹者相同，
他也認爲狄驥和拉斯基足爲代表。[8]這股新思潮，也吹進了黨國色彩濃厚
的中央政治學校。1931年，羅家倫應蔣介石召請，從武漢大學到南京中央
政治學校擔任教務主任兼代理教育長。他在學校作了一系列的專題演講，
其內容是現代主要政治學說。羅家倫對「法西斯蒂」、「布爾扎維克」、
「自由民治主義」和「賴斯基及其多元國家論」均作了深入淺出的分析。[9]
值得注意者，在羅氏的分類中，政治多元論是以拉斯基一人學說作爲代
表。

法學叢書」和「大學用書」。1933年起，費任教於浙江大學，擔任政治學和經濟學教
授。1945年在重慶受害。潘雲鵬，〈深切懷念費鞏先生（代序）〉，見《費鞏文集》編
委會編，《費鞏文集》（杭州，浙江大學出版社，2005）；傅國湧，〈「石不能言月渺
茫」—費鞏之死〉，收入《傅國湧文集》，此處轉引自http://blog.boxun.com/hero/200804/
fuguoyong/2_1.shtml，2013年11月10日點閱。

[8]　鍾挺秀所指另二種重要思潮趨勢，爲心理學的重視和政治組織的改造及政府的分職，實則
後者和政治多元論密切相關。鍾挺秀，〈社會科學講座：現代政治學的趨勢〉，《學生雜
誌》，17：7（上海，1930.7），頁52。

[9]　羅久芳，〈胡適與羅家倫〉，「胡適紀念館」，「認識胡適」，http://www.mh.sinica.edu.
tw/koteki/hushih5_7.aspx，2013年10月30日點閱。

　　政治多元論似乎也是學術進步的表徵。上文提及1933年1月劉繼漢在
《并州學院月刊》創刊號上發表〈政治學史上主權多元之傾向〉一文似乎
顯示了此種意義。該刊〈發刊詞〉表示，有鑑於山西閉處娘子關，一切刊
物，就質量方面說，無從說起。胡適至山西時，曾以〈娘子關外新潮流〉
為題演講，在山西人聽來，不免有「挖苦」況味。因為北大一校，雜誌
不下20餘種，較之山西中學以上統計，尤有過之。并州學院以其關係到
「綠州裏沙漠上生活的青年學子」精神之活潑與消沉，因此有此刊物之誕
生。由此可知，該刊物之創辦，與其欲充當「培育與灌溉」新思潮的角色
密切相關。[10]在創刊號上，劉繼漢從各方面說明多元國家觀的產生與發展
過程，亦是以狄驥和拉斯基為代表。又如1932年甫創刊之山西省立法學院
政治研究會《政治會刊》，揭示該會成立之討論會（1931年10月19日）提
案第一號即是蘇景武所提之「一元主義的主權論與多元主義的主權論」。
提案中說明，昔之一元主權，已不適用各種新社會狀態，「政治學者如法
之狄驥、德之奇爾克（Otto Gierke）、英之拉斯基等，皆從法理社會經濟
各方面，唱多元主義的主權論，以為一元主義的主權論，為歷史上過去之
事實，不能永存於世界上也。」[11]在其開列的參考書目中，除了高一涵的
《政治學綱要》，另有日人高清橋吾所著之《最近政治思想史》和河春又
介所著之《新國家論》，以及《東方雜誌》28卷18號之〈拉斯基多元主權
論〉。顯然，拉斯基作為多元主權論最新近的代表人物已是共識。

　　1920到1930年代也是中國知識分子為政治科學著書立說的興盛年代。
在拉斯基思想傳入中國的年代，大學機構已逐漸齊全，發行專門性的學術

---

[10] 李墨卿，〈發刊詞〉，《并州學院月刊》，1：1，（太原，1933.1），頁5-6。
[11] 〈本會研究會討論問題提案彙誌〉，《政治會刊》，1：1（太原，1932.5），頁109-110。
　　又，該刊宗旨，一為研究政治之現象，闡明其原理原則，所謂琢磨切磋也；一則探討各種
　　之學說，應合於實際社會，所謂學以致用也。見趙喜霖，〈為本會會員進一言〉，《政治
　　會刊》，1：1（太原，1932.5），頁111。

刊物逐漸普遍，西洋學術的引進呈現蓬勃現象，中國學者之專書亦陸續出版。[12]劉寒島在評述楊家駱《圖書年鑑1933年份提要》時說：「近二十餘年來，新文化運動、社會科學運動引進世界化的學術猛潮，衝破古舊文化的城堡，新中國的學術界開始隨著世界的洪流了。」[13]確實，第一次世界大戰期間，國家的理論和實際問題在西方備受注重，各種學說雜然並陳。自1920年代以後，隨著中國社會科學逐步體制化，以及中國國家建立種種問題，西方這股思潮日漸受到知識分子的注意，相關學說的傳播也日益增多。1930年代以後，不少西方「國家論」、「國家學」等相關名著被譯爲中文出版。中國學者自行撰述之「政治學」、「國家論」、「國家學」，「各國政府與政治」等一類書籍亦紛紛問世，在知識界蔚爲一股小小風潮。不少作者汲取當代思潮，政治多元論的闡述成爲其中重要篇章。

　　如前所述，高一涵於1930年所開北大政治系書單上開列有多元主權論多種著作。1930年他將其在北京大學和上海法政大學的上課講義編輯而成《政治學綱要》一書，由神州國光社印行出版。在此書中，高一涵介紹了「政治學的方法」、「國家」、「主權」、「國權的範圍」、「人民的權利」、「人民的基本權利」、「政府職權的分配」、「議會制度」、「比例代表制與職業代表制」、「公民團體」、「行政機關」、「司法機關」、「監察機關」、「考試機關」等相關學說。他表示，該書內容「全以敘述他人的學說爲主，即有主張，也是他人的主張，即有批評，也是他人的批評，編者自身很少參加意見。」[14]唯在該書內容中，高一涵容納了新近流行的學說，其中第四章「主權」即是對一元主權和多元主權各種

---

[12] 楊家駱著，《民國以來出版新書總目提要（下冊）》（台北：中國辭典館復館籌備處印行，1971年再版），頁2168-2169。

[13] 劉寒島，〈楊家駱著圖書年鑑1933年份提要〉，見楊家駱著，《民國以來出版新書總目提要（下冊》，頁2110。

[14] 高一涵編，《政治學綱要》（上海：神洲國光社印行，1930），「弁言」。

論點的介紹。書中所言及之「近代多元論派」，包括狄驥、克拉布、拉斯
基、巴爾克（E. Barker）、林德賽（A. D. Lindsay）、柯爾（G.D.H Cole）
諸人。他並且指出，這些人的主張並不一致，有的主張取消主權名詞，有
的不過攻擊傳統派理論，嚴格說來，應該稱他們爲「多元的國家論者」比
較適當，他們共同的著眼點爲：（一）主權與團體自治；（二）主權與國
際主義；（三）主權與法律。其中他談到拉斯基即爲主張團體自治者。而
對於多元主權論，他的總體評價，則是認爲其「無論在理論上怎樣不完
備，但是與現在各種特殊團體的勢力和物觀法律的理論總是相融合的。我
們如果不願意抹煞各種特殊團體的自主權，和物觀法律論的眞實性，那麼
總不能抹煞多元派的一切理論。」[15]本書出版後，廣爲其他學者所推薦。
1930年作爲武漢大學教務長之著名法政學者周鯁生，即將之視爲重要的中
文政治學參考書。[16]

再以1935年出版之羅敦偉的《現代國家學》爲例。羅氏強調在此「社
會科學研究的大革命時期，國家學蒙受莫大的影響。……現代國家學與非
現代的國家學，已截然不同，完全兩物。許多非現代的國家學的理論都
被推翻，被攻擊，……」。[17]該書除了討論「國家的定義」、「國家的本
質」、「國家的起源」、「國家與階級」、「國家的發展」、「國家的死
滅」等問題外，尚有「國家的統治主體與主權」一章，著眼於一元和多元
的爭論；再如1935年楊幼炯所著之《政治學綱要》，楊氏自謂其所持論旨
有二：（一）認定國家爲一種公共職務的表現，並注重人民權利與經濟問
題的解決；（二）最高主權觀念已經動搖。該書「採最新的學說，以論剝
國家與主權之意義」，由中華書局發行，於1938年再版，抗戰期間仍能銷

---

[15] 高一涵編，《政治學綱要》，頁89。
[16] 周鯁生，〈社會科學—現代政治〉，《湖北教育旬刊》，1：9（武漢，1937.6），頁23。
[17] 羅敦偉，《現代國家學》（上海：中華書局，1935），頁1。

行，作者認爲是讀者趨向政治學新研究之表現。[18]

　　學術界固然是傳播拉斯基思想的重要管道，一般性報刊的作用也是不可忽視。自清末以來，在救亡圖存心理下，知識分子以啓蒙自任，輸入西學，更以文人論政方式，表達其對國家的關懷，創辦報刊形成風潮。五四新文化運動時期再創高峰，傳播西學更盛。自1920年代起，一般性雜誌中，譯介拉斯基的學術專著，甚至對拉斯基其人、其事以及政治觀點的報導逐漸增多。到了1930年代，拉斯基在中國一些具有代表性之知識傳播媒介已是經常出現的名字，如《現代評論》、《新月》、《國聞週報》、《東方雜誌》、《華年》、《時事月報》、《國風》、《民族雜誌》、《宇宙》、《時事類編》、《民鐘》、《時代公論》、《三民主義月刊》等皆有所見，不勝枚舉。事實上，在大學出版的學術性專刊介紹拉斯基之前，一般性的報刊已經注意到拉斯基。這些報章雜誌的撰寫者，不少人也是跨界者，既是教授，又是期刊的主編或撰稿者。

　　除了具備普及的性格，一般性雜誌對拉斯基學說內容的選擇實更見多樣性。拉斯基原本不自限於學院，除了政治學者身分，他還是英國費邊社會員，並以社員資格，而爲工黨當然委員；工會之最大最有力者爲礦工會，拉氏爲其政治顧問；鑑於成人教育之重要，更發起成人教育研究所，被推舉爲副所長；由於對時代問題極爲關懷，爲求身體力行，因而在任教之外，從事著述與通俗演講等，其角色甚爲多元。因此，一般報刊除了介紹其學說，也報導了拉氏長久以來對成人教育的熱心推動、對大學教育的看法、對當代名人的描寫評論、和美國總統羅斯福的關係、對美蘇的看法、對時局的見解，以及他所參與的英國費邊社的發展與變遷等等，不一而足，從以下舉例列表可得而窺知。透過這些譯介，拉斯基在中國所呈現的，已不只是一位充滿改革理想的理論家，同時還是積極的政治、社會參

---

[18]　楊幼炯，《當代中國政治學》（南京：勝利出版公司，1947），頁48。

與者，展現了拉斯基公共生活上的多重樣貌。各式各樣的報導，共同建構了1920年代至1940年代拉斯基在中國的主要形象。

表3-1　報刊中拉斯基相關文章舉隅

篇名	作者	期刊	出版時間
〈拉斯克的多元國和柯爾的共同體：日本中島重著多元的國家論最後一章〉	（日）中島重著、羅瑤譯	《法政學報（北京）》	1925
〈共產主義的批評（書評）〉	張奚若	《現代評論》	1927
1.〈共產主義論〉第二章 2.〈對於拉斯克〈唯物史觀之研究與批評的批評〉〉 3.〈美國政制論〉	陳湯彬華譯 堯伯 拉斯基著、章熊譯	《時事新報(學燈副刊)》 《泰東月刊》 《國聞周報》	1928
1.〈共產主義的歷史的研究〉 2.〈拉斯基的多元主義主權論〉	拉斯基著、黃肇年譯 斯頌德	《新月》 《政治學刊》	1929
1.〈拉斯基的多元國家論〉 2.〈英國成人教育研究社的副主席：拉斯基〉 3.〈平等的呼籲A Plea For Equality〉	倪渭卿 拉斯基著、羅隆基譯	《新聲月刊》 《教育與民眾》 《新月》	1930
1.〈拉斯基論英美大學教育〉 2.〈拉斯基論英國現代四作家〉 3.〈讀拉斯基的現代國家中的自由問題〉 4.〈拉斯基的多元主權論〉 5.〈英國政治家之畫像〉 6.〈賴斯基著：服從之危險（書評）〉 7.〈近代國家內的自由（書評）〉 8.〈拉斯基與羅素之政治多元說〉	萬小石 高祖武 張維楨 孫斯鳴 拉斯基著、陳振漢譯 浦薛鳳 吳之椿 邵循正	《國聞週報》 《國聞週報》 《國立武漢大學社會科學季刊》 《東方雜誌》 《國聞周報》 《政治學報》 （清華大學政治系） 《政治學報》 （清華大學政治系） 《政治學報》 （清華大學政治系）	1931

篇名	作者	期刊	出版時間
1.〈拉斯基氏略史〉	杭立武	《國立中央大學法學院季刊》	
2.〈拉斯基政治哲學的根本錯誤〉	董之學	《學藝（上海）》	1932
3.〈拉斯基政治思想之背景〉	蕭公權	《清華學報》	
4.〈大學中之教授與學生〉	賴斯幾著、馮森譯	《再生》	
1.〈拉斯基的社會思想述評〉	張國仁	《三民主義月刊》	
2.〈拉斯基教授目光中之羅斯福〉	拉斯基著、貫一譯	《外交評論》	
3.〈敬告羅斯福總統〉	拉斯基著、曹永揚譯	《時代公論（南京）》	
4.〈五十年來之馬克思主義〉	拉斯基著、康選宜譯	《國際每日文選》	1933
5.〈五十年來之馬克思主義〉	拉斯基著、鳳侶譯	《華年》	
6.〈根本的人權〉	拉斯基	《華年》	
7.〈獨斷的權力〉	拉斯基著、池世英譯	《時事類編》	
1.〈世界名人評傳（二）（續十卷六期）〉	Laski著、汪弈林譯	《時事月報》	
2.〈介紹拉斯基『現代國家中之自由』〉	張良弼、樓邦彥	《眾志月刊》	
3.〈拉斯基之自由學說〉	拉斯基著、嚴鴻瑤譯	《民族雜誌（上海）》	1934
4.〈費邊社之沿革〉	拉斯基	《時事類編》	
5.〈拉斯基教授序文〉	拉斯基著、秋楓譯	《國風（南京）》	
6.〈總罷工問題〉		《進展月刊》	
1.〈拉斯基論蘇俄之法律與公道〉	朱嵩壽譯	《再生》	
2.〈拉斯基之政治思想〉	陳春沂	《民族》	
3.〈拉斯基論國家〉	孫寶毅	《再生》	
4.〈拉斯基論英首相鮑爾溫〉	白雲	《宇宙》	1935
5.〈Laski, The *State in Theory and Practice*; Cole, *A Guide to Modern Politics*; Catlin, *A preface to Action*〉	蕭公權	《社會科學》	
6.〈獨斷的權力〉	拉斯基著、池世英譯	《時事類編》	

篇名	作者	期刊	出版時間
7.〈拉斯基論當代人物〉	拉斯基著、晉武譯	《時事旬報》	
8.〈拉斯基的自由平等觀〉	志遠	《行健月刊》	
9.〈拉斯基教授的《國家之理論與實際》及其中文譯本〉	陳受康	《國立北京大學社會科學季刊》	
1.〈國家之理論與實際〉	樊德芬	《國立武漢大學社會科學季刊》	
2.〈拉斯基教授的蘇聯憲法觀〉	胡愈之	《生活日報（香港）》	
3.〈拉斯基的國家論〉	葉眞一	《民鐘季刊》	
4.〈拉斯基的國家權力論〉	張明時	《東方雜誌》	
5.〈Laski, The Rise of European Liberalism〉	張熙若	《社會科學》	1936
6.〈拉斯基的政治思想與「政治典範」〉	臨淵	《華年》	
7.〈時論撮要：西班牙左派的勝利〉	拉斯基著、陳石孚譯	《時事類編》	
1.〈自由主義的沒落〉	Harold Laski	《文化建設》	
2.〈拉斯基論英國新舊兩首相（特譯稿）〉	拉斯基著、汪衡譯	《文摘》	1937
3.〈時局撮要：英國新首相張伯倫〉	拉斯基著；高植譯	《時事類編》	

　　作爲一種20世紀上半葉中國知識分子積極傳播的政治學說，盧錫榮的說法或許可以多少解釋中國知識分子對拉斯基思想的特別「興趣」所在。從美國哥倫比亞大學獲得博士學位回國的盧錫榮，先後在政界、教育界任職，1930年代初期到中央大學法學院任教，1934年所著《拉斯基政治思想》出版，已如前述。

　　作爲拉斯基政治思想的研究者、傳播者，拉斯基對盧錫榮而言，不僅只是一個著名的學者，而是一位挑戰政治學聖殿中諸神的英雄，是中國青年從事政治思想改造者的最佳典範。早在《拉斯基政治思想》一書出版

前，盧氏即已將中國改造寄予政治學的革新。1929年他曾發表〈新政治學〉一文，指出，政治學完全爲廿世紀之一種新學科，也是新科學，注重事實，注重分析。政治學所研究的問題，就是如何改善政治的問題，要改善中國的政治，自當改善中國政治思想。也就是，破除一切封建的「語焉而不詳」政治思想，建設一種民治的科學化的政治學。未來新中國的新政治學者的使命，近之在改進中國的政治思想，以改進中國政治，遠之在改進世界的政治思想，以改進世界的政治。[19]

　　盧氏法政知識救國的理念，在1930年3月他以中央大學法學院院長身分爲《國立中央大學法學院季刊》創刊號所作的「序」中表述得更爲清楚。他強調中華民族的使命，不僅是政治革命，而是文化革命。欲完成文化革命的使命，第一步在舊文化的改造，第二步在新文化的建設。他期待院中諸同志，能「以世界的眼光，科學的方法，共同研究現代政法各種重要問題，證之以西歐之學理以觀其通，參之以中土之情勢以達其用。」[20]從政治革命到文化革命，盧氏認爲這是中華民族使命，法政學理的通達不可或缺。

　　盧錫榮高唱文化革命，強調法政學理與國家改造的重要關聯。在1934年《拉斯基政治思想》「序」中，他再度指出，徹底的文化革命是中國「唯一的—最神聖的—使命」，而「政治思想爲一國文化最要緊的原素，同時也爲世界文化最要緊的元素。」因此，要談文化革命，「第一步應該從政治思想革命做起。」他說：「拉氏是現代歐洲政治思想界的怪傑，一個前不見古人，後不見來者的怪傑。他批評盧騷，批評布丹，批評個人主義，批評共產主義，簡言之，他批評一切的一切。」盧錫榮所傳遞者，正是一種五四式的態度—重估一切價值。他表示，研究拉斯基思想，對於過

---

[19] 盧錫榮，〈新政治學〉，《國立中央大學半月刊》，1：1（南京，1929.10），頁52-54。
[20] 盧錫榮，〈序〉，《國立中央大學法學院季刊》，1：1創刊號（南京，1930.3），頁1-2。

去舊時代的舊思想，固可得到許多正確的見解，對於未來新時代的新思想，也可以得到許多光明的啓示。[21]他期待中國的除舊佈新，認爲拉斯基的個性富於革命性和獨立性，拉氏的政治多元論，是爲了把近代國家民治化，改造舊的國家，以適應新社會。這樣的個性與思想，盧氏認爲中國青年所應具備。1931年9月，杭立武等人籌備邀拉斯基來華講學期間，盧氏曾就〈拉斯基的主權思想〉爲題，對一般大眾講演。《拉斯基政治思想》一書發行後，更受注意，《申報》中的評論表示，「在我國政治未上軌道之今日，允宜人手一冊，藉資參鏡。」[22]此外，張奚若研讀拉斯基的著作，表示它「可以鼓動你的思想，刺激你的情感，或者，假如你的政治信仰和它的作者一樣，滿足你的願望。就是你不贊成，也還得找出你不贊成的理由去回答。」[23]表達了和盧錫榮相近的心情，拉斯基的熱情，感染了中國不少有志於改革的知識分子。

政治多元論的取與捨

拉斯基的政治多元論確實爲不少中國知識分子所信服。前文曾述及胡道維〈多元政治論〉一文，表達了對政治多元論的讚許。實則胡道維在介紹政治多元論的同時，對一元主權論大肆撻伐。他指責一元論學者「嗜舊性成，不肯捐棄故智……直以其爲萬古不變之自然法則」。他也認爲國家

---

[21] 盧錫榮鼓勵中國的「無名青年」，一方面看看孔子「天下有道，庶人不議」、老子「小國寡居，老死不相往來」、韓愈「天王神聖，臣罪當誅」等名言是否有新的價值？一方面看看盧梭的《民約論》、布丹的一元的、絕對的、無限制的主權論；看看十九世紀個人主義乃至烏托邦的社會主義是否有新的價值？見盧錫榮，《拉斯基政治思想》，頁1-3。

[22] 〈評盧錫榮《拉斯基政治思想》〉，《申報》，1935年3月23日，第13版。

[23] 張熙若，〈書評：*The Rise of European Liberalism*. By Harold J. Laski, London: George Allen and Unwin, 1936. pp. 287〉，《社會科學》（清華大學）2：3（北京，1937.4），頁599。

專制主義、國家帝國主義、美國南北之內鬨皆與一元主權論有關，而黑格
爾、格林之學說，實助成德英近代之帝國主義，而遠爲世界大戰之導線。
至於哲學方面，舉凡霍布斯「無理性之君主神權」，盧梭「極偏倚之多數
專制」，皆爲主權說末流之所及。他甚至氣憤表示：「吾知殺人以槍刃，
則人皆謂其爲大逆不道；教人以異端，則人皆謂其爲洪水猛獸。奈何一元
論殺人，異端人，而人之恬不爲怪，且習而安之也？」[24]胡道維的語氣，
直與五四時期反儒家禮教之激進派用語無異，他可以說是政治多元論的熱
情擁護者。

　　針對拉斯基的政治多元論，孫斯鳴則是認爲拉氏「多發前人所未
發」，早期雖不免有矯枉過正之處，後期作品中則已見其修正不少。孫氏
認爲F. W. Coker對一般多元主義的評語，正好爲拉氏學說的優點作出了說
明：（一）指出國家絕對主義者把國家視作道德智識等最高主權的荒謬，
及其貽害於道德智識方面的巨大；（二）表明如果國家允許一切經濟的職
業的以及其他人民認爲重要的種種社團，則國家受莫大的利益；（三）表
明國家如不以強力抑制人民，而以理智善言道德去感化人民，則所得效果
必圓滿得多。[25]對於修正後的政治多元論，孫斯鳴頗爲肯定。

　　又如1932年，《政治會刊》中刊登之〈談談主權論〉一文。在介紹一
元主權論與多元主權論的發展背景及主要內容後，雖然對於多元論者推翻
國家主權一說在事實上是否可行仍不免懷疑，卻也指出多元論「對實際政
治趨勢之貢獻，爲吾人所不能不贊同者」有三，其內容即爲孫斯鳴上文所
引用之F. W. Coker批評一元主權論之語。[26]該刊爲山西省立法學院政治研究
會於1932年創辦，其〈發刊詞〉有言，若中國能政治修明，即足以抗衡列

---

[24] 胡道維，〈多元政治論〉，《清華週刊》，32：13/14（北平，1930.1），頁4。
[25] 孫斯鳴，〈拉斯基的多元主權論〉，《東方雜誌》，28：18（上海，1931.9），頁15-20。
[26] 文周，〈談談主權論〉，《政治會刊》，1：2（太原，1932.12），頁15。

強,因此特別標榜其宗旨為「喚醒我醉生夢死之國人,且予鼎新政治者,
以一得之貢獻。」[27]在訓政時期對政治多元論表示諸多肯定,且以其有利
於政治改革,實具深意。

1933年李亞生在探究主權與統治權關係時,也將拉斯基學說作為新
學說中英國學派的代表。他指出,拉斯基學說根本否認「主權」和「統治
權」,是奧斯汀(Austin)學說的反案。李氏並且表示,「拉氏認為『國
家若有了無限制的主權,是非常的危險,對內可以形成專制政治,對外可
以形成不顧信義道德的強暴者。』當現在國際法未臻健全時,以及國際威
信未鞏固時,Laski的學說,似乎講得很有道理的。」[28]1930年代初期中國
內外的政治氛圍,使李亞生對拉斯基的政治多元論特別有感。

除了作為批判一元論主權的國家學說,不少知識分子認為拉斯基政治
多元論所秉持的新國家觀念可作為國人國家觀念的基本準則。1933年,正
當國民黨計劃結束訓政,啟動制憲工作之際,時在武漢大學政治系任教之
劉迺誠寫下〈近代國家觀〉一文,希望一方面解釋國家意義;一方面對制
憲有所貢獻。他介紹國家起源和性質、古今中外學者對國家的看法,國家
組織之主要原則和設施,並提出一個民主國家的組織設計。此外,他也表
示,個人在從事政治批評時,應注意幾點:(一)不論國家來由如何?其
為人類所組合,為一種人類制度,是不能否認的;(二)國家是否為有用
的制度,不能因其存在而盲目接受之,也不能從反面來判斷,應根據它的
目的和實際效用來判斷,必須真正替人民謀幸福,同時不犯個人之根本權
利和自由,才能稱為有用的制度;(三)人民對於國家的忠心不是無條件
的;(四)國家的範圍雖較大於其他團體,但同是由人民組織而成,和其
他社會團體性質相同,要想得人擁護,還要能夠真正替多數人謀幸福,同

27 〈發刊詞〉,《政治會刊》,1:1(太原,1932.5),頁2。
28 李亞生,〈主權與統治權〉,《上海法學院季刊》,創刊號(上海,1933.12),頁37。

時不侵犯少數人的根本權利和自由。[29]劉迺誠所闡述者，正是拉斯基《政治典範》中政治多元論的諸多觀念，劉氏認為這是國人所應具備的「新國家觀念」。如此強調國家與人民關係，亦有提醒制憲者之用意。

1930年代中葉，當拉斯基思想明確受到馬克思主義影響，走上激進化道路時，確實使嚮往自由的中國知識分子為之驚訝。有些知識分子還仔細考察了拉氏是否完全的「改宗」。例如陳受康，在讀完《國家之理論和實際》後，表示了這樣的看法：「我們最樂意看到的就是拉斯基教授依然沒有擯棄民治，絕對不主張寡頭的獨裁的政治。他沒有主張大家去效仿義大利，也沒有主張大家去學步蘇俄。他說國家的力量雖然是一種強制的權力，但政府需要遵照國家的目的來運用此權力，使大多數人能享受最高量的滿足。政府的行動第一要徵得人民的自由同意，運用國家的強制力，還是次要的步驟。並且運用時要常照顧到他們的行動和國家的目的相合。切不可誤認這種力量是給政府來壓迫人民的。」他認為拉斯基仍然堅守著自由的堡壘，認為政府對於人民的參政、言論、學術信仰的自由必須尊重，因為這是政府獲得民心的把柄，也是社會進步的主力。他也相信拉斯基仍然珍惜民主的價值，只是認為現在民主實施困難，是因為有階級存在。只要將來完成大眾經濟平等，即能享有真正民治的幸福。[30]由此可知，正是拉斯基書中不時流露出來之對自由民主的堅持使知識分子對其信心不減。陳氏寫此書評時，知識分子間對中國現階段要實施民主或獨裁仍然爭議未止，他推薦這本書，正是肯定了拉斯基的自由民主信仰。

---

[29] 劉迺誠，〈近代國家觀〉，《國立武漢大學社會科學季刊》，3：4（武昌，1933.6），頁784-786。

[30] 陳受康，〈學術書籍之紹介與批評：拉斯基教授的《國家之理論和實際》及其中文譯本（*The State in Theory and Practice*. By H.J.Laski.London: George Allen and Unwin Ltd. 1935. 中文譯本：《國家往何處去？》天津新民學會張虹君譯）〉，頁413-414、416-417。

作爲爭取人權的學理論證

　　國家、社會與個人關係、國家之中個人的權利和自由、以及人民對國家的忠誠與服從等問題，此皆拉斯基闡述其政治思想中經常出現、一再強調的議題。事實上，關於人權問題、自由問題，自1920年代後期以來即是國民黨與黨外知識分子間的糾葛所在。北伐完成後，國民黨政府以訓政爲名，對思想自由、言論自由多所限制。拉斯基思想的信仰者更是無法容忍，羅隆基即是典型的一例。從1920年代末年到1930年代上半葉，他批評國民黨訓政，爭取人權、言論頗受矚目。

　　1928年羅隆基返國後，除在上海光華大學、中國公學等校擔任政治學教授外，亦參與《新月》雜誌的編輯。梁實秋嘗謂羅隆基一回國即遇上二股「逆流」：一是國民黨一黨獨裁；另一爲中共，兩黨均指羅氏爲反動、落伍。在左、右兩股力量夾攻下，羅隆基選擇其自身作爲自由主義者的身分。[31]1930年前後，他除了翻譯拉斯基的〈服從的危險〉和〈平等的呼籲〉二文外，也陸續在《新月》發表〈對訓政時期約法的批評〉、〈論人權〉、〈告壓迫言論自由者〉等著名文章，充分表現其反抗威權、追求自由的態度，所批判之對象即是北伐後實施訓政黨治的國民黨政府。拉斯基政治學說爲其論證的重要學理來源。

　　在1929年〈論人權〉一文，羅隆基說：「人權的破產，是中國不可掩蓋的事實。」他強調人權即是「做人的權」，「做人的那些必要條件」。因此，他的人權定義，完全以「功用」（function）爲根據，亦即「於下列三點有必要功用者」，即爲人權：（一）維持生命；（二）發展個性，培養人格；（三）達到人群最大多數的最大幸福目的。羅氏強調他所認定的

---

[31] 梁實秋，〈羅隆基論〉，《世紀評論》，2：15（南京，1947.10），頁9-10。

人權非如霍布斯的「滿足人的欲望」、盧梭的「天賦人權」，邊沁的「人權依法律爲根據」。在說明人權意義及觀念時，羅氏引述西方各種與人權相關的文獻，從17世紀到20世紀，有「舊調」，也有「新說」，可說是集西方著名人權說之大成，其中包括拉斯基《政治典範》中關於「人權」和「國家」的論述。如：「國家……他存在，他行使威權，他有人民的服從，因爲如此，人民方可以完成他們可能的至善。爲達到這個目的，人民有他們的人權。人權是那些國民少了就不能『成其至善』的一些條件，所以，很明顯的，人權不是法律的產物，是先法律而存在的東西，是法律最後的目的。國家優劣程度，就以他保障人權成功失敗的程度爲標準。」又如：「國家只有在人民服從國家的利益這條件上去要求人民服從。國民，因爲他是國民，他就有檢查政府一切行動的宗旨及性質責任。政府的行動，不能以其出於諸政府，即成爲天經地義。」羅氏所列出的「中國現狀下所缺乏的做人的必要條件」，也就是他所認爲的「目前所必爭的人權」，共有35條。他表示，如按英國大憲章的辦法，恐怕「3000條也不算多」。從條文看來，許多內容確實是拉斯基「權利說」的再現。[32]

1929年，由於胡適批評國民黨訓政，以致「觸犯黨諱」，國民黨中央執行委員會決定讓教師自修研究黨義。〈告壓迫言論自由〉一文即是羅隆基研究黨義的心得。在該篇文章中，他認爲言論自由就是：「有什麼言，出什麼言；有什麼論，出什麼論」，而言論的本身，「絕對不受何種干涉」。在說明言論自由時，羅氏引用了拉斯基在《政治典範》中的自由觀點。拉氏認爲國民有絕對的言論自由，包括宣傳社會現狀的缺點，主張用武力革命的方法改變現狀，有權採用任何出版的方法或演講，宣布意見，這些行爲均要得到國家完全的保障。羅隆基強調，這是「根本的

---

[32] 羅隆基，〈論人權〉，《新月》，2：5（上海，1929.7），頁1-25。

人權」。[33]根據「人權」主張，根據「言論自由」的絕對性要求，羅氏在1929年亦發表〈我對黨務上的「盡情批評」〉，對國民黨一黨專政的訓政模式提出批判，質疑其正當性和合理性。從1920年代到1940年代，羅隆基對拉斯基大抵是崇拜的。抗戰時期在昆明，有人將羅隆基寫成「羅隆斯基」。[34]1957年反右運動時，有人指出，羅氏曾在給李宗仁的信中署名「拉斯基一門徒」，以此作爲反黨之證據，可見其受拉斯基影響之深。[35]拉斯基政治多元論時期所揭櫫的諸多自由主義價值，成爲羅氏的堅定信仰。羅氏也像拉斯基一樣，嘗試在中國進行如費邊社式的國家改造。

拉斯基是英國費邊社（Fabian Society）的成員。費邊社爲主張緩進改造路線的知識分子群體。1884年即已成立的費邊社，獲得英國人的廣泛推崇，也吸引了不少中國知識分子。1919年到1921年旅歐期間，張君勱對於標榜自由主義與社會主義結合的費邊社即印象深刻，也有仿效英國費邊社，成立社會改造同志會的構想。[36]1924年高一涵更特別爲文介紹英國費邊社的運作及理念，謂其活動大致可分爲三個階段：（一）自悟時期—創造理論；（二）悟他時期—教育國人；（三）政治活動時期—實地試行。高氏特別強調，該社討論社會問題的基礎不放在懸空的理想上，只放在社會的事實上，尤其放在可靠之統計的事實上，對於根據統計學討論社會問題趨勢的轉移影響極大；又謂他們不守一家一派之正統思想，而是隨社會演進而變遷；他們的重要觀念是建築在演進的原理，而非革命的理想；他

---

[33] 羅隆基，〈告壓迫言論自由者〉，《新月》，2：6/7（上海，1929.9），頁6-10。

[34] 1920年代末到1930年代初，羅隆基在《新月》的文章中，經常引用拉斯基之語，加上1940年代羅隆基站在共產黨一邊反對國民黨，一些國民黨的記者就在報上以「羅隆斯基」相稱。梁實秋，〈羅隆基論〉，頁9。

[35] 〈反動透頂　陰謀累累　罪證如山—羅隆基從來沒有放鬆對黨進攻〉，《光明日報》（北京），1957年8月11日。

[36] 君勱，〈懸擬之社會改造同志會意見書〉，《改造》，4：3（上海，1921），頁1、4。

更認爲英國在19世紀得以避開激烈的革命，與費邊社的努力關係密切。[37]
張君勱與高一涵介紹費邊社，掩不住歆羨之情。對於費邊社知識分子的政
治參與模式、漸進式改革的態度，極爲認同。1920年代後期的新月派諸
人，亦嘗試起而仿效。

　　新月派諸人曾有成立「平社」的行動，可說是費邊社的仿效。1929年
4月創始，1931年初終結的「平社」，被認爲是一個「費邊式」的知識分
子結社。「平社」成員包括有胡適、羅隆基、王造時、梁實秋、徐志摩、
葉公超、丁西林、潘光旦、吳景超、陳源、任鴻雋、聞一多、邵洵美等20
多人，例行聚會，抒發個人專長，深入各類議題，討論中國的現狀並尋求
對策，企圖以和平漸進的方法改造中國。[38]「平社」之中，也包含了對費
邊社的歷史、施政方式以及思想主張的介紹及運用。他們翻譯拉斯基的著
作，研討費邊主義的理論，闡述拉斯基政治多元主義時期的主張，其中羅
隆基的表現尤其引人矚目。[39]

　　1930年代初期政制改革呼聲甚囂塵上之際，《獨立評論》諸人爲中
國應該選擇民主抑獨裁而發生論辯。羅隆基則是繼《新月》時期，連續發

---

[37] 高一涵表示，英國在19世紀初，能夠把法國革命潮流截堵，使盧梭幾何式的革命方法在英
國不能發生影響；到了19世紀末期，又能把德國革命思潮截堵，使馬克思階級戰爭學說在
英國不能發生效果。在防止法國革命思想侵入一事，他以爲並不是伯克（Burke）一派守
舊黨的功勞；防止德國革命社會主義的流行，也不只是社會主義的保守黨的功勞，乃是容
納社會主義的學理避開激烈革命形式的費邊社的功勞。高一涵，〈福濱社會主義派的方法
和理論〉，《國立北京大學社會科學季刊》，2：2（北京，1924.2），頁136-145。

[38] 「平社」的成員多是新月社對政治感興趣的成員，他們準備出版《平論》週刊，並定期聚
餐，討論社會問題。第四次聚餐，羅隆基還曾講述費邊社的歷史，胡適在1929年5月11日
的日記中記道：「努生述英國Fabian Society的歷史，我因此發起請同人各預備一篇論文，
總題爲「中國問題」，每人擔任一方面，分期提出討論，合刊爲一部書。盧毅，〈平社
與費邊社淵源初探－兼論拉斯基學說在中國〉，《學術研究》，3（廣州，2002.3）頁74-
79。

[39] Eugene Lubot, *Liberalism in an Illiberal Age：New Culture Liberals in Republic
China, 1919-1937* (Westport, Conn.: Greenwood Press, 1982), p.72.

表數篇批判國民黨一黨專政之訓政模式的文章，並反駁獨裁論者，強調民主與獨裁不只是政治制度，而是國家組織方式，文化方式，生活方式。他認爲，民主與獨裁的取捨，除政治制度考量外，應把國家社會組織、文化性質、人生哲學等問題，通盤打算。[40]他同時表示，在獨裁之下，沒有自由，也失去人民人格培養和發展的必要條件，他重申了拉斯基的自由觀。

　　1930年代初期羅隆基發表反對獨裁之文章，有不少刊登於《自由言論》刊物之上。《自由言論》爲羅隆基好友，也是曾從學拉斯基之王造時所創辦。言論自由是拉斯基強調的一項重要的權利。拉氏論言論自由，表示：「禁止（言論自由）的結果，只能使他更堅持社會的基礎已經腐朽的信念，和更狂熱地尋求表達他信念的別種方法。恐怖並不能改變意見，一方面，恐怖只能加強那種意見，另一方面，恐怖只能使意見的實質成爲大家注意的問題，而他們原對這意見是毫不注意的。」[41]「我想強調一下我的信條，廣泛地說，我所說的發表自由是指一個人可以對於一般性的問題、對於公眾具有重要性的題目，有發表自己見解的自由，而不是對於某某人的品性，有發表自己見解的自由。……我不能把我發表的自由，看得毫無限制。我不應該給任何人以不必要的痛苦，除非我的行動和社會的福利有關」[42]拉斯基的自由論，對當時一黨專政下備受箝制言論之苦的知識

---

[40] 羅隆基，〈我對黨務上的「盡情批評」〉，《新月》，2：8（上海，1929.10），頁1-17；羅隆基，〈我對中國獨裁政治的意見〉，《宇宙旬刊》，3（香港，1935.1），頁1-11。

[41] 對於言論管制，拉斯基還有如下的闡述：「這些禁條是惡劣的，因爲沒有一個人的智慧或道德足以判斷人的思想或言論或文字。這些禁條是惡劣的，因爲它們不能運用常識，在運用常識時，也不可能有一種精明的鑑別。這禁條過分地保衛了舊的傳統；使新的事物的出現過分困難。這些禁條在使用權力的資格和實施權力的檢驗都幾乎必然不存在的領域裏，授予權力。因爲這類問題上任何一種決定，都是毫無確定把握意見問題。這種禁止並不眞正意味著，對於不眞實的東西，或不公道的東西，或不道德的東西的禁止，而只是不合行使檢查權者之意見的禁止。從歷史上看，沒有一種證據能夠說明爲了其他目的而行使檢查。」拉斯基著，何子恆譯，《現代國家中的自由權》，頁70-76。

[42] 拉斯基著、何子恆譯，《現代國家中的自由權》，（北京：商務印書館，1959），頁76-77。

分子而言，頗能激起共鳴，也提供王造時論述言論自由的學理基礎。

　　王造時曾參與《新月》的撰述，於1930年代初期創辦了《自由言論》與《主張與批評》，饒富深意。從其所創辦刊物的名稱可知，在國民黨實施黨治的時空中，王造時特別標榜言論自由。他呼籲自由的價值，也懷抱民族主義的激情。在《自由言論》中，王造時宣示了他對國家的看法：「我是一個愛國者，我是一個擁護中國的存在者，……但我不認爲國家本身是目的，我堅決反對國家被一個人或少數人所操縱，……我要國家，我愛國家，我要的是政治平等的國家，我愛的是經濟平等的國家。」[43]王造時愛的不是一個一元主權的國家，而是政治平等、經濟平等的國家，也正是拉斯基理想中的國家。《自由言論》「自出版以來，即風行海內，銷數日增、每期已超過萬份以上。」[44]1933年底，《自由言論》被國民黨政府勒令停刊。[45]

　　王造時在闡述言論自由理論時，引申了拉斯基的自由觀點。1932年，他在《再生》發表〈我爲什麼主張實行憲政〉一文，反對黨治，主張實行憲政。他說：「生長在這種無法無天的國家，不說我們沒有權參加政治，連我們說話也不自由，出版也不自由，集會也不自由，結社也不自由，信仰也不自由。我們的生命，隨時都可以被人家陷害，……我們有的是無限的義務與剝削。我們無任何的權利和保障。……便須要求我們做人的根本權利。現在各國憲法，大概都有保障個人基本權利的規定，消極方面，如人身自由，言論自由，出版自由，信仰自由，集會自由，結社自由，居住自由等等。積極方面，如受教育的權利，作工的權利等等。實行憲政，能

---

[43] 王造時，〈對國家的認識－我的自供〉，見王造時著，《荒謬集》（上海：自由言論出版社，1935），頁83-84。原載《主張與批評》，2（上海，1932.11），頁24。

[44] 〈廣告〉，《申報》（上海），1933年3月23日，第12版。

[45] 鄭永烈編，《王造時：我的當場答覆》（北京：中國青年出版社，1999），頁24、34。

給我們相當的保障。現行黨治，只有繼續我們非人的生活。」[46]他所臚列的自由與權利，正是拉斯基政治思想的主要關懷。

有鑑於宋慶齡和蔡元培等人發起〈民權保障同盟宣言〉，呼籲中國民眾「努力實現出版自由，言論自由，集會結社自由一切真正民權之利益，反對一切檢查與禁止」，「要求最低限度民權之普遍享受，與停止對努力中國進步與解放之著作家、美術家，與雜誌報章編輯人之壓迫」。1933年王造時發表〈自由之戰爭〉一文以為聲援，此篇文字無疑是保障民權之另一篇宣言。文中揭櫫其所要求之民權，並非17、18世紀學者所宣稱之天賦人權，乃是過去歷史所教訓，現代文明所昭示，人民為發展個人優性，保障自己利益，促進社會幸福所不能不有的基本權利。他指出民權分為二類，一為積極民權，如參政權、工作權、教育權等；一為消極民權，如人身自由、言論自由、出版自由、集會結社自由等。他並且強調宋、蔡等人所爭取者，只是消極民權，是退一步的要求、基本要求、最低限度的要求。王造時並對上述消極自由之價值作了一番闡述，同時援引西方學說以為說明。

在闡述言論自由時，王造時援引了張君勱所譯《政治典範》中的二段話，一是拉斯基解釋言論自由在現代國家中的意義：「國家之准人民批評，即可以驗人民對國家服從之程度，故批評者，人心向背之索引也。……其准人民之言論自由也，弊政既除，自少可以攻擊之機會；反是而加以禁阻也，愈令人民迫而為秘密行動。……可知言論自由者，與因言論而生之集會自由也，正所以消彌人心之反抗於無形，亦即所以刷新庶政之要件。政府為周諮博訪計，得力於反對者之批評，必較贊助者之宣揚為多。阻塞人民之批評，即自種滅亡之根而已。」另一是拉氏引用其師巴克

---

46 王造時，〈我為什麼主張實行憲政〉，《再生》，1：5（北平，1932.9），頁9-10。

爾（Barker）所言，謂民眾暴舉，非可盡歸於煽動與陰謀，人民痛苦未解
而景然從之，實為關鍵等言。〈自由之戰爭〉一文為國民黨當局者戒之用
意甚為明顯。王氏同時提出建言，表示現階段的作法有二：在積極方面，
召集國民大會，給人民參政的權利；在消極方面，給人民以言論自由，出
版自由，集會自由，結社自由。他也明白主張取消一黨專政，「立即實
行民主政治」，釋放一切政治犯；恢復言論、出版、集會、結社各種自
由；立即用普遍的、公平的選舉方法，召集國民大會，接受政權，制定憲
法。[47]王氏強調，他所要求的民主政府，是一個有效率、有能力、行動敏
捷的政府，亦即「強有力的中央」。此一說法，和張君勱在《再生》中的
政治主張頗為契合。

　　除了宣揚自由民主的重要性，1930年代的王造時也注意到平等的問
題，主張「立即實行社會主義」，一種「社會主義的統制經濟」、「民主
的社會主義經濟」，根據大眾利益來施行，由人民自己參加施行。[48]在提
出國營大規模事業之作法後，他更激動地喊著：「讓作工的人吃飯，吃飯
的作工，不作工的餓死，或滾出國外。」王氏要求民主自由，也注意到平
等，故而要求社會主義，王造時與拉斯基的改革方向是一致的。王氏表
示，「政治上的不平等促成經濟上不平等；經濟上不平等又促成政治上不
平等。政治上的特權階級，可以利用其權威與地位以榨取人民，變成腰纏
萬貫的富翁，又可利用其經濟的勢力，去鞏固維持統治階級的特權。」[49]

[47] 王造時認為民權保障同盟的訴求僅限於下列三種：（一）為國內政治犯之釋放與非法的拘
禁酷刑及殺戮之廢除而奮鬥，願首先致力於大多數無名與不為社會注意之獄囚；（二）予
國內政治犯與法律及其他之援助，並調查監獄狀況，刊布關於國內壓迫民權之事實，以喚
起社會之公益；（三）協助為結社集會自由，出版自由諸民權努力之一切奮鬥。見王造
時，〈自由之戰爭：民權保障運動〉，《荒謬集》（上海：自由言論社，1935），頁122-
123、127-128。原載《自由言論半月刊》，1：2（上海，1933.2），頁9。

[48] 王造時，〈實行統制經濟的先決條件〉，《荒謬集》，頁225-226。

[49] 王造時，〈對內的平等〉，《荒謬集》，頁154、158-159。原載《自由言論》，1：5（上
海，1933.4），頁8。

政治上的不平等促成經濟上不平等、經濟上不平等又促成政治上不平等，這也是拉斯基1930年代以後一再重申的議題，王造時的好友羅隆基在1930年所翻譯之〈平等的呼籲〉已簡明又清楚地傳達了拉斯基關於平等的說法。

王造時呼籲民主改革。他說，一國政治的改變，不外依循兩個途徑，一是改良，一是革命。改良不用武力，革命非用武力不可。實行憲政，一是使各黨各派有公開平等的機會；二是政治鬥爭不用槍桿子而用選票；三是最後的裁判者是人民，不是出於競爭者自己的意思。全國各種勢力，都歸納於軌道，循序改進，不用革命。「在今日強寇已經入室，人民無以聊生的時候，理性告訴我們，最好用和平的、改良的方法解決。」也就是說，在政治上猶有方法改善之際，王氏是反對武力革命的，對他而言，在日本蹂躪下，中國「如果再來演鬥蟋蟀的故事，我認為這是野蠻！這是無恥！」然而，他也表示：「如果和平方法不能走通，我是沒有理由可以反對革命的。」[50]這樣的主張，也如同複製了拉斯基的說法。

如前所述，1930年代以後，除了學術刊物，拉斯基的思想或言論在報章雜誌上亦時有所見，如同1930年代的拉斯基活躍於學院之外一樣。關於言論自由一事，報刊界感受尤深。國民黨實施訓政以來，管制輿論甚嚴。九一八事變後，國民政府宣稱恢復言論自由。針對此事，1932年4月21日《申報》之〈時評〉表示，「政府欲辨輿論之是非，必先體認輿論是否以事實為依據，是否以大多數人民之利益為立場。政府而欲辯護政治之是或非，亦必以此兩者為明辨之根據。……否則是非自在人心，決非威權或巧言所能禁遏者也。……徒以本身之利害為是非，……是則政府與人民日益背道而馳。」為強調此話為真，該報亦特別引用拉斯基所言：「政府

---

50 王造時，〈我為什麼主張實行憲政〉，《再生》，1：5，頁9-10。

爲周諮博訪，得力於反對者之批評，必較贊助頌揚者爲多，阻塞人民之批評，即自種滅亡之根而已。」[51]拉斯基關於言論自由的主張，成爲1930年代初期言論較開放之輿論重鎮《申報》抗議國民黨限制言論自由之理論依據。又如1934年3月31日《申報》刊載〈怎樣研究憲法〉一文，編者說明幾個有名的民治國家如英、美、法等國，由於資本主義體系的分解，形成兩個壁壘，互爭政權。他也學著拉氏的話，說道：「虛僞的民主政治是走向末路了。」儘管如此，編者也有早先拉氏對民主政治的信心，相信只要人和人之間沒有這樣的「利害」對立，眞正的民主政治並非不能實現。[52]此外，在評論國際事務時，拉氏的談話也經常被當作至理名言作爲詮釋之用。[53]事實上，到了1930年代，拉斯基思想甚至已被視爲一種「時代精神」的表徵，廣泛運用在生活中一些較爲創新的事物。[54]

國難與自由權

儘管如此，有些知識分子對待拉斯基的自由觀，在浪漫的情感下，仍有理性的思考。正如拉斯基攻擊一元主權論是時代的產物一般，政治多元論也可說是當代西方的產物，是在西方特殊的歷史時空下有以生成。因

---

[51] 彬，〈時評：是非辯〉，《申報》，1932年4月21日，第3版。

[52] 編者，〈怎樣研究憲法（續）〉，《申報》，1934年3月31日，第13版。

[53] 如1936年《申報》中一則針對英國外交政策上的徬徨所作之〈時評〉中指出，著名學者拉斯基最近說過：「資本主義的衝突即是侵略的戰爭，這事實明顯地包含在法西強國政策之內。……唯一防制戰爭的方法，只有與那些無侵略野心的強國聯合，而給法西強國一種警告。」見〈時評：國際危機中的英國〉，《申報》，1936年12月4日，第6版。

[54] 如有人認爲，「特種現金保證辦法」乃是適應了狄驥和拉斯基等人的「聯帶主義」（social solidarity）、群眾主義（或稱全體主義）之學說。見潘文安、金慕堯，〈特種現金保證制與時代精神〉，《申報》，1937年1月30日，第12版。

此，即使是拉斯基政治多元論的中國擁護者，也無法迴避中國與西方迥然有異的歷史現實。不少知識分子在譯介之餘，也不忘強調中國自身的獨特性。1937年，作為拉斯基門徒的樊德芬對政治多元論的看法，實是最好的例子。

1937年，中日大戰已一觸即發，樊德芬發表〈主權問題之底蘊〉一文。據其所言：「自國難興起以來，『保存國家主權』一語，遂對內為自策自勵之口號，對外為國策基本之原則。是以主權問題，在我國今日，非但為專研政治學理者之對象，亦一般人士所應了解者也。」對於一元與多元主權之爭議，他循著拉斯基對一元主權的論述指出，自來論主權者，「或囿於環境及時代，或因偏重玄想及邏輯，將主權之性質推論太過，主權者之地位抬揚過高，以致證之實際，往鑿枘而不能全合。」然而，對於多元主權學說，他也表示，「雖正其一偏之弊，而又陷於他偏，亦非純正無疵之論也。」對於拉氏強調國家權力而修正的政治多元論，樊氏頗為認同，並表示英國工黨學者有主張多元主權者，然而，根據該黨方略，則於再度執政將各實業、金融及公用事業機關收歸國有後，即頒布國家治安保障法令，以杜反動而奠新局，而拉斯基即為此派之健者。[55]

樊德芬雖也肯定政治多元論的觀點，指出國家之功用，在謀求人民共有之幸福，非無所不包，主權之推施應有其範圍。然而，他更加強調國家權力的重要性，主張「國家無論對內對外，均須有一恆在而穩定之權力，否則集體生活不能成立，又大違人類之基本要求矣。」[56]在他看來。以衰弱之國家，處競爭之世界，更應將主權懸為暮鼓晨鐘，以增進愛國之精神，發揮集體之力量。由此亦可見，在國難之秋，比起「自立自主」

[55] 樊德芬，〈主權問題之底蘊〉，《國立武漢大學社會科學季刊》，7：4（武昌，1937.4），頁717-746。

[56] 樊德芬，〈主權問題之底蘊〉，頁717、746、749。

之權，樊德芬似乎更加強調社會須有強制權，有一政治重心來執行此一權力。處於國難時空，樊德芬的選擇不難理解。確實，1920年代和1930年代中國歷史發展的獨特性使中國知識分子面對政治多元論時有更多的思考。在拉斯基思想傳播到中國的過程中，拉氏時而出現的「激進」自由主義色彩讓有些知識分子感到不安。如曾爲拉斯基*Liberty in the Modern State*一書之寫下書評的張維楨和張良弼均對自由表示了保留的態度。

　　張維楨認爲拉斯基的觀點，特別是主張工會對於罷工或總罷工的自由權，只會發生在工聯主義最發達而應用最有效力的英國。至於想把拉斯基的極端自由主義應用到「各不相謀、各不相下，既不能令又不受命」的中國人身上來，恐怕一盤散沙的局面愈益加厲，紊絲亂麻的糾紛愈不可解，個人社會的自由還沒有鞏固，而國家民族自由早已消失。她表示：「中國人即使能得到約法或將來的民治憲法所賦予的自由權而不平等條約的桎梏不能解除，則也不能感覺到自由的。」[57]在她看來，拉氏的自由論實是「英國式」的，非中國所能適用。至於張良弼，他也認爲拉斯基這種「極端的」自由主義應用到中國人，恐怕一盤散沙的局面將變本加厲，國家民族的自由勢必完全消失，個人自由亦必爲異族剝削淨盡。然而，他肯定拉氏對帝國主義的批評，並且明白表示，此係對中國的「帝國主義應聲蟲」、「歆羨帝國主義者的物質利誘的民衆」的一種提醒。[58]此外，前述筆名「志遠」者，基本同意了拉氏的自由平等觀。唯在同時，他也強調，拉斯基是英國的學者，其所講的政治學，乃是以英國的政治的演化情形作爲背景而加以理想和系統化的。他的見地和主張，自然不能完全合乎中國

---

[57] 張維楨，〈讀拉斯基的現代國家中的自由問題〉，《國立武漢大學社會科學季刊》，2：3（武昌，1930.9），頁616、624-625。

[58] 拉氏認爲帝國主義雖給其屬國帶來實際利益，但其政制無論效率如何，實使被治者喪失其責任心和品格。從道德和整個問題上看去，實是得不償失。見張良弼，〈書報評介：介紹拉斯基「現代國家中之自由」〉，《衆志月刊》，1：1（北平，1934.4），頁102-103。

目前的要求。[59]1930年代的知識分子，比起五四時期，已較多考慮不同國情之下的不同選擇。

在民族危機日益加深的時刻，自由與權力的抉擇是中國知識分子政治思考上的重要課題，也是1930年代上半葉中國知識界對拉斯基思想特別關注的主題。如拉斯基日後門徒鄒文海在1930年代初期對此一問題即用力甚勤。1935年鄒文海自清華大學保送英國倫敦政經學院、師從拉斯基。鄒氏於清華大學就讀時，曾受業於浦薛鳳、張奚若、蕭公權等人，對西洋政治思想頗有心得。大學期間，他積極參與學術活動，曾和同學趙康節等合譯《帝國主義與世界政治》（*Imperialism and World Politics*）一書出版。鄒氏留校擔任助教期間，博覽400多冊西文書籍，給人留下「才德超群」的印象。此時鄒文海亦勤於著作，在1933年至1935年間曾陸續發表〈選舉與代表制度〉、〈公意的新界說〉、〈政府權力與行政效率〉、〈自由與權力〉、〈政府權力的基礎〉等文。1935年完稿的《自由與權力》一書，大體是此一時期發表文章的合輯，1937年亦由中華書局出版。這些文章廣徵博引，拉斯基的《現代國家之自由》、《政治典範》、《民主政治在危機中》等書的內容，多被引述。

在1933年的〈權力與自由〉一文，鄒文海評論拉氏，謂其「雖覺悟到純理主義之不切實際，而猶戀戀於英國傳統的學說，許多地方仍不免流露出箇人主義的傾向」，雖然「也時時提到社會中不可少的規律」，「認識社會中不可缺少權力」，然而「因為這是自由的讎敵」，對於它的重視，「也不知不覺間減少了。」[60]而在1935年〈自由與權力〉一文中，鄒氏表示，多元論因攻擊主權論而連帶否認政府權力是個錯誤，因為政府權力直接影響效率，沒有適當的權力的政府，可以說談不到效率這兩個字。他肯

---

[59] 志遠，〈拉斯基的自由平等觀〉，《行健月刊》，6：5（北平，1935.10），頁127。
[60] 鄒文海，〈權力與自由〉，《建國月刊》，11：6（上海，1934.12），頁1-8。

定拉氏在《政治典範》中所言權力和自由「相反相成」的觀點，卻不同意拉氏承認人有反社會的行動，因爲這種行動不但使有組織的生活無由實現，實亦間接損害自己的自由。[61]鄒文海的理想是自由與權力的均衡。然而，比起他所謂拉氏重自由輕權力，鄒氏又顯得往權力傾斜。無論如何，在論述自由與權力時，鄒文海多方引用了拉斯基的觀點。[62]1930年代的時空，鄒文海站在自由主義的立場，強調權力積極推進人民福利的的意義。事實上，這也接近了拉斯基政治多元論的立場。

然而，雖然知識分子關心自由和權力間的均衡問題，對當時國民黨政府而言，卻是著眼於權力鞏固和權威建立的問題，其方向卻是歸趨於一元。前述張維楨和張良弼對拉斯基自由觀所持的保留態度，不約而同引用孫中山「民權主義」論述中「一盤散沙」的概念。按照孫中山的說法，中國是自由過剩。「由於中國人自由太多，所以中國要革命……和歐洲革命的目的相反」（《民權主義》第二講）此外，孫中山和上述王造時一樣，不相信天賦人權，但他們二人從歷史事實得出不同的結論，王造時強調自由之必要，孫中山則斷言：「如果專拿自由平等去提倡民氣，便是離事實太遠。」換言之，中國革命不是爲了實現自由，而是爲了清除這種過剩的自由。[63]訓政時期，個人自由固然不是中國所需要，即使是政治多元主義中被視爲核心概念的「團體自由」也都要在民族國家自由前讓位。孫中山所談的是建國問題，蔣介石所談的也是建國問題，當國民黨北伐統一後，

---

[61] 拉斯基外，鄒文海此一時期關於自由與權力之間相互張力與依存關係的表達，學者亦指出尤其從伯哲士（John William Burgess）、麥克溫（Charles Howard McIlwain）、塞西爾（Hugh Cecil）的著作獲得心得。鄧麗蘭，〈民國時代的「密爾」及其「自由論」—評鄒文海著《自由與權力》〉，頁145。

[62] 包括《現代國家自由論》、《政治典範》、《民主政治在危機中》等，在1937年亦由中華書局出版之《自由與權力》一書中多被引述。

[63] 佐藤愼一著、劉岳兵譯，《近代中國的知識分子與文明》（南京：江蘇人民出版社，2006），頁259。

走上訓政，這是一黨專政，1930年代以後，又逐漸往領袖制推進。[64]當政
治多元論碰上建國問題，它在中國遭到最大的困難。

[64] 張朋園，《中國民主政治的困境1909-1949》（長春：吉林出版社，2008），頁207-209；
張朋園，《從民權到威權—孫中山的訓政思想與轉折兼論黨人繼志述事》（台北：中央
研究院近代史研究所，2015），頁26-56；陳惠芬，〈陳立夫與1930年代初期的訓政爭
議〉，《台灣師範大學歷史學報》，42（台北，2009.12），頁284-286；金以林，《國民
黨高層的派系政治》（北京：社會科學文獻出版社，2009），頁441-448。

第二節　聯治分權的思考

　　民國肇建以來，中央與地方，時生糾葛；中央集權與地方分權，聚訟紛云，引發不少政潮與內戰。1920年前後聯省自治運動發生時，正是歐美政治多元論蓬勃發展時期，主張聯省自治的知識分子，多有以之作為聯省自治之學理依據者。其雖多未明言聯治、分權的觀念得自拉斯基，但這些觀念確實標榜新國家學說，而與拉斯基政治多元論有相通之處，此一關係未為學者多所注意。[65]北伐統一之後，南京國民黨中央與地方實力派關係依然時有緊張，二者論爭，政治多元論亦多側身其間。

政治多元論與聯省自治

　　「聯治論」是拉斯基政治多元論中的重要概念。拉氏所謂聯治有二：一為地方聯治，即著重於地方。拉氏認為國家之目的，在使各人民之智能，均得充分發展，毫無拘束，而非於此種聯治政制組織下，自由與平等之精神，鮮有表現之機會；一為經濟聯治，著重於機能，認為宜先有籌畫

---

[65] 目前研究聯省自治思潮，較具代表性的著作有：謝從高，《聯省自治思潮研究》（北京：中國社會科學出版社，2009）一書，其中即介紹了當時聯邦論7種，反聯邦論8種，還有所謂中間派2種。另如李達嘉，《民國初年的聯省自治運動》（台北：弘文館，1986）；胡春惠，《民初的地方主義與聯省自治》（台北：正中書局，1983）等書皆有論及聯省自治思潮部分。其中胡書「外來思想的刺激」一節有言及「20世紀初葉剛升起的多元主權論，這新的學說，很顯然也有助於我國聯省自治思想基礎之形成。」並謂狄驥、拉斯基、巴克「這一類國家主權多元論的新學說，在民國十年前後，正被引入我國的知識社會，一方可以為聯省思想發出一些奠基作用，同時也被北京大學的高一涵等聯省主義論者作為『反聯邦論者』的最有力依托。」胡氏注意及此，實屬難得，惜未作進一步探討。見胡春惠，《民初的地方主義與聯省自治》，頁144-146。

經濟之構造，使個人創造力得以盡量表現。此二種聯治，有其共通之思想，即為分權，認為權力之分配，可防止專權之獨攬。就此而言，多元的國家就是聯治的國家、分權的國家。此外，在拉斯基看來，國家就是利益的聯合體，他否認主權不可分和絕對的，因此，主權被認為是聯邦的，聯邦主義就是多元主義。[66]

　　前已述之，1919年，張奚若介紹「主權論沿革」，標舉「主權與地方自治」關係。他援引拉斯基所言指出，主權論乃歷史上中央集權制下之政論，今日地方自治制，日見發展，國家主權說與之到處衝突，妨害社會進化，良非淺顯。[67]1922年張慰慈說明「多元主權」趨勢時，也指出英國、法國有種種勢力極大的運動，「其作用是根本改造現今的政治制度，或從組織，或從職權方面入手，把國家權力範圍以內，分出一部分職權，由各地方機關執行」，例如職業代表制度、行政方面的分權、地方分權趨勢、基爾特社會主義、工團主義等均是。[68]1920年代初期，有些知識分子認為中國採行聯省自治或聯邦制吻合了政治多元論的新思潮新制度。

　　政治多元論在中國開始傳播的1920年代，也正是中國聯省自治運動風起雲湧時刻。聯省自治之名，創於1920年，有謂最先使用聯省自治一詞者為張繼，實則皆指聯邦制。戴季陶以「聯省」代替「聯邦」。[69]辛亥革命之前，提倡「新湖南」、「新廣東」、「新江蘇」、「新浙江」諸人表現了省區主義的立場。辛亥革命期間，各省獨立，多有高舉聯邦為建國標幟者。民國初建，在討論國體問題時，由於革命前後聯邦思想高漲，單一制

---

[66] 陳序經，《現代主權論》，頁271。
[67] 張奚若，《主權論》，（上海：商務印書館，1929），頁42-46。
[68] 慰慈，〈多元的主權論〉，《努力週報》，19（北京，1922.9），頁3。
[69] 徐矛，《中華民國政治制度史》（上海：上海人民出版社，1992），頁438；另郭廷以指出，南北分裂時期，主張聯邦制者漸多，為避用「邦」及「分權」字樣，改稱「聯省自治」。氏著，《近代中國史綱（下冊）》（香港：中文大學出版社，2005），頁472。

與聯邦制的選擇遂成爲各方爭議的焦點。儘管如此，單一制幾乎是各個政黨一致的看法。[70]1913年的〈天壇憲法草案〉亦是規定：「中華民國永遠爲統一民主國」。此後至1923年，雖憲草幾經修改，此一「國體」規定未曾改變。在當時一般的認知中，單一制即是指「統一」的國家。[71]

在國家統一的訴求中，反聯邦制似爲天經地義、勢所必然。1914年章士釗形容當時聯邦論的處境：「東瀛承學之士，舊朝習政之夫，倡言統一爲中華唯一必採之途，反此即爲不韙。聞者和之，習爲一談。輿論專制之勢已成，自由討論之風莫起。」[72]章氏認爲，政界學界不敢倡言聯邦，乃是國人對於聯邦制認識不夠，以爲若行聯邦制，徒便私圖，無裨於國計。又如1922年第一屆國會復會，在憲法會議中，議員討論地方制度時也有類似的說法，指出民初以來，有聞主張聯邦者，談虎色變。[73]儘管如此，民初聯邦之論不斷，唯其論述則多取聯邦之實而避其名。如王寵惠對於省制問題，認爲「集權分權之說，皆是也，亦皆非也」，實能並行而不悖。[74]王氏雖極力反對憲法規定之省制採行聯邦主義，仿效聯邦制之意味卻甚明

---

[70] 如中國同盟會初改普通政黨時，決定「完成行政統一」；統一黨主張「統一全國，鞏固中央政府」；統一共和黨有「奠定行政區域，以期中央統一」；共和黨則決定「取國家主義」；國民黨亦謂「政治統一」。

[71] 如憲法起草委員會委員即有表示，雖知統一二字並非僅指單一國家而言，惟因中國數千年來皆係統一制度，自習慣上言之，統一二字當然指單一國家而言，「單一」二字不過爲「聯邦」二字之對待名詞而已，與統一二字本無甚分別。以上見憲法會議議記錄。此處轉引自高一涵，〈聯邦建國論〉，《東方雜誌》，22：1（上海，1925.1），頁36。

[72] 秋桐（章士釗），〈評論之評論：聯邦論〉，《甲寅雜誌》，1：4（東京，1914.11），頁2。

[73] 呂復謂：「溯當民國二年，袁政府時代，國內諱言分權，有言之者，聞者談虎色變，目爲破壞統一。至民國六年之時，則又諱言聯邦，有主張聯邦者，聞者亦談虎色變，以爲破壞統一。」見高一涵，〈聯邦建國論〉，頁38。

[74] 王寵惠就中國種種特別情形觀之，認爲似宜略採加拿大之制而變通之。王氏將省權依需辦事項分爲三種：一爲由各省便宜自辦，一爲舉辦在地方，統一在中央；三爲舉辦也在地方，監督則在中央。王寵惠，〈中華民國憲法芻議〉，《國民月刊》，1：1（上海，1913.5），頁26。

顯。除王寵惠外，張東蓀亦是「不敢居聯邦之名」的著名例子，留待後述。

　　1920年前後，在直皖戰後的善後會議中，西南各省代表即有「聯治」之提案。雲南督軍唐繼堯與湖南督軍趙恆惕聯名致電善後會議，主張「非聯治不可」，以其足以「撥亂反正，救亡立國，以求眞共和永久統一」，「捨聯省自治外，實無第二途徑」。時人也認爲，聯省自治運動之起，係因1920年夏秋南方護法政府解體，西南各省護法無望，統一難求，於是轉而主張各省自治。[75]比起辛亥革命時期的聯邦運動，聯省自治更是聲浪遠播，不少省分陸續制定省憲。[76]

　　1920年代初期的聯省自治倡議者，身分有別，動機各異。當時參與聯省自治運動並爲湖南省憲起草人的李劍農即指出，倡導聯邦論者大致包含兩類人：一爲學者，一爲「跋扈不羈之督軍」以及「夢想集權之政客」。[77]又有人形容這是一場「政客名流主持於上，學者議會奔走於下」的運動。根據時人觀察，當時聯省自治運動實有兩種意義，一是「聯省自省」，即各省互相聯結，擁護各省自治，有各省聯盟意味；一是「聯省自治」，由各省自制省憲，自選長官，自立政府，先造成一個個自治省，然後再聯結各省，共制國憲，共選執政，共立政府，建設一個聯邦國。第一種是軍閥，以自治爲目的，以聯省爲擁護自治的手段，純粹是應付中央的手段；第二種一般學者所主張，是以先造自治省爲手段，是要根本改造現

[75] 王世杰、錢端升，《比較憲法》（北京：商務印書館，1999），頁429-435。
[76] 1920年7月湖南督軍譚延闓首先通電全國，宣言順應民情、實行自治。該省名流熊希齡、李劍農起而響應，主張仿效美國聯邦制，制定省憲，實行自治，召開聯省會議，成立聯省政府。11月趙恆惕取代譚延闓主持湘政，繼續推動，宣布自治，次年趙恆惕特聘知名人士組成省憲起草委員會，起草省憲，12月11日經全省公民投票公決，於1922年1月1日公布。其他如浙江、廣東、四川、雲南、貴州、廣西、奉天等省相繼跟進。
[77] 楊定華，〈聯邦駁議〉，《益世報》（天津），1922年8月5日。

在的政治組織，不但是政治革命，而且是憲法革命。[78]相較於標榜聯省自治，藉以抵抗中央集權而保其固有特權，對聯邦主義本不甚了解的軍閥們，學者著重於學理的闡揚，對於聯邦主義的宣傳具有前所未有的規模和深度。[79]其中不少學者即援用了政治多元論作為論證的基礎。

　　知識分子論述聯省自治，有贊成，亦有反對。民初反對聯邦制者，其理由不外如下數種：第一、中國幾千年來實行單一制，聯邦制不適於國情；第二、聯邦的由來，在先有邦，後聯為國，絕不能先有國而後分為邦；第三、現在各省事實上已被軍閥霸占，若再在法律上擴大省權，不啻為虎作倀。以上數種理由，不外以統一為依歸。針對聯邦論者每以外國聯邦制為仿效之資，亦有不少反聯邦論者極力辯稱中國與其國情相異。此類言論自民初至1920年代仍時有所聞。[80]1922年第一屆國會恢復後，制憲運動再起，省制問題也再次成為爭議焦點。主張採聯邦制之諸多議員，極力避去「聯邦」之名，擬以「省自治法」取代「省憲法」，或僅稱「地方制度」，避免把「省」看作「邦」。[81]如此一來，聯邦論者為破除聯邦制舊有之成見，乃極力證以「國家新說」，政治多元論即為其所援用。

---

[78] 孫增大，《聯省自治商榷書》（北京印刷科代印，1922）；謝從高，《聯省自治思潮研究》（北京：中國社會科學出版社，2009），頁82。

[79] 謝從高，《聯省自治思潮研究》，頁126。當時鼓吹聯省自治的文章甚多，如《改造》3卷4號有「自治問題研究」、3卷5號有「聯邦研究」；《太平洋》3卷7號有「聯省自治專號」；《東方雜誌》19卷21號的「憲法研究號（上）」與19卷22號「憲法研究號（下）」，關於憲法的討論均有涉及聯邦制者。此外，報章雜誌也多刊載了當時的省憲或草案。

[80] 如憲法會議中景耀月提案表示，中國自秦漢以來既打破封建制度而成統一之局，與瑞士共和國、美國之合眾國、德意志及奧匈等之聯邦國、瑞典及挪威之邦聯雙立制度之國基、國情不同，更與新俄羅斯樂於割據及建國目的迥異，因此反對制定「二重憲法」，亦即反對中國採行聯邦制。出自憲法會議《會議錄》。此處轉引自高一涵，〈聯邦建國論〉，頁38-39。

[81] 誠如高一涵所說，主張省憲諸議員，「心理上多贊成聯邦主義，提案上也充滿了聯邦主義的精神，可是卻自始至終，不敢揭出『聯邦』二字」。高一涵，〈聯邦建國論〉，頁38。

　　如前所述，政治多元論係以否定主權一元論爲宗旨的學說。作爲一種國家改造策略，它強調分權、聯治的原則。拉斯基指出，聯邦政治或地方分權政治的優點，約有數種：（一）因爲分權關係，可以促進各地方政府試驗的精神；（二）在建設方面，人才有充分的機會；（三）人民對國家固極忠順，對他們的邦或地方的興味未嘗減少；（四）凡屬地方性質的事業，交由地方政府辦理，中央負擔可以減少；（五）對官僚有實際的制裁。拉氏的理想政治，是議會政治下的地方分權。[82]民初聯邦論或聯省自治論者或許並非直接取道政治多元論諸家的「策略」，卻是與政治多元論的主張相聯結。

張東蓀與章士釗的聯邦論議

　　將聯邦制與「多元」概念結合的嘗試，張東蓀實爲其中較早者。1913年，他發表〈對抗論之價值〉，認爲兩個勢力對抗或競爭，會產生整體的發展。近世國家之發達，政治之進步，全賴無形與有形之對抗力，「前者可使國家內社會各要素之分配利益恆得平均，而免偏頗專制之弊。後者競爭於政見政策，互相交替，以促國家會之發達」。[83]他認爲多元政治與近世國家發達關係密切。

　　1914年，在省制爭議中，張東蓀表示，中國自革命後，已陷衰弱危險境地，其原因不外二端：（一）無自治之決心，而抱治他之奢望；（二）以一術而御天下而不知部分的責任與相當的方法。所謂自治，係指英語之self-government，而非德語之selbstverwaltung。他主張以英美而非以大陸

---

[82] 見1921年《主權的基礎》一書，轉引自盧錫榮，《拉斯基政治思想》，頁65。
[83] 張東蓀，〈對抗論之價值〉，《庸言》，1：24（上海，1913.11），頁6、10。

派之自治精神移植至中國。因為「英美之自治出於人民之自覺，易言之，即出於道德上政治上之義務。此政治義務為先天所賦，履行此義務即為自我實現也，而大陸派之自治實不得謂之自治。蓋全基於中央政府之委任其權，非固有的，而為讓與的，以與英美相較，則如南北兩極，絕不相侔矣。……然吾以為徒恃道德不為功，必有相輔而行者，即地方制是已。」對於當時廢省存省之爭，他即認為其弊與害非在省本身，而是在廢省或存省後之組織是否能發展自治精神。他並且提出具體作法，主張「凡一省之事務，無分巨細，悉歸省自理之。」並且表示：「吾人不主張集治主義，不主張一省有中央委任之長官，不主張行政有監督權，更自積極方面，一言以蔽之，吾以為中國欲圖存且強，則非採用英美派之自治不為功也。」時人以其說有類聯邦，他則極力否認，認為聯邦與自治二者精神無甚差異，而名義絕對不同，而「聯邦之害，不在聯邦之實而在聯邦之名」。他強調，但求自治，不必有聯邦之名。[84]儘管反對聯邦之名，張東蓀主張自治，反對集權，擁護聯邦之意甚為清楚。此外，張東蓀也表示，世界各國制度，無絕對相同者，中國亦必本此原則，不能絕似於人。他也重申：「聯邦與單一，乃名詞之爭耳，無與於實質之組織」，「實至而名歸，成而名附」。耶律芮克（G. Jellinek，1851-1911）認為邦有自組織權，以此為國家之標準，主權非其所必要。[85]張東蓀贊同芮氏說法。民初張東蓀的聯邦論，也可說是當時主權爭議的一部分。

　　1918年，張東蓀有鑑於聯邦之說雖甚為普遍，而理由不無出入，乃有補其不足之意。首先借彌爾之說力證政制能由人意自擇，進而表示，「一國之政治組織必適於其國之民族心理，而同時又必合乎時代精神，方足為適宜之制度。以民族心理言，基於歷史；以時代精神言，源乎人意。二者

---

[84] 張東蓀，〈地方制之終極觀〉，《中華雜誌》，1：7（北京，1914.7），頁1-13。
[85] 張東蓀，〈吾人理想之制度與聯邦〉，《甲寅雜誌》，1：10（上海，1915.10），頁1-9。

調劑，始克立於不敗之地。」他同意丁佛言所言中國素爲分權國家，而戴季陶〈中華民國與聯邦組織〉一文亦有以德、美、瑞士爲近世國家之組織，則聯制爲時代精神之表現亦不容疑。[86]

張東蓀進而表示，聯邦制有分聯邦之形式與聯邦之精神，有形式無精神反致其害。他強調，「聯邦之精神，第一在自治。自治者，國之命也。近世國家所以異於中古者，皆在自治。一切優美之代議制，皆出自治而出。」在他看來，聯邦制即是啓發自治之制度。張氏接著指出，聯邦之精神，第二在分權。他認爲行政分治，立法集權，實是近世國家之特徵。聯邦既是分權政治，又足促法治之發展，此爲其主張聯邦制之理由。他認爲，眞能統一之國家，必爲眞能分權，眞能自治之國家；而「中國不欲立國於大地則已，如其欲也，舍此莫由。」然而，他也再次強調，「聯邦之形式與其精神，不必並存。不居聯邦之名，而擧聯邦之實，固未嘗不可。」中國果爲聯邦制，他主張宜師加拿大制而予以變通。[87]

雖不執著名詞，張東蓀論述聯邦制卻頗重學理依據。以1918年所作〈予之聯邦組織論〉言，其所徵引者，即有彌爾、斯賓塞、馬克思、耶律芮克、蒲徠思（Bryce）、戴雪（Dicey）、白芝浩（Walter Bageho, 1826-1877）等人學說。張氏對於歐美政治學理之重視，與前述章士釗實不相上下。章士釗論述聯邦制，亦有其特色，「一言學理，以明聯邦論之可能。一言事實，以明聯邦於吾國爲必要。一言組織，以所懷之理想，立爲方案。」與中國其他聯邦之論著重歷史先例不同。章氏認爲「政論價值，存乎理不存乎例」，故於學理上特有發揮，認爲聯邦之理果其充滿，不恃例以爲護符。章氏援引歐美政治學說，作出結論：（一）組織聯邦，邦不必先於國；（二）邦非國家，與地方團體相較，只有權力程度，而無根本原

---

[86] 張東蓀，〈予之聯邦組織論〉，《正誼》，1：5（上海，1918）。頁1-4。
[87] 張東蓀，〈予之聯邦組織論〉，《正誼》，1：5（上海，1918）。頁5-8。

則之異；（三）實行聯邦，不必革命，所需者，輿論之力耳。[88]章氏肯定聯邦之理，嘗謂蒲魯東（Pierre-Joseph Proudhon，1809-1865）於19世紀中葉曾著聯邦主義諸書，鼓吹建立法蘭西聯邦，蒲氏認爲宜先以最多之自治權讓之諸縣，以薩稜威帖（主權）讓之諸省。章氏表示，方今法學大家，如狄驥與葉思曼（Adhémar Esmein，1848-1913）等人，均遠紹蒲氏之說，以善談法理名聞天下。其所著書，「皆大於聯邦原理，有所發揮，且謂二十世紀之新思潮咸集於此。」章氏進一步指出，19世紀末、20世紀初以來，「大都由單一進爲聯邦」。而在後者，實「國家組織上逐別開生面，而大爲法家探討論衡之資。耶律芮克，奧之公法學者，言聯邦有重名者也，於斯特爲注意。」[89]章氏雖未進一步抒發狄驥等人學說，然亦由此可知，章氏於民初論述聯邦學理，和張東蓀一樣，已隱然將其與20世紀初期政治多元主義作了連結。在章氏看來，聯邦不僅爲一種國家新說，且是一種政治發展新趨勢。

1914年，章士釗曾根據張東蓀之〈地方制之終極觀〉一文所指內容，以其「實一篇聯邦論也。」[90]章氏且認爲張氏等人不採聯邦名義，係儕於

---

[88] 針對時人以爲中國欲行聯邦，非經第三次革命，由各省先建爲邦而後可行之說，章士釗強調，此係憲法變遷之事，非必由革命始可造成，「聯邦之成否，惟視輿論之熟否以爲衡」。秋桐（章士釗），〈學理上之聯邦論〉，《甲寅》，1：5（上海，1915.5），頁18。

[89] 章士釗，〈學理上之聯邦論〉，頁3-6。

[90] 1914年，章士釗即根據張東蓀之〈地方制之終極觀〉以及丁佛言之〈民國國是論〉二篇分別發表於《中華雜誌》第7號和第9號之文，認爲二人雖不言聯邦之名，實爲聯邦制之主張者。章氏以張東蓀該文所陳，「凡一省之事務，無分巨細，悉歸省自理」、「吾人不主張集治主義，不主張一省有中央委任之屬官，不主行政有監督權。積極方面，一言以蔽之曰，吾人以爲中國欲圖存且強，非採用英美派之自治不爲功也。」等語，「實一篇聯邦論也。」至於丁佛言文，認爲張東蓀「對於地方自治與聯邦制之論辯，極爲痛快。特只限於地方一面，而未開發我國地方與國家之特別關係，故僅其當然，而未及其所以然」，似有推廣張東蓀之意。丁佛言除說明省在中國國家組織上之中心地位外，並提出組織三項。其中有論國基以「美先有自由殖民十三州之市府。德先有日耳曼之諸小邦爲譬，是美德，我

興論之故。1920年代初期聯省自治運動風起雲湧之際,張東蓀已較少發表聯邦相關議論。然而看到《東方雜誌》上高一涵〈聯邦建國論〉一文涉及自己,乃再度發表看法,說明不以聯邦為名之因,乃是怕有一聯邦黨出來,主張擴張邦權,削減國權,使國家分崩離析,而非儔於興論權威。他也對聯邦與主權關係作出說明。張氏表示,章士釗所言之耶律芮克式的二重主權說是聯邦舊說,而柏哲士式主張只有聯邦國的「國」有主權,其中各「邦」並無主權,也就是主權之下斷不容再有一個次等主權,可謂新說。他強調,所謂學說,只是對於已發生事實的事後追加說明而已。值得注意者,此時他以拉斯基研究一元主權為例,表示拉斯基從歷史上研究主權,發現它只是一個歷史的產物,並不是理論的原則,只是一種抵銷他種的消極觀念,全由當時的事實產生,沒有普遍的必然性,「立國唯一要素的主權尚且是事象的事後解釋,又況聯邦呢?」[91]張氏強調制度變革不過是歷史產物,學說之產生源於事象的事後解釋。但對他而言,新的潮流,並非嚴格的單一國、聯邦國。無論單一或聯邦,本身不是目的,國家統一才是目的。學說既是事象的事後解釋,則政治多元論之運用於中國政治現實,自是需要思考的問題。

民國也。」又謂丁佛言之論各省,以其與英吉利之各殖民地,美之各州,德意志之聯邦各小國,大抵皆有部分之相同,「是殖民地,我省。州,我省。小國,我省也。」論革命,擬以美利堅十三州之聯盟抗英,「是又明明美利堅吾支那也。」又謂其結論有言美利堅之建國,固始於離英獨立,然得形成今日之合眾國者,則出於波多因哈密敦二人之倡議,又安知今之中國,無波多因哈密敦其人,又安知有其人必有其功。章士釗認為丁佛言之摹擬聯邦,可謂惟妙惟肖。以上見秋桐(章士釗),〈評論之評論:聯邦論〉,《甲寅》,1:4(東京,1914.頁1-15。

[91] 張東蓀,〈聯邦論辯〉,《東方雜誌》,22:6(上海,1918)。頁16。

張君勱的聯省共和國論

　　相較於張東蓀和章士釗的聯邦制主張，民初張君勱則認爲聯邦制不適
合中國。1916年，他發表《省制草案》，主張各省「按照中央法令及本制
處理一切事務。」[92]同年，他再發表〈聯邦十不可論〉，清楚表示，「國
之所以爲國，地方之所以爲地方」，界限宜當確立。他認爲，中國省制
未發達與國民程度不足，即使在中國制憲施行自治，也未能有有效的統治
力；且若採極端聯邦制，各連接斷絕，國家將陷分裂。[93]換言之，聯邦分
權，直同分裂。

　　1920年前後，張君勱態度明顯轉變。1919年至1921年歐遊之旅，影
響至深。戰後英倫三島有改建聯邦之說、俄國革命後建立蘇維埃聯邦國，
法國興起地域主義，以及對德國革命後的《威瑪憲法》「承認地方自治」
的「統一精神」予其頗多啓迪，已如上章所述。以德國言之，新憲規定戰
後行政區域重行劃分後，其趨勢爲「改聯邦制爲單一國制」，而中央之行
政權和立法權都較舊法擴張。對於威瑪憲法的主要起草人柏呂斯（Hugo
Preuss，1860-1925）所言新憲實有助於地方自治，非爲中央集權，他頗爲
認同。[94]張氏肯定德國新憲在民族統一價值下的「中央化」，卻也強調其
中的分權性格，即其所謂「單一國與聯邦制之調和」。[95]他認爲新憲所欲
表現者，莫如統一之精神，此爲德意志民族之進步。此時統一與聯邦，在

[92]　張嘉森，《省制草案》（上海：泰東圖書局，1916），頁2。
[93]　張君勱，〈聯邦十不可論（一名省制餘議）〉，《大中華》，2：9（上海，1916.9），頁
　　　1-13。
[94]　君勱，〈德國新共和憲法評〉，《解放與改造》，2：9（上海，1920.5），頁6-8、10。
[95]　事實上，德國新憲法增強聯邦和邦之對抗的權力，以致有人懷疑德意志共和國是否應叫
　　　做一個保有強有力的中央集權的聯邦國，還是一個保有強有力地方分權的單一國。Agnes
　　　Headlam-Morley著、李鐵錚譯述、周鯁生校閱，《歐洲新民主憲法之比較的研究》（上
　　　海：太平洋書店，1931），頁97。

張君勱的觀念中，已非對立之物。

　　1921年11月張君勱之〈懸擬之社會改造同志意見書〉一文中，所列改革方針中即有「各省應有擴大之自治權，以中央憲法及省憲法確定之」一項。1922年5月，在西南各省聯省自治運動陸續展開之際，全國八團體國是會議在上海召開，希望透過此一「全國性」會議，制定聯邦制憲法，「先國憲，再省憲」。張君勱接受「國是會議」國憲草議委員會委託，主筆起草〈中華民國憲法草案〉。該草案「純以聯省爲建國之方」，明確規定「中華民國爲聯省共和國」，由「國是會議」通過。在草案中，其所設計之「參議院」，議員由各省參議會以及教育、農、工、商會五大團體，加上華僑和全國官立和私立大學經政府認可，以選舉權者選舉產生，亦可見到張君勱除地域團體外，企圖體現將「職業團體」包容在內的「多元主義」概念。張氏表示，「夫世界大勢既如彼，而我中央之久已不見信國人又如此，則今後立國之基礎，舍聯邦其奚由哉？」，「以現狀論，集權之制，誠不可通。今日西南之所謂分權方法，謂可以救國。」[96]張氏特別強調聯邦制是當時世界各國的政治潮流。如前所述，此時張東蓀和梁啓超諸人倡議基爾特社會主義，梁氏也在《改造》發刊詞中呼籲「打破國家最高主權論」，與「地方自治」相互呼應。[97]

---

[96] 張君勱表示，「今日之中國，中央固不能舉中央之事，各省亦未見其能舉各省之事也，處此斷潢絕港之中，而研究著手之次第，其先中央乎，其先各省乎？我斷不疑曰：先各省而已矣。」張君勱，《國憲議》（台北：台灣商務印書館，1970年重刊本），頁10。

[97] 李達嘉，〈尋找立國方針：梁啓超的聯邦與反聯邦論述〉，收入《走向近代》編輯小組編，《走向近代：國史發展與區域動向》（台北：東華書局，2004），頁191-231。有謂梁啓超聯邦制的想法分爲「聯邦支持」（—1905）、「聯邦反對」（1906-1919）、「聯邦支持」（1920—）三個階段。見原正人，〈中國之前途：集權乎？分權乎—民國初期張君勱與張東蓀的「聯邦論」〉，《國立政治大學歷史學報》，20（台北，2003.5），頁300。

高一涵的聯邦建國論

　　政治多元論與聯省自治論的關係在高一涵的論述中更爲明顯。1920年以前，高一涵已在報刊中稍申其義。1918年高氏指出近世三大政治思想之變遷爲國家觀念之變遷、樂利主義之變遷以及民治主義之變遷。關於國家觀念之變遷，指出國家無自身之目的，惟以人類之目的爲目的。國家亦非人生之歸宿，不過是人類憑藉以求歸宿之所在。關於樂利主義，指出近世學說多由主張小區選舉制度變爲大區選舉制度；由主張多數選舉變爲主張比例選舉。至於民治主義之變遷，指出19世紀之末，歐美學者所謂平民政治，大抵皆建築於人民權利及小己私益之上；近數年來，多唾棄小己主義，主張合群主義，唾棄私益問題，主張公益問題，而「社會利益之進化，不徒恃普通選舉制及議院政府制，乃恃有中介的團體，使小己與一群得以聯絡一氣。民治政府實爲責任政府，予人民以參政機會，即道人民以負責之方。」[98]高一涵此時突顯了團體在現代社會與民主政治中的作用。

　　1922年，由於國會制憲在即，《東方雜誌》特地發行「憲法研究號」。高一涵在該專號中發表〈我國憲法與歐洲新憲法之比較〉。他認爲憲法實是時代思潮的結晶體，中國憲法反時代思潮的幾個最大缺點爲：（一）經濟生活問題；（二）團體生活問題；（三）分職的問題；（四）立法的問題。其中關於團體生活問題方面的說明，很能體現高氏對政治多元論的認識。他表示，18、19世紀的憲法學者極力打破國家、同業公所（guild）和教會專制，是解放個人時期。現在社會生活進步，一國之中，絕對沒有純粹孤立的個人，只有做社會之一員的個人，許多學者把國家看作「群」（group）的結合體。他並且引用巴克在《英國政治思想：從赫

---

[98] 高一涵，〈近世三大政治思想之變遷〉，《新青年》，4：1（北京，1918.1），頁1-4。

伯特・史賓塞到現代》（*Political Thought in England from Herbert Spencer to the present day: 1848-1914*）中之語：「我們以爲每個國家多少總是聯合的社會，包括許多不同的人群，不同的教會，不同的經濟組織在內，各個團體都可以行使對於團員的支配權。」[99]此外，高氏以德、俄新憲規定爲例，謂其對於群眾各種生活與集會結社均有極明白的規定。德、俄也是歐戰後建立聯邦國的例子。

　　1922年，在〈一百三十年來聯邦論的趨勢〉一文中，高一涵認爲，100多年的聯邦論，頗有由分權到集權，由聯合性趨向統一性的傾向，各邦事實上已成爲地方行政區域，學者只視其爲地方團體。然而他也強調，無論怎樣趨向統一性，「統一性祇以能維持中央政府的存在，及使中央政府可以自由處理全國公共事件爲最大限度。此外，無論在法理上或在事實上都不能再進一步去剝奪各邦的自治權。……但是這個統一的程度也祇能到現行的聯邦制爲止，不能夠再向統一上更進步，這是可以斷言的。」[100]高氏所認可的未來趨勢，似是一種有限統一性的聯邦制。他也介紹了聯邦制的最新發展趨勢：「現在的聯邦論，純粹從職務上著想，不大從權力上著想；從前祇從地方團體上著想，現在且從職業團體上著想；所以從前的聯邦論是中央與地方的分權，現在的聯邦論是國家與職業團體的分職論。」[101]高氏所指，也正是政治多元論的宗旨。比起張君勱的「分權」，高一涵更加強調「分職」的意義。

　　在聯省自治運動中，高一涵以爲如憲法會議中議員景耀月一派以中國歷史與歐美歷史迥異等諸多反聯邦論者，以及那些因反「聯省自治」而

[99] 高一涵，〈我國憲法與歐洲新憲法之比較〉，《東方雜誌》，「憲法研究號」，19：22（上海，1922.11），頁2-8。

[100] 高一涵，〈一百三十年來聯邦論的趨勢〉，《法政學報》，3：1（北京，1922.2），頁12。

[101] 高一涵，〈一百三十年來聯邦論的趨勢〉，頁12。

反對聯邦者，幾乎都傾向感情，「在理論上簡直沒有一點可以站的住」，甚至「簡直不知聯邦到底是什麼」。他強調立論需有學理作爲依據。他所謂的學理，即是國權的性質，是國家和社會的性質。他從多元論的觀點指出，國家這個社會，並不是高出於一切社會之上的一個社會，而只是與各種社會平行並立的東西。「所以我們到現在還主張絕對的主權，唯一的主權，實在是離開實際的生活瞎說。」正是基於這種了解，高氏認爲，欲打破反對聯邦制或懷疑聯邦制者的意見，即須從根本打破一元的國家觀，「讓他們知道『一元的國家觀』或『一元的主權論』在現在的社會實際生活上已失掉根據。……現在的主權也並不是單一的主權，乃是許多對等權力同時並立的主權。」衡諸中國政治現實，高一涵強調，「中國建國的第一個大問題，即是確定各省與中央的關係。」他並且指出，在現在公務員的國家觀下，中央與地方所爭的是「職務」。[102]高一涵論述「國家」，闡述了國家與各種團體平行並立，主權並非一元以及社團聯合履行各種職務，社會中的自由可以充分發揮等種種學理以爲支撐，直可說是政治多元論在中國聯省自治論述中最典型的運用。

　　1922年高一涵參與省制討論。在對省的性質和地位的爭議中，高氏認爲省的性質是由省的組織和職權表現出來，中國的省是一種特別的組織，只有把省當半獨立國的政府，才可以發揮省的勢力。中國政制應採兩重政府制，而不是單一政府制。[103]1924年，他更拋出「聯邦建國論」，強調現代國家爲群與群之聯合體，無單一政體之可言；而現代政治既以「分職」爲要，故本「分工」而贊成聯邦，因此，他反對在中央憲法中規

---

[102] 高一涵，〈希望反對聯邦者注意—最近的國家性質新論〉，《努力周報》，37（北京：1923.1），頁2。

[103] 高一涵，〈省制的討論〉，《努力周報》，6（北京：1922.6），頁3。

定省憲，主張各省自制省憲之議。[104]在論述聯邦制的學理時，高一涵突顯社會中的團體、國家職能說、聯治論等觀點，主要引述了拉斯基老師巴克（Barker）和基爾特社會主義柯爾（Cole）的說法。

高一涵認爲現代的國家是「群」的聯合體，現代政治是以「分職」、「分工」爲原則，因此主張聯邦制。和高一涵一樣，介紹過中島重多元國家理論的羅瑤也支持了聯邦制。羅氏認爲，一般人所批評聯邦制的缺點未必盡然。他表示，各邦的立法行政一點不能劃一，正所以適應事勢的需要，因爲各地方有各地方的的需要，需要不同，供給自然不能一律，況且現在的國家職務在於分工，因此，「以後的國家組織恐怕不能出以下兩條大道，即（一）自治；（二）聯邦。」對他而言，自治與聯邦只是程度上的區別，並無性質的不同。自治擴張到一定程度，便是聯邦，聯邦之邦權縮小到一定程度，即爲自治。[105]羅瑤之說法，亦有解聯邦制在國人心中疑惑之用意。和高一涵一樣，他贊成聯省自治，以其體現了「多元國家」的趨勢。

潘大道的職能聯邦國論

高一涵等人所注意的「國家新說」同樣吸引了一位1920年代初甫自美國研習政治學歸國的潘大道。潘大道，字力山，清末留日，畢業於早稻田大學政治經濟科，辛亥革命前夕回國，民國建立後，參與政治、教育等事業。二次革命後，屢在報刊上發表政論，亦曾於北京大學任教，其所著《社會思想史》一書，褚輔成謂其「風靡一時，洛陽爲之紙貴，全國各

---

[104] 高一涵，〈聯邦建國論〉，頁38。
[105] 羅瑤，〈聯邦制研究〉，《法政學報》，4：5（北京，1925.5），頁49。

大學及海內嗜學之士莫不奉爲師承，珍若鴻寶」。[106]潘大道於民初即以政論聞名，至1920年代不衰。1920年前後潘氏留美期間，政治多元論方興未艾。

　　民國初年，潘大道曾是一個反聯邦論者。1915年，他與章士釗有幾次交鋒，質疑章氏所論聯邦制之「學理」，主要著重於「政理」、「物理」之同異，係立足於邏輯，與聯邦論之本旨，未必相關。[107]對於章氏重視學理，不重成例，他也不表認同。1920年代聯省自治運動盛行之際，章士釗雖在其建國進程設計中，表明聯邦制仍是可以考慮的道路，但對聯邦制卻已極少發揮。[108]此時章氏立場變化不大，反倒是潘大道成了積極的聯省自治論者。美國的聯邦制與當時流行的政治多元論之啓發應是他改變的關鍵。

　　潘大道指出，「聯省而治」符合新國家潮流。中國之病，複雜萬端，非聯邦一事之所能治，然而聯邦固不失爲對症之一藥。1923年，由於曹錕賄選事，潘大道南下，竭力反對。曹錕敗後，復行北上，任北京法政專門學校教務長兼執行律師職，暇時輒爲政論。潘大道不承認曹錕時期國會所制定之憲法，指其爲「賄憲」，蓋因「議憲機關已失其資格，而且賄憲之內容，也有許多衝突及不完備的地方」。1925年，他對於未來的國家方向，也清楚提出了主張，其中之一即爲聯邦制。[109]

---

[106] 潘力山著、潘大逵編，《力山遺集》，（上海：上海法學院，1932），〈序〉。收入《民國叢書》編輯委員會，《民國叢書》（上海：上海書店，1996），第5編第92輯，頁1。

[107] 在潘氏看來，章士釗「先論學理在以破人奴主之見，其意甚盛。但所證明之法理，縱爲一般之原則，人猶其未必適用，今其所舉者，又屬僅少之例外，夫安得不河漢其言也。」其中論辯，詳見潘力山，〈論壇：讀秋桐君學理上之聯邦論〉，《甲寅》，1：7（上海，1915.7），頁21-26；〈再讀秋桐君之聯邦論〉，《甲寅》，1：9（上海，1915.9），頁1-11。

[108] 章士釗口述、吳弱男筆記，〈造邦〉，《改造》，3：5（上海，1921.1），頁43-45。

[109] 潘大道，〈我之建國方案及其實行的希望〉，《東方雜誌》，22：1（上海，1925.1），頁45-48。

1926年，潘大道在介紹霍布浩斯（Hobhouse）《形而上學的國家論》（*The Metaphysical Theory of the State*）一書時簡單地介紹了「新國家觀」。霍氏之書在歐戰中出版，以反對黑格爾之國家論爲目的，對於鮑桑葵（Bosanquet）等新黑格爾派攻擊尤不遺餘力。潘大道因此特別比較英國與德國國家觀之不同，指出德國之國家哲學，視國家爲神聖、爲絕對，黑格爾的國家論，儼然爲德國國民意識之基調；英國則不以國家爲絕對，而尊重個人之自由，其視國家，猶個人相集而成之共同組合而已，自洛克、邊沁、彌爾皆主此說，斯賓塞尤爲此說代表，雖大戰前後已有干涉主義傾向，然其傳統的國家觀，仍不失爲民衆意識之基礎。他接著介紹了英國「新國家觀」的代表人物，包括了柯爾、霍布斯、羅素、馬基弗（McIver）、霍布浩斯，以及拉斯基。尤其能突顯潘大道所謂「新國家觀」者，則是其強調國家與社會並非一致。

潘大道在說明霍布浩斯書中所闡釋的國家與社會關係時，指出社會之範圍大於國家；今日者，多數團體超越國家而存立，人類世界之社會亦然。在新國家觀啓發下，潘大道表示：「原夫人類之團體者，非吸收所屬人員之人格之全部也，國家不過如斯團體之一種而已」，「以個人人格之全部，吸收沒入於諸種團體內一種團體之國家，個人惟對於社會全體所應有之關係與義務，今使其對於國家負之，不可不謂爲大謬也。」對於英、德之國家觀，潘大道作出如下評論：「玄學的國家論，以國家爲其自身目的也，道德的價值之唯一體現也，人類作出之最高業績也。反之，吾人之民主主義的人道主義的國家論，則以國家爲手段，爲人道之服務者，故依之其效能於人類生活之良否而判定其存在之意義，今國家漸包攝含屬於世界的一大社會之內，而消滅其最高獨立性（Sovereignty）矣。」[110]潘大道所

---

[110] 潘大道，〈新國家觀之一〉，《法政學報》，5：1/2（北京，1926.4），頁21-25。

欲勾勒者，即是所謂「民主主義的人道主義國家」，所謂政治多元主義的「新國家」。

也正是在政治多元論之新國家觀的認識上，1920年代初期潘大道建構他的聯省自治論。他說，「據進步的政治學說，國家乃由團體結合而成，非由個人結合而成也。……此種團體，昔人多以爲應隸於政治團體（國家）之下，而以政治團體爲一切團體之最高者，有獨立、無上不可分之主權焉，是爲一元的國家說。今其說漸爲學者所否認矣。蓋從事實上及理論上言之：國家且不能且不應爲一切團體之最高者，而當立於對等基礎之上。分工而治，不相侵犯，是爲多元的國家說。」[111]他進一步將多元國家說的理念運用於國家的制度規畫，認爲宜視各國中各團體之有無及強弱而定。他指出，歐美各國產業團體異常發達，則以職業爲單位，聯業以爲治；而中國產業團體尚不發達，可以「聯省而治」替代歐美的「聯業而治」。[112]在另一文中，他則批評反聯邦論者，直言其爲「不知國家之構造本由無數組織聯合而成，非由無數個人聯合而成，此無數之組織，其以地域爲基礎者，則爲地方自治團體，雖在專制國家，地方自治之形式，或有未具；至其實質則固有之。其在立憲國家，則地方自治團體，形質並進，而或幅員遼濶、種族繁複，政令渙散，語文不一；之數者有其二或三焉於一國家，則其地方自治團體，未有不變而爲聯邦國家之一邦者也。」他更強調，「今者，世界大勢，以地域爲基礎之舊聯邦又將進而爲以職能爲基礎之新聯邦國矣。」[113]1926年，他在〈聯邦國之新形式—職能聯邦國〉一文中，把政治多元論闡述得更加清晰。其所規畫的聯邦制國家，明白指出

---

[111] 潘大道，〈論聯省自治并答孤軍記者〉，《東方雜誌》，22：12（上海，1925.6），頁43。

[112] 潘大道，〈論聯省自治并答孤軍記者〉，頁43。

[113] 潘大道，〈聯邦國之新形式—職能聯邦國〉，《東方雜誌》，23：8（上海，1926.4），頁11-12。

聯邦制是在中國遼濶而交通不便、人民參政機會稀少、軍閥專政此起彼仆
情況下，中央政權移轉對各省影響至大的一種政制選擇。從「地域聯邦
國」至「職能聯邦國」，循序漸進，他認為這是中國的建國之道。

李璜的聯省建國論

1920年代的國家主義派亦是標榜聯省自治，以之為替代武力統一的革
命新戰略，而與國民黨的「國民革命」以及共產黨的「階級革命」模式有
別。[114]在1920年代國家主義派的聯省自治論述中，李璜（1895-1991）可堪
代表。

1919年3月李璜赴法國巴黎大學留學，1923年與曾琦等人在巴黎成
立中國青年黨，其宗旨為：對外，「以力爭中華民國之獨立與自由為旗
幟」，對內，「以推倒禍國殃民之軍閥，實現全民政治」為信條。1925
年，青年黨中央黨部從巴黎移至上海。此時中國軍閥割據依舊，革命風潮
山雨欲來，而聯省自治運動餘波盪漾，國家主義派逐將其主張與聯省自治
運動相結合。

李璜指出，聯省自治有革命上和政治上的需要。他主張先用革命手
段去除障礙，進而建設現代國家。所謂革命，非指武力，而是使民眾「否
認現有政治主權」。他所提出來的革命步驟是：先聯縣而革命，進而聯省
而革命，以打破各省和有數省控制權的軍閥的統一，從事全國政局的改
造。李氏強調，所謂近代國家建設，便是把舊日封建法律及武力結果所得
到不自然的統一取消打破，而實現民意自然的真正的統一，「先造邦，然

---

[114] 常燕生，〈聯省自治與中國革命的新戰略〉，《醒獅》，152-157（上海，1927.10），頁
30。

後建國」。換言之，發動民意，以聯縣、聯省二階段革命的方式，以求中國統一。他表示：「中國之將實現聯省建國，乃本地現在所獨有的事實之要求。」對於那些時時以「聯省要破壞統一，分權便要抹煞集權」的詰難者，李璜即以多元論者之「職能國家說」加以反駁。[115]

　　政治多元論成爲李璜聯省建國論述的學理基礎。他說，反對聯省自治者有秉持主權不可分，一國不容有二重主權之論，實是「泥於舊日的主權說，神學派或理想派的整個不變的主權說。」而在近今，「我們都知道國家主權是歷史的產物、事實的產物，而不是神賜或理論造成的。因爲他是適應一時生活而發生的，而不是一成不變適於永久的。」李氏也像有些聯治論者一樣，引用法學家葉思曼（Adhémar Esmein，1848-1913）之言，認爲主權係先有事效，然後有法定。「今日其事效在分，則分之即所以成之。」李氏進一步表示，近今法律學者所謂唯實論或實證論一派甚受推崇，也就是認爲國家主權乃建設於事效，即所謂「職務的功能」上。他強調，狄驥主張公法應當取消從前那種主權的理想概念，而用公務（service public）的事實概念來代替，認爲「社會各盡其功能，合攏起來以完成國家的職務，這就是主權所由成立的的事效。」因此，李氏表示，若以主權分了可惜，老是防護舊有的中央集權包辦制度，「那只有令中國的政治不進化終於『無治』而已。」[116]在他看來，聯省制不但不害國家之統一，反足以促成國家之統一，並且還是政治進化的象徵。

　　李璜的聯省自治戰略，不僅被其視爲統一國家的策略，也是中國實現眞正民治的唯一辦法。他爲其聯省自治戰略擬出了「一種精神與聯邦主義相似」的作法，亦即在聯合革命相當成功之省，由各革命的省區舉出代表，成立國會，議定國憲；關於中央的政權，在形式上係由各省賦

---

[115] 李璜，〈我們的聯省自治〉，《醒獅》，105（上海，1926.10），頁10-16。
[116] 李璜，〈我們的聯省自治〉，頁16。

與，在規定上採取列舉辦法。他表示，要實現眞正的民治，中央權力的縮小是有利的事。此外，既要實現眞正的民治，國民自然都要有參政機會，不應僅限於一階級或少數人，其主張的選舉是「三不限」：（一）不限家產；（二）不限男女；（三）不限資格。在選舉一事，李璜提到了西方關於議會改造的不同論點，不少政治多元論者所主張的職業代表制也在他的考慮之內。他承認，職業團體實爲國家組織的中堅，他們利益上的主張應該能夠儘量發揮，然而亦不能將地方利益完全抹殺。因此，李璜的理想議會形式是在地方議會外另設一個職業議會，這個職業議會只不過是諮詢機關。[117]從以上論述可知，李璜借用了政治多元論的概念支持了他以聯省自治實現眞正民主政治，統一國家的革命戰略。

政治多元論運用於聯省自治之反思

對不少中國聯治論者而言，1920年代歐美政治多元論新思潮適時提供其理論的武器。聯治論者強調一元主權不過是歷史產物，不符合現今時代的要求，在講究實證的現今，此種觀念自應揚棄，並且重組國家。其所強調的概念是分權、聯治，其目標則是「統一」，是「救國」，是「建國」，甚至可說，以之爲單一國的過渡，或曰「分治之統一」。主張聯省自治者闡述分權、聯治的理想與利益，甚至對職業團體的政治參與也作了一定的規劃，表現在議會制改造尤爲明顯。然而，在「統一」之前，它往往被賦予分裂的標籤。誠如高一涵所言，「統一」有如宗教，中國人一談及聯邦，即視爲破壞國家的罪人。故論聯邦不曰「我非贊成聯邦」，即曰

---

[117] 李璜，〈國家主義的建國方針〉，《醒獅》，49（上海，1925.9），頁1-2。

「至個人之贊成與否，須待他篇」。聽之者不必待其議論終了，即悍然曰中國絕不得行聯邦制，必終古用這無辦法的和那統一的統一制。」[118]統一的迷思之前，即使是政治多元論此一國家新說也顯得力有未逮。

而在另一方面，秉持政治多元論的聯治論者自身，亦發現到西方的新國家學說運用到中國有其格格不入之處。1924年，張東蓀已深刻地談及政治多元論與中國政制之關係。在〈中國政制問題〉一文，他提出中國今後的政制發展的方向，而以英文「Devolution」來包括。張氏將之譯為「權力下放」，換言之，即為批發。這種批發有兩種：一種是以地域的大小為次第，作橫向的批發；如由國批發到省，由省批發到縣；另一種是以事業的種類為區別，如教育歸教育界辦理等。他認為這種批發有兩種好處：一是加重地方團體、事業團體的責任、使其有充分操練的功夫，其結果增加社會的功用；一是減輕孤懸於上的政府權力，使政府不得為非社會的勢力所假借。他借用基爾特主義所謂職司（function）的原理，認為當一種職司的社會勢力必須與其他職司相待相成，而重新集合成一個新總體時，中國新的政制就因此產生，但他並不認同將國家與其他團體等量齊觀。[119]

由上可知，張東蓀確已將政治多元論與中國政制改造作了連結，特別是他宣揚多時的基爾特社會主義的主張。在聯邦制方面，張氏認為新的變化是單一國與聯邦國分別向對方接近，此一觀點顯係受到柯爾的啓發。柯爾以英國地方劃分太小，不足為經濟單位，主張改為大的「區」，張氏把這種改變視為「單一國的聯邦化」。此外，張氏也討論聯邦與政治多元論者討論國家主權時經常言及之「職司」觀念，指出聯邦與職司的聯合有二種：一是縱的聯合，以各團體對基本社會所盡的職司而聯合，如工會、農會；一是橫的聯合，係以地域的擴張而聯合，如縣與縣。他表示，基爾特

---

[118] 高一涵，〈讀彌爾的自由論〉，《新青年》，4：3（北京，1918.3），頁215。
[119] 張東蓀，〈中國政制問題〉，《東方雜誌》，22：1（上海，1924.1），頁19。

社會主義即是主張根據這二種原則把社會重新組織。然而，張氏也強調，中國的現實情況與基爾特社會主義實踐相差甚遠，「中國今日的毛病，並不是職司配合上有甚麼悖戾，對等主權有什麼軋轢，所以拿這種學說想醫中國目前的病症，必是文不對題。」換句話說，張氏認爲這些政治多元論的主張仍須等待中國禍亂停止之後，方有可能施行。對於高一涵主張之社會不是單一體而是群與群的集合體之說法，他也表示，這說法乃是學者研究中世紀事象的一種事後解釋而已，這種解釋「對中國的歷史雖不能說全不適用，然也不能說絕無問題。」[120]因此，他以爲如果高一涵拿「行會派」所說的對等主權來辯護中國現狀，也是大可不必。張、高二人在1920年前後均醉心於基爾特社會主義但張氏認爲以中古行會比附現代社會中的團體，並不合適。

　　1925年的張東蓀，不復見民初的政治改革熱情。他感慨所談與所主張者均不能見諸實行，反而與實際漸距漸遠，現實狀態已完全離了軌道，如果所言不切實際，不能實施，也只是自造一個烏托邦而已。因此，對張氏而言，中國當務之急，是先要讓國家上了「近世」的軌道，然後才能從容討論，以定去取，中國「迄今是在一種畸形怪狀之下，凡政治學上的正則理論，都用不上去。」[121]1925年，聯省自治運動進入了尾聲，張東蓀的〈聯邦論辯〉爲自己不再談論聯邦作了說明。

　　1926年張東蓀更直接談及政治多元論與聯省自治之關係，也爲政治多元論作爲一種學理在聯省自治運動上運用無力作出了註解。他說，「對于當今所盛行于論壇上的聯邦論、聯省論、割據論、邦聯論等加以檢查。我現在總名這種論調，爲多元政治論。」他表示自己是「首倡多元政治論的一個人，同時亦是對于多元政治論首先懷疑的一個人，同時亦是雖對於多

---

[120] 張東蓀，〈聯邦論辯〉，《東方雜誌》，21：6（上海，1925.3），頁19。

[121] 張東蓀，〈聯邦論辯〉，頁17。

元政治懷疑而仍認為其中或許有路可走的一個人」。[122]在〈多元政治的問題〉一文中，張氏指出，國人最大誤解是以中央解紐即可成為地方分權，乃因地方分權遂謂可改行聯邦制。殊不知聯邦制的成立與否不以中央解紐為條件。張氏也再次強調，聯邦的組織乃係一種比較進化的政制。其能採用與否完全是以能否形成近世國家為前提。「聯邦與單一，純粹是近代國家的政治問題，詳言之，即國家形成後的制度問題，「把政制與造國混合為一，未免把政制的作用看得太大了。」[123]他深信以中國地域之廣，民情之雜，非採用聯邦制不可；但聯邦制只能增加政治的功用，使已上軌的國家更得發達，而絕對不能整治目前的紛亂，使未形成正式國家能一躍而入軌。

對張東蓀而言，聯邦論只是政制問題，而不是救時的問題。他表示，政制問題是如何以增加政治的效率而免去弊病；救時問題是如何把阻止中國進入近世合理國家軌道的種種勢力設法剷除，兩個問題根本上性質不同，「今以解決前一個問題的答案來解決後一個問題，實在是糊塗。所以我對于今之聯邦論不由得好笑。」[124]換言之，當時的中國非為近世國家，亦即非為真正的國家（即合于政治學原理的國家），則「當然亦夠不上說甚麼採用聯邦制。」事實上，1926年，革命運動已蓄勢待發，張東蓀也應該認為多說無益。

---

[122] 張東蓀，〈多元政治的問題〉，《太平導報》，1：7（上海，1926.2），頁10。
[123] 張東蓀，〈多元政治的問題〉，《太平導報》，1：7（上海，1926.2），頁10。
[124] 張東蓀，〈多元政治的問題〉，《太平導報》，1：7（上海，1926.2），頁10-11。

國民黨的「分治合作」論與「均權」說爭議

　　無論有無運用到政治多元論學理論證聯省自治的價值，1920年代上半葉的聯省自治論均可視爲有別於武力統一的一種和平統一論述。然而，與聯省自治運動幾乎同時，中國革命運動再起。在國民黨的革命運動中，建國是三階段循序漸進的龐大工程。根據孫中山的構想，先是「軍政」，在國民黨領導下用武力完成「統一」，再由國民黨「訓政」，以一黨專政的模式訓練人民學會運用「民權」，最後進入「憲政」，還政於民。因此，建國之首要，即是「武力統一」，被認爲變相之軍閥割據的聯省自治則是需要掃除的統一障礙。

　　對於中國是否採行聯邦制度，自清末倡議革命以至1920年代初期，孫中山經歷了變化的過程。大抵在辛亥革命前，孫氏主張聯邦制；革命期間，對聯邦制態度有所調整，雖不認爲將來可行，卻表示在過渡時期未嘗不是權宜之策；至民國建立後，孫氏屢有對集權分權問題之說明，並且指出，中國如果實行聯邦制，等於從集中和統一走向分散，而地方自治，當以縣爲單位。對中國採行聯邦制，已有遲疑；聯省自治運動興盛時期，孫氏亦曾有使各省完成自治、自定省憲、自選省長，以自治主義相結合而歸於統一的說法。唯自1922年陳炯明事件後，明確主張聯省自治不適於今日中國。因而，被聯邦論者認爲可以培養人民自治能力，促成國家進步統一之聯省自治，在孫中山看來，「上足以脫離中央而獨立，下足以壓抑人民而武斷，適足爲野心家假其名而行割據之實耳。」[125]對於許多支持聯省自治者援引美國爲例的論述，孫氏也辯稱，美國之所以富強，不是由於各邦之獨立自治，而是由於各邦聯合後進化成爲一個統一國家。爲了獲得解

---

[125] 陳錫祺，《孫中山年譜長編》（北京：中華書局，1991），上冊，頁1491。

放，實現國家目標，中國需要一個強有力的中央政府，一個統一、集中化的政府。[126]

　　1924年1月中國國民黨第一次全國代表大會召開，「一大宣言」明白否認聯省自治派認為造成中國現今亂象係由於中央權力過重的說法，並且強調北京中央權力非由人民承認、法律賦予，而是攘奪而來。因此，真正的自治，必待中國全體獨立之後，始能有成。換言之，自治只能在革命成功後才有正當性。同時，在國民黨政綱部分，規定關於中央及地方之權限，採均權主義，不偏於中央集權制和地方分權制；各省人民得自訂憲法，自舉省長，但省憲不得與國憲抵觸。省長一方面為本省自治之監督，一方面受中央指揮，以處理國家行政事務；確定縣為自治單位。[127]一方面反對聯省自治，一方面主張中央與地方均權、可制定省憲、自選省長以及確定縣為地方自治單位，其中的矛盾含糊，給了孫中山的信徒們極大的想像空間。唯一可以確定的事，政治多元論並非孫氏論述國家性質與組織所倚恃的理論。

　　北伐統一將成之際，國民黨內部因政治分會存廢問題而有「分治合作論」的出現。為應付北伐統一工作的需要，國民黨中央在北伐過程中陸續成立了幾個中央政治委員會政治分會，作為所轄地區最高政治指導機關，有些轄區甚至囊括數省，其權力之大，幾使地方呈現自主樣貌。[128]且由於

---

[126] 白吉爾（Marie-Claire Bergère）著、溫洽溢譯，《孫逸仙》（台北：時報文化出版社，2010），頁389。

[127] 中國第二歷史檔案館編，〈中國國民黨第一次全國代表大會宣言〉，《中國國民黨第一、二次全國代表大會會議史料》（南京：江蘇古籍出版社，1986），頁89。

[128] 隨著革命形勢轉移，政治分會職權有所變遷。以1927年6月28日所公布的修正政治分會條例來看，除了規定政治分會對中央政治會議負責外，還說明了政治分會對地方政府有指導、監督權，對地方事務有決策權、立法權外，並能裁決地方黨政衝突和處理該管轄區域內之黨務，以及因地制宜和緊急處分之權。該條例見《國民政府公報》，寧字第7號（北京，1916.7），頁1-2。

大多數政治分會的組織成員多為該區軍事領袖，致使政治分會也擁有軍事實權，在意識上不脫過去地盤主義觀念，致使各地政治分會帶有濃厚的地方主義色彩，與中央存在潛在的緊張關係。北伐中期，黨爭激烈，進而兵刃相向，政治分會多有參與其中者。[129]

　　寧漢合併後，國民黨成立特別委員會，唯黨權之爭未止。1927年10月反對特別委員會風潮方興未艾之時，即有黨權統一、提高黨權、黨權制裁一切之議。有鑑於此，時任中央監察委員之李石曾乃提出「分治的統一」或「分治合作」的主張。他認為黨務同於政治，統一固有必要，分治亦同為必要，「若只有統一而無分治，則有專制專政之弊矣。若僅有分治，或分而不治，則有分裂散亂之弊矣！」[130]其論點與聯省自治論甚為相似。1927年11月19日，他在會晤蔣介石和譚延闓時，更力陳分治合作在中國實施之必要性，其中更強調，「近代世界潮流，專制集權的制度已將不能存在，平民政治都傾向於分治的途徑前進」以及「國民黨以自由平等為精神，以為主義，以縣自治為方法，由此觀之，亦傾向分治」，認為當時全國已分為許多部分，除北洋軍閥及南方共黨應剿除外，其他決不能用武力統一的方法，以達到專政集權的妄想，而必須以分治合作達到統一的目的。[131]

　　事實上，早在1922年6月聯省自治運動方酣之際，時在北京大學任教之李石曾，即與丁燮林、王世杰、李四光、李麟玉、譚熙鴻諸教授共同發表〈分治與統一商榷書〉一文，針對當時單一制與聯邦制之爭議，認為中國單一制與聯邦制均屬嚴格的統一方案，此一目標在當時中國顯然無法實

[129] 陳惠芬，〈北伐時期的政治分會—中央與地方的權力糾葛〉，《國立台灣師範大學歷史學報》，24（台北，1996.6），頁220-223。

[130] 樓桐孫，〈最近政制問題〉，《東方雜誌》，25：1（上海，1928.1），頁22-23。

[131] 中華民國史事紀要編輯委員會編，《中華民國史事紀要—中華民國十六年（一九二七）七月至十二月份》（台北：中華民國史料研究中心，1978），頁870。

現。在他們看來，中國欲完全統一，有賴於勢力極大的武力；且國民尚未有自主能力，彼此間尚互相猜疑，倉促地以嚴格的統一相號召，各方猜疑必然更甚；加以南北之爭尚與南北之感情、利害、文化有關。在嚴格統一不能實現和極端分裂不被允許的情況下，他們主張「分治的統一」，即在統一形勢下，實行分治，即邦聯制（confederation）。其具體的作法，將全國劃為若干「聯治」的單位，其區域可以省為單位，但不必以省為限。中央職權縮至極小限度，而「聯治」區域之職權擴充至最大限度。[132]他們表示，此種制度與聯邦制精神略同，只是統一程度有別。王世杰並稱，聯邦制可懸為中國五年、十年後之理想，今日難以實現，但可予變通，這種分治的統一可說是「廣義的聯邦制」。此一方案，與政治多元主義者強調「聯治」之精神多有吻合。在北伐工作如火如荼開展，期待各地方實力派共襄盛舉之際，李石曾則表示，宜將黨治下現有管轄地分為若干區域，區內一切行政事宜，概歸各該區處理。另一中央監察委員吳稚暉也表示贊成，認為如此作法可使各種勢力「相安一時」。他認為，「分治合作」就是「採納本地人的意思」的治理模式，「所謂分，便是應教有功者治理。所謂合，就不應該子孫萬世，拼命計畫清一色」。[133]吳稚暉之說法，頗有職能分工意味，其反對清一色，亦有多元概念。

　　李石曾為保留政治分會辯護，其理由之一係「破除武力統一的皇帝夢」，同時也強調分治乃是達到統一的手段。他直言中國所謂「民主集中」、「民主集權」，實是仿效蘇俄「階級專政」而來，他的「分治合作」則是與孫中山之「均權」，「其性質相類，惟名詞不同而已」。李氏更進一步表示，此「分治合作」和「均權制度」且具進化意義，與軍政、

---

[132] 胡春惠編，《民國憲政運動》（台北：正中書局，1978），頁344。

[133] 吳稚暉，〈談汪先生分工以後贅言〉，《廣州事變與上海會議》（國民革命軍第八路總指揮部印，1928.5），下編，頁30。

訓政和憲政三時期相承繼正同。猶如訓政開始縣自治，進入憲政後實行均權制度，分治合作亦由縣而省，而與中央聯爲一貫。[134]反對者則以「黨將分崩離析」、「不合建國三原則」、「不合均權原則」、「近乎『聯邦』」等理由強力駁斥。[135]批評者更指出，分治合作與聯省自治「名異實同」，其眞正意義就是「一方面要滿足軍人割據地盤的慾望，一方面卻依順著寄生在軍閥底下的政客的把持權位的思想，要公開地造成一班新軍閥，和寄生在新軍閥底下的政閥。」[136]

　　對於反對者將分治合作與聯省自治相比擬，李石曾反駁指出，聯省自治之不良，不在其有分治合作及均權之性質，而在於其「非分」、「非合」與「不均」。聯省自治之最大缺點有二：（一）以省爲國家之單位，每一省爲一集權小國，仍具集權之精神，而非均權之精神；（二）每一小國不過以聯省爲暫時苟安之方法，非根本之計畫，每一小國各自待時，以期兼併其他小國，而成一集權大國，其精神不在「均」而在「集」。[137]李石曾不否認其受無政府主義影響，唯其強調其所擷取者，乃是反對強權，贊揚自由，與政治多元論有互通之處。儘管如此，反對者仍指其不啻將「一個的專政集權體變爲多數專政集權體。當時黨、政、軍大權在握的蔣介石，更不以爲一個強調地方分權的制度適合中國今後的發展。蔣氏認爲造成現代化國家的條件是：（一）統一；（二）集中。[138]「集權」的「統一」仍是北伐統一後南京國民黨中樞的堅持。

　　值得注意者，在北伐時期分治合作論與反對者之爭辯中，二方皆以孫

---

[134] 李石曾，〈集權與均權（一）〉，《革命》，61（上海，1928.9），頁2。

[135] 于右任的批判可爲代表，他堅持黨的統一，而統一政治軍事，統一中央地方。見于右任，〈對於分治合作的批評〉，收入司馬長島，《北伐後之各派思潮》（北平：鷹山社出版部，1930.8），頁33-39。

[136] 一聲，〈分治合作和聯省自治〉，《新評論》，1（上海，1927.12），頁4-6。

[137] 李石曾，〈集權與均權（一）〉，頁4-5。

[138] 陳惠芬，〈北伐時期的政治分會─中央與地方的權力糾葛〉，頁232-233。

中山的「均權」主張作爲立論的依據。北伐統一後，由於南京中央要求實質的統一與集中，與各實力派時有衝突，中央與地方糾葛不斷。「地方」除以「實力」與「中央」相抗衡，也經常以「均權共治」作爲訴求。在此過程中，政治多元論再度登場。

　　北伐統一後，「新月派」知識分子批判國民黨訓政不制定約法以及對於人權的限制，相當程度地影響了當時國民黨在野派汪精衛等人。1930年7月13日反蔣勢力所集結之反蔣、反南京之中央領導機關—擴大會議成立，其宗旨誠如鄒魯所言：在黨內、國內，謀以民主制，推倒獨裁。[139]〈擴大會議宣言〉所提出的黨政新主張共有七項，包括召開國民會議、制定約法、發展民衆勢力、黨治之下黨和政府之權限清楚劃分、成立民意機關、用人不限黨員以及中央與地方關係採均權主義等。就最後一項言之，擴大會議批評蔣介石「惟知利用中央集權之名，以逐其個人獨裁」，阿諛之徒又倡爲「定於一」之說，「以逢其惡」。[140]簡言之，反對一元。

　　除了政治紛爭，輿論界再就「均權」一事引發議論，其中即有從政治多元論引申其義者。其中有爲孫中山「均權」辯解者，如1929年向默安〈多元的國家觀與獨裁思想〉一文，或可視爲從三民主義立場向多元主義國家觀所做之「學理性」批判。作者首先強調，政治思想與社會、時代以及思想者個人的環境，不獨有密切關係，而且受其支配，中外皆然。他指出，由於新興社會集團勢力之擴張與代議制度之窳化，多元主義的國家觀主張分權，獨裁的政治思想主張集中。然而，在他看來，二者雖見病症之源，然皆誤施救濟之方，其結果遂成偏倚。而孫中山的《三民主義》，主

---

[139] 中國青年軍人社編著，《反蔣運動史》（台北：天天文化出版社，1991），上冊，頁178。

[140] 「一週間國內外大事述評」，《國聞週報選輯》（台北：文海出版社，1985），第18冊，頁2758-2759。

張均權，以人民管理政治；主張權能區分，於間接民權之外兼行直接民權，更足以救代議政治之窳敗、無能。向默安強調，以分權的均勢維持社會的統一，以獨裁的武斷政治代議會政治之迂遲，終非根本的解決方法。縱令一時成功，亦不過受其社會環境、時代環境要求的賜予。[141]由本文觀之，向氏不以政治多元主義之分權爲然，以其不過一時產物，非可繩之久遠。

　　向默安以孫中山之「均權」，反對政治多元論之「分權」。然而，亦有以政治多元論之「分權」來印證其爲「均權」，甚至將政治多元論與孫中山之「均權」等量齊觀者。如1931年，時在中山大學任教之鄧孝思發表之〈現代國家學說之發達及其理論基礎〉一文即爲一例。鄧孝思，畢業於日本京都大學政治經濟科，專攻現代政治學說、政治學說史。鄧文首先抨擊一元論國家觀，並謂其在國內，容易傾向專制政治；在國際，容易傾向國際戰爭，歐戰時的德國表現，即是這種陳腐的國家觀在作祟，日本正踵隨其步，侵略中國，頗有引起第二次世界大戰的可能，現代國家學說即是對此舊國家學說之糾正。在介紹多元論時，他特別突出拉斯基的學說。

　　除了強調多元論將日趨美善，並可日益普遍化外，鄧孝思強調，多元論學者公布其國家觀時，恰巧與孫中山演講三民主義的時期相差不遠。比較兩者，他認爲：總理講民族，不講國家，並說國家是霸道不是王道，然而他絕不是根本否認國家，只是對黑格爾式絕對國家認爲不合民主主義而加以鄙視；總理雖然沒有和多元主義國家論者一樣，把國家和其他團體並列，但總理不主張中央集權，只是主張均權；所謂均權，是中央與地方平均政權，即地方團體有與代表國家之中央政府平等對立的資格，用多元論者的話來說，「就是把國家從至高無上的地位拉下來，拉下來和地方團

---

[141] 向默安，〈多元的國家觀與獨裁思想〉，《民鳴》，1：4（南京，1929.8），頁44。

體並列」；他並且認爲權能分立的理論，「有現代新興的多元國家論的色彩」。[142]在孫氏的三民主義中，確實已包含不少20世紀初期新政治思潮的元素，舉凡對天賦人權的質疑、對代議制的批判、直接民權的肯定等皆是。在孫中山崇拜已成國民黨政治文化的年代，將總理遺教推升至世界級政治思想高度，亦是不足爲奇。

然而，不可否認的是，鄧孝思提出了民國政治問題癥結所在。他說，多元主義國家論，自歐戰到1930年初，差不多已成爲歐美各國學術界的主要思潮，且「總理遺教」關於國家論部分，許多地方和新思潮吻合，但是在「完全接受總理遺教的中國人中間，對於國家觀念是怎麼樣，實是尙未脫離一元論之窠臼。」「全國人民，對於國家的事，平素，尤其是目前，都集中其注意力於『如何統一？』的問題，決不留心『如何改良政治？』的問題。」他認爲「『統一』的界說，要預先弄清楚，統一不是單一的意思，也不是統於一尊的意思，是就各種複雜糾紛的現象或事實中得一個有系統的組織出來的意思。所謂有系統的組織，凡社會上有力量的集團或團體，在外國如宗教團體、職業團體等，在中國如省市地方團體等，均承認其存在發展，於此複雜紛亂的事實中弄出一個系統來，至於如何弄出一個系統來，那是政治運用的問題，制度改進的問題。故欲求統一，應當從政治問題研究起，若撇開政治問題、制度問題求統一，則統一不能求得到的。」他舉一個例，認爲「省區之爲一種有力的地方團體，具有眞正個性，具有特殊起源，而爲純粹法人。……熱心統一的人，竟主張廢省，討論結果，把省區縮小，改爲六十幾省，其主張的根據，完全是借用中央集權論者的理論，完全是陳腐的一元論的國家論，不但違反現代國家論的思

---

[142] 鄧孝思，〈現代國家學說之發達及其理論基礎〉，《社會科學論叢》，3：11/12（廣州，1931.12），頁1-19。

想，並且是違反總理均權的遺教了。」[143] 上面這一段話，可說是寧粵對峙時期，置身於廣東的鄧孝思，立足於多元主義國家觀下對當時仍執一元論國家觀者之批評。

　　1930年北平擴大會議結束未久，1931年廣州非常會議又起，寧粵對峙，而日本侵華危機逐日升高。1931年11月胡漢民在廣州中央執監委員非常會議和國民政府聯合紀念週中，表示反對集權，主張均權，「主張均權，爲的是奉行總理遺教。他並且和孫科、陳濟棠、李宗仁、伍梯雲等人在中國國民黨第四次全國代表大會中提出「實行均權以求共治案」。1932年12月20日國民黨三中全會中，孫科等27位委員提出〈集中國力挽救危亡案〉。該案指出，全國一致抗日是唯一的出路，「而環境顧慮之中心，則在內部不能一致」，其原因之一，爲中央與地方未能實行均權共治。[144] 鄧孝思欲以政治多元論合理化廣東的「均權共治」，此種論點卻無法獲得心繫「統一」者之認可。

　　有些統一論者，也是從政治現實出發，認爲中國的衰敗正是多元政治造成的結果，不足爲訓。如1933年張自競在〈多元政治與中國前途〉一文中即表示：「中國政治的病源就是多元的、重覆的機關的對峙，權力不能集中，多頭的統治的首長的對立，彼此互相抵衡（check and balance）。」他回顧辛亥革命以後的歷史，認爲短短二十年，也是「充滿了『抵衡』的多頭的記載。」他批評「聯省自治」口號，以其正是多元政治的反映，「不過是投機取巧，因利趁便的說法，何嘗是一個聯邦國家，……到今日依舊是普徧的存在。」此外，他談外患：「僅就九一八事變的應付的經過

---

[143] 鄧孝思，〈現代國家學說之發達及其理論基礎〉，頁19-20。

[144] 孫科等，〈集中國力挽救危亡案〉，《孫科文集》（台北：台灣商務印書館，1970），第三冊，頁1203-1204。

來看，也就知道多元的局面對於國家前途有怎樣的危險。」談到武力，也是呈現「軍事多元化」的現象，「多元」等於「散漫」；至於邊境，也是處處紛擾，蒙古、赤禍擾攘。以上種種問題的癥結，他以爲正是「中樞失去統治的權力」。換言之，是國家從單元體變成多元體、由集權變成分權、軍隊由單元變成多元，政治重心，由中央變成地方，是外重內輕造成的結果。[145]在1930年代初期國家政治秩序紛亂又國難當前的危機中，他認爲國家的「統一」與權力的「集中」才是國家的最高訴求，「政治多元」被認爲有違國家需要，且是紛亂衰敗的根源。

　　或許爲了避免陷入「均權」之爭，1934年發表在廣州中山大學《社會科學論叢》中〈論「因地制宜」之地方分權制〉一文，即是直接闡述了地方分權的合理性。作者余群宗援引拉斯基《政治典範》中的觀點指出，拉斯基等人雖嘗稱社會制度之重要，然其最後關心者實是個人，故而認爲社會制度不過是爲達人類最高目的之手段。爲達人類最高目的，單給環境仍不充分，亦應給予民衆自律的機會。由此延伸至「因地制宜」之地方分權制度，余氏表示，此一制度本身亦非最高目的，不過是地方人民用以達到最高目的之手段。如果不特別給民衆以較善之環境，由民衆自發地提出各自之輕驗，論議討究以決定其環境，未始不能達其最高目的。簡言之，余氏認爲，地方人民之內在的精神、德知，實需較善之環境有以助之。地方人民之最高價值之實現，所賴於「因地制宜」之政治的地方分權制度所給予之良善環境的程度，實不減於倚於個人之內在的精神或創造力的程度。[146]

---

[145] 張自競，〈多元政治與中國前途〉，《武漢公論》，1（武漢，1933.11），頁2-5。

[146] 余群宗，〈論「因地制宜」之地方分權制〉，《社會科學論叢》，1：3（廣州，1934），頁40。

　　對於聯邦主義與中央集權主義在民國時期的發展，學者認為，由於權力政治和權威語言的互動，使得霸權的、中央集權民族主義敘述，在中國近代史的初期摧毀和在意識型態層面葬送了聯邦制這個選擇。[147]此一說法，可作為民初以來中央與地方權力糾葛中制度創新選擇困難的最佳註腳。政治多元論以其作為20世紀國家新說，成為中央與地方糾葛中各種論爭的選擇話語。

---

[147] 杜贊奇（Prasenjit Duara），〈民國的中央集權主義和聯邦主義〉，《二十一世紀》，25（香港，1994.10），頁27。

第三節　政治多元論與1930年代的政制改造

　　九一八事變後，中國內憂外患不絕如縷。在民族危機下，所謂的霸權的、中央集權的民族主義敘事，所牽引者，不只是中央與地方關係，更有甚者，是政制設計中國家、社會與人民的關係。此中意涵，前述聯省自治運動中部分知識分子已有論及，1930年代上半葉的政制改造潮流中表現尤為明顯。當時朝野群思救國建國之道，拉斯基的政治多元論參與了此一國家改造的論述過程。

訓政危機與黨國一元思想的深化

　　辛亥革命後，共和建立，中國試行民主，國民黨參與了議會政治。孫中山在同盟會時期所揭櫫之軍法之治、約法之治、憲法之治的革命三程序，在開國的激情中幾被遺忘。1913年7月二次革命失敗後，孫中山與國民黨領袖亡命海外。同年11月，袁世凱以國民黨發動二次革命，指為亂黨，予以追捕，導致1913年在中央與地方選舉中大獲全勝之國民黨籍議員也失去了政治舞台，革命榮光有如曇花一現。1914年孫中山在日本改組國民黨為中華革命黨，革命三階段理論也開始其質變的過程。

　　清末革命期間，孫中山即以英美民主政治作為建國的標的。民國以來，民初議會政治的失敗，德國的社會民主黨、德俄的革命、米歇爾（Robert Michels，1875-1936）、列寧和鮑羅廷（Michael M. Borodin，1884-1951）等，皆以不同的方式逐漸強化孫中山思想中的威權主義，新的民治思潮如直接民權等也加強了其對代議式民主的懷疑，其思想由多元轉向一元。孫中山思想中雖有民主和威權的成分，然其後繼者如蔣介石、胡

漢民、汪精衛等人在多數時候，選擇了威權主義。[148]

　　事實上，國民黨的革命運動擷取了不少20世紀初期以來歐洲新政治思潮和政治運動的資源，然其本質多是威權主義的。以權力一項言之，1924年國民黨改組，標榜「民主集中制」。北伐統一後，國民黨宣布進入訓政時期，以黨治國。然自訓政實施以來，國民黨在野派輒以「民主」為號召，反對南京政府的「專制」、「獨裁」、南京中央則是強調「統一」、「集中」。黨內中央、地方常生糾葛，黨權紛爭更是持續未斷。北平擴大會議和廣州非常會議即是緣是以生。而在另一方面，輿論界屢對訓政黨治的合法性表示質疑，新月派的批評言論即是最好的例子。

　　政治多元論特別強調社團在國家事務上的分工角色，尤其是其相對於國家的自主性格。然而，國民黨的社團政策也是走向了威權主義。晚清以來，中國社團日益發展，無論是以公共活動為目的的社團，或作為各階層居民之社會結合主軸的社團，均在公領域發揮了重要的功能；職業團體亦在各自領域的利益需求上多所維護。民國以後，社團更是經常被視為中華民國主權意志的代表，表現出政治參與的熱情。它們有強烈的地方關懷，也對全國性事務屢表關切。社團的蓬勃發展可說是辛亥革命後中國民間社會力量的高度展現，廣泛參與了各種事務。以聯省自治運動來說，如1922年5月在上海全國商教聯合會發起召開的國是會議，即由全國省議會、商會、教育會、農會、銀行公會、律師公會、報界聯合會和工會代表，討論國是；又如湖南省憲規定由商人、工會、農民協會的代表組成人民會議。即如國民黨，1924年11月孫文的〈北上宣言〉中，亦有召開國民會議，由

---

[148] 張朋園，《從民權到威權—孫中山的訓政思想與轉折兼論黨人繼志述事》（台北：中央研究院近代史研究所，2015），頁26-77。關於孫中山思想由民權向威權主義的思想背景和轉變過程，以及其繼承者胡漢民、汪精衛和蔣介石的政治思想和表現，以及國民黨的訓政成果，本書皆有詳盡的考察和精闢的評析。

近代實業團體、商會、教育會、大學、各省學生聯合會、工會、農會、反對曹錕和吳佩孚的各路軍隊、各政黨構成，推進中國統一和建設，社團作為民意表徵的意味相當明顯。以社團代表為民意代表，固是當時中國各種條件尚未具備下，實踐政治民主的一種簡便方式，20世紀初期政治多元論所強調的社團性格確也是加強此一運作方式的因素。

　　然而，隨著北伐的逐步推展，以社團為媒介而實行的國民統合制度亦逐步形成。1926年國民黨二大通過〈民眾運動決議案〉，決定將各階層的民眾納入黨領導下統一組織的工會、農民協會、學生團體、商民協會、婦女團體之中。1928年7月18日，蔣介石聲言：「以後各社會、各團體，一定要養成黨化、軍隊化，黨的紀律是最嚴的，大家都要服從三民主義，和黨的一切章程。……須知這是真正救國的方法。」1928年8月，北伐工作宣告結束，國民黨召開的二屆五中全會也直接表示:「人民在法律範圍內，有組織團體之自由，但受黨部之指導與政府之監督。」在國民黨政府的革命實踐下，各類社團必須接受國民黨的領導和三民主義意識型態。[149]1930年代以後，隨著民族危機加重，國民黨對社團的監管也愈益加緊，以達到對社團的「統制」。[150]在國民黨訓政下，社團逐漸服從於黨國的一元統

---

[149] 小濱正子以上海為例，說明國民黨以「黨治」這種近代國家權力形式，日益滲入都市空間，將社團改組或重組為自己可以認可的組織，亦即透過社團重組將上海由「社團網絡的都市社會」變成「通過社團實行國民統合」。小濱正子著、葛濤譯，《近代上海的公共性與國家》（上海：上海古籍出版社，2003），頁209-277。

[150] 如：1929年6月17日，國民黨三屆二中全會，通過〈人民團體組織方案〉，規定組織社團要由黨部指導、政府監督，並呈請政府立案。對於反三民主義的行為之社會團體，國民黨將嚴厲糾正。1931年1月31日公布之〈危害民國緊急治罪法〉中，更規定以危害民國為目的而組織社團，或集會或宣傳與三民主義不相容之主義者，處五年以上十五年以下有期徒刑。又如1935年12月7日國民黨五屆一中全會通過〈關於今後黨務工作綱領案〉，內容除加強國民黨對於各種社團的關係外，對於文化團體，則是「應本統制之精神，改變以往消極取締之辦法。江沛、紀亞光著，《毀滅的種子—國民政府時期意識管制分析》（西安：陝西人民教育出版社，2000），頁87-90。

治。

　　九一八事變之後，在內外交逼下，國民黨不得不考慮對現有政治體制作出調整。1932年8月，蔣介石曾在日記中表示：「故革命憲法，以經濟、教育、外交三大要素爲基礎，必使國家容易統一之故，不能不因地制宜，使地方分權以圖發展其經濟與教育；必爲使政權容易集中，以對抗外患，則不能不用總統制，以爲應時制宜之計；以道爲縣，使縣之範圍擴充，以職業團體爲經濟議院，以代衆議院職權，以國民黨中央會議爲參議院，以各省區與各民族選舉當衆議院，此近日對於政制之研究也。」[151]蔣介石欲以分權的方式圖經濟與教育的發展，以職業團體充當經濟議院，代衆議院職權，此一構想，顯示了他對政治多元主義運動並非全無所悉，唯其乃是藉分權以達統一、集中。結果是，其分權的方向並未實現，反倒是集權的目標有了進一步的突破。

　　九一八事變後，由於深刻的民族危機，黨內外均有對現行訓政體制改弦更張的呼籲，訓政危機浮現。爲此，國民黨決定對訓政體制有所調整，其方向大致可分三派：以孫科、汪精衛等人爲主之「革新派」，主張容納更多黨外人士加入黨治的運作；以胡漢民爲代表之西南一派認爲訓政不彰乃是因爲黨權爲軍權所凌駕，宜發揚黨權，維持原有訓政模式；而蔣介石一派則聲稱，訓政不彰，乃是因爲軍政尚未完成，宜強化軍事重心，且爲加強黨的領導效能，應該恢復總理制，尊奉蔣介石爲統御核心。1932年以後，「蔣派」言論隨處可見，與國民黨關係密切的《時代公論》、《政治評論》等雜誌鼓吹獨裁制、領袖制最力。[152]

---

[151] 《蔣介石日記》，1932年8月5日。

[152] 見陳惠芬，〈陳立夫與1930年代初期的訓政爭議〉，《臺灣師範大學歷史學報》，42（台北，2009.12），頁284-286；王奇生，《黨員、黨權與黨爭－1924-1949年中國國民黨的組織型態》（上海：上海書店出版社，2003），頁213-246。

　　1932年6月創刊的《政治評論》，其所刊載的文章，始終圍繞著「一個主義，一個領袖，一個組織」而發揮。[153]在此方向下，讚美義、德法西斯主義，擁護「一個領袖」之文章亦復不少。[154]除了《政治評論》之外，同為CC系操控之報章雜誌亦群起鼓吹「領袖制」，同時刊登很多介紹法西斯主義的文章。[155]而1932年4月創刊，具國民黨色彩，以中央大學教授為撰稿主體的《時代公論》，自11號起，也加入提倡擁護「一個領袖」的行列，至停刊為止，發表了不少鼓吹「領袖制」、批評「合議制」或「委員制」文章，甚至公然主張恢復「總理制」。[156]在集中、統一的要求中，國民黨的訓政，也逐漸由「一黨專政」的構建，進一步走向了「獨裁政治」的鼓吹。事實上，自北伐以來，強調委員制（或合議制）已成為反蔣一派節制蔣介石權力的常用手段，蔣氏則是企圖以主席制來使其最高的權力合法化，此在歷次國民政府組織法的修正過程中的表現已可看出。[157]

[153] 陳立夫努力促使蔣成為「駕馭核心」，一個「名符其實」的領袖，這正是1932年6月到1935年11月陳立夫、陳果夫和鄭亦同等人創辦《政治評論》的宗旨。陳立夫晚年直言，其中，最具代表性的，則有鄭亦同的〈黨的領袖問題〉和程瑞霖的〈再論「黨的領袖問題」〉等兩篇文章。陳立夫，《成敗之鑑：陳立夫回憶錄》（台北：正中書局，1994），頁220。

[154] 根據王奇生的初步統計，《政治評論》中所發表的鼓吹獨裁政治的相關文章即多達40餘篇。詳見王奇生，《黨員、黨權與黨爭》，頁241。

[155] 關於1930年代報章雜誌鼓吹「領袖獨裁制」和介紹法西斯之言論，參見馮啓宏，《法西斯主義對中國三〇年代政治的影響》（台北：國立政治大學歷史學系，1998），及Lloyd E. Eastman, *The Abortive Revolution: China under Nationalist Rule, 1927-1937* (Cambridge, Mass.: Harvard University Press, 1974), pp. 31-84.

[156] 《時代公論》中主張總理制最具代表性者為楊公達，1932年相關文字，如第11號〈三論國民黨的危機與自救〉、第16號〈國民黨復興論〉等；另見劉大禹，〈九一八後國民政府集權政治的輿論支持（1932-1935）─以《時代公論》為中心的考察〉，《民國檔案》，2（湖南，2008.5），頁68-75。

[157] 家近亮子指出，從訓政時期國民黨的制度和權力變遷，可知一定時期內，國民政府得以用集體領導制壓制個人獨裁，但為回應逐漸高漲的，來自政權外部的要求民主的聲音以及抗日時期採取戰時的聯合體制，在黨內要求凝聚力的同時，黨權集中到蔣介石。見家近亮子，《蔣介石と南京國民政府》（東京：慶應義塾大學，2002），頁137-162。

正是在民族危機深重的1930年代初期,國民黨高唱「民族復興」。[158]
在「民族復興」口號的激勵下,有些國民黨知識分子推崇法西斯的國家
觀,堅決反對多元主義。如1933年一篇〈現代各派的國家觀〉的文章,作
者鄭奇強調特別採用「歸納的比較法」,將現代各派對於國家的理論,扼
要說出,並得一「正確的答案」。作者在簡單臚列學者們對國家所作的定
義,並依序介紹各種國家學說後,表示:「當今日的時代,正是表現多頭
政治的無能,他已經是不能完成歷史的任務了,所以為處理一切非常變亂
的危局,國家更應該強力化。」[159]基於此種認識,他得到的結論是:「我
們在原則上應該贊同……協團的國家的理論」,也就是「法西斯主義派的
國家觀」。

危局的意識,更有不少人提出「主權」不僅應集中於「國家」,更應
該讓渡於「領袖」。如1935年署名逸樵者,清楚地表達了這樣的看法。在
他看來,中國由於民族意識的消沉、政治局面的分裂、國民經濟的凋敝、
固有文化的毀棄,實已陷入極大之危機中,他呼籲國家主權屬於領袖。[160]
以上二文大致反映了1930年代國民黨內部蔣介石一派的觀點。

事實上,國難的時空也使知識界論述政治多元論更加突顯了國家的角
色,此種情況在一些政治學論著中也可清楚看出,周黿文的《國家論》即
是一例。周黿文於北京中學畢業後,前往日本早稻田大學及美國密西根州
立大學留學。畢業後,再赴英國,入倫敦大學學習政治學,1931年回國。
1931年春,尚在留學英國期間,他開始著述《國家學》一書,由於九一八
事變發生,倉惶歸國。此後顛沛流離,至1935年前後始撰寫完畢。

---

[158] 詳見鄧元忠,《國民黨核心組織真相——力行社、復興社暨所謂藍衣社的演變與成長》
   (台北:聯經出版事業公司,2000)一書。
[159] 鄭奇,〈現代各派的國家觀〉,《青年與戰爭》,8(上海,1933.8),頁44-45。
[160] 徐逸樵,〈為應付危局,須將主權讓渡於領袖(續)〉,《賑務旬刊》,8(成都,
   1935.10),頁5-7。

　　周黥文自述撰寫《國家學》一書，乃是鑑於近世學界拼命攻擊國家，說國家是維持階級的東西，是有產階級的護法，爲解除這種懷疑，乃有此書之作。在他看來，「國家並不神秘，國家也無有罪惡；國家不是現時存在，而且要繼續的存在。」他決定先給國家在人類社會「找一個相當的位置」，繼而「在可能中」或能對「一元和兩元的國家論紛爭」有些糾正。

　　在《國家學》「主權」一章中，周黥文介紹拉斯基的學說，蓋因「最近討論政治多元論的人都集其視點於拉斯基的學說上」。[161]對於拉斯基等人的政治多元論，周黥文有同意也有批評。他表示，從理論與實際上觀察。他無法認同將國家與其餘團體的性質等量齊觀，如同拉斯基也承認國家來管理各團體間的關係。在他看來，只要政府職權運作正常，國家權力與個人自由終究可以理想調和。

　　然而，周黥文又強調，國家主權是共同意志而生，共同意志是顧全全體人民的利益而高出私黨私派的意志。有共同意志，國家才能存在。在討論主權所在時，他評論1931年國民政府所頒布的〈中華民國訓政時期約法〉，認爲在國民政府監視下制定約法，不但約法是「內定」，就是選舉的代表（國民會議代表）也不是人民選的，稱不上眞正「主權在民」。他表示，在政府行爲不正當，政府制定的法律不合適，政府的政策不爲公共幸福利益時，革命是領著社會上進的工具。這是國民對於人類社會的一種責任，也是每個國民反抗惡政府的責任。但他也補充道，革命是社會變態中不得已時而用的工具。周黥文把國家權力就叫「主權」，但它不是絕對的，而是相對的；認爲國家行使職能，保障人民自由與平等，使個人發展其個性與天才，爲社會國家效力。其並高舉政治民主與經濟民主並重的旗子，認爲中國要「改變從前資本主義統治下的心理，舊社會的道德觀念，

---

161 周黥文，《國家學》（天津：天津大公報館承印部，1935），頁147。

更從而努力於新經濟的組織。什麼時候這些條件都齊全了，民主主義將整個實現。」除了共同意志，周鯨文「相對的國家主權說」幾乎可說是拉斯基學說的翻版。在國難時空下，周鯨文要求國家切實行使職能。他在《國家學》中闡述國家權力和人民自由平等的關係，也揭示了政治民主與經濟民主的國家改造標的。這樣的改造取向，在1932年創辦，被視為國家社會主義黨喉舌的《再生》雜誌中表現特別明顯，拉斯基學說的影像也更加清晰。

國家社會主義新路線的提出

1932年可說是國民黨內外爭論訓政問題的關鍵時期。九一八事變之後，國難日亟，各方人士咸感開闢新機之必要，紛紛提出政制改革的主張，許多報刊也乘機登場，成為各方抒發政見的場域，尤以1932年一二八事變發生後為然。其中較著者，如前所述，在南方，首都南京一批國民黨籍的中央大學教授，創辦了《時代公論》（1932年4月）；[162]而為捍衛南京中央蔣派為主的黨政權威，陳立夫為主的CC系也創辦報刊，開闢文攻的戰場，其中最具代表性的《政治評論》（1932年6月）在此時誕生；[163]在西南的胡漢民一派也稍後在廣州創辦《三民主義月刊》（1933年1月）與之相抗頡。另一方面，在北方的北平，頗負盛名的自由主義知識分子胡適

---

[162] 《時代公論》主要編撰者背景，見劉大禹，〈九一八後國民政府集權政治的輿論支持（1932-1935）─以《時代公論》為中心的考察〉，《民國檔案》，2（湖南，2008.5），頁68-75。

[163] 九一八事變後，蔣介石授意旗下派系成立小組，以CC份子為主的「中國國民黨忠實黨員同盟」於1932年成立，《政治評論》即其機關報。除《政治評論》週刊外，二陳還創辦了《中國文藝》、《科學的中國》月刊等。

　　及張君勱等人分別創辦了《獨立評論》（1932年5月）與《再生》（1932年5月）。相較於《獨立評論》的文人自由論政性質，《再生》作爲黨派的機關刊物，闡釋了特定的政治理念。

　　爲了闡釋政治理想，不少《再生》作者直接回應了當代的重要政治思潮，其中包括了拉斯基的政治多元學說。如1933年，朱亦松發表〈新時代的民治主義〉一文，說明民治主義的歷史發展、近代歐美社會發達情況和政治民治主義的衝突，也介紹了「對於政治民治主義的幾個反動」和「改造政治的民治主義的幾個新型式」二種新近政治學說的思想特色。前者包括無政府主義、工團主義、共產主義和法西斯主義；後者則有政治多元論之韋伯的集產主義、柯爾的基爾特社會主義和「拉斯基的多元統治權主義」。朱氏謂前者爲反動，以其（一）否認代議民主政治，認爲必須將其推翻；（二）憑恃暴力爲目的，不擇手段，竟至視少數人之意志若神聖，以完成其所謂理想改革。後者被視爲改造政治的民治主義，乃是因其興起係在「產業革命後，政治的民治主義，未能解決嚴重的經濟問題和社會問題的緣故，它們要彌補它的缺陷。他們既重視平等，也重視自由。它們以全民幸福爲其對象，絕對反對任何階級的統治；它們所主張的國家組織和社會組織，都是比較的平易近情、有理性和實際性。」[164]在「拉斯基的多元統治權主義（The Political Pluralism of H. J. Laski）」部分，朱氏說明拉斯基對國家權力統治權、個人基本權利、聯治和分權觀念、代議制、司法制、企業經營模式等諸多問題的看法及改造方法，並將其和韋伯、柯爾二人作了比較。

　　大體而言，朱亦松認爲韋柏、柯爾和拉斯基三者代表了英國最近的政治思想，承襲了英人傳統重視平等自由的精神。它們的目的「祇是要推廣

---

[164] 朱亦松，〈新時代的民治主義〉，《再生》，1：9（北平，1933.1），頁39-41。

代議民主政治的原則，運用到經濟生活和社會生活上面去。……不過在組織上有許多不同點罷了，其根本的精神則是一致的。」關於拉斯基，朱氏指出，在拉氏的國家與社會中，沒有一種機關團體、或制度有神聖性，它們各盡其一種功能，相需相成、相箝制、相輔助，共同實現一個目的，也就是「協同保障合理的平等自由之可能實現，也便是個別人格之可能諧和的發展了。」[165]朱氏認為三人學說皆有貢獻。

在1930年代初期，朱亦松認為，中國民主政治的問題，便是自由和權力妥協的程度問題及其方式問題。比較三種改造方案，他突顯了拉斯基學說的價值。首先，在維持平等自由方面，朱氏認為韋柏和拉斯基的主張大體近似，都甚切合情理，不似柯爾之過分的團體分權化，以致複雜繁重，不易運用。其次，關於企業收歸國有，韋柏和拉斯基主張付給賠償金，一方面固是沿襲英國傳統尊重財產權的精神，一方面亦不失為和平革命的手段，其性質均為漸進的和演化的，對於歷史和目前、個人和社會、進步與秩序、目的與手段，都有公平考慮的用意。其中拉斯基主張部分賠償，認為全部賠償，估價困難，且國家財政不勝負擔，尤其值得考慮。此外，在代議制方面，比起拉斯基主張權力專一、能辦事的政府（但必須以民意為從違，不得干涉各種團體的嚴格內部事務）以及一院制的設計，柯爾和韋柏的兩院制的活動範圍界限不易劃定，柯爾基於生產者與消費者建立民治制度而以康孟（Communes）處理衝突的作法似過於輕視權力，韋柏擬議兩院制的巴力門（政治的和經濟的）和區域選舉法，以保障自由和權力的適當妥協，亦不甚圓滿。[166]在比較之後，朱亦松提出中國改造的看法：一個強有力的中央政府，以建立和分期進行一種國家的全盤根本性計劃，這個政府，必須是合於民治精神和培養民治主義的政府，國家對於財產權不

---

[165] 朱亦松，〈新時代的民治主義〉，《再生》，1：9（北平，1933.1），頁58。
[166] 朱亦松，〈新時代的民治主義〉，頁60-63。

可視作有神聖性，在社會發達到適當程度前，須對它加以限制，在社會發達後，不可妨礙企業社會化的趨勢，不可妨礙集產主義的合理發展。[167]他期待實現一種政治的、經濟的和社會的中國民治主義，在其中，人們可以享受合理的平等，也享有合理的自由。很顯然地，朱氏認為中國的建國藍圖，「拉斯基國家多元統治權主義」的民治主義新型式可為效法。

朱亦松的看法，大致吻合了此時的《再生》觀點。比起此一時期其他建國論述，《再生》注重自由、平等、國家權力等問題，其思想和具體制度規劃具備拉斯基色彩，其中張君勱的國家改造論述值得注意。1936年浦薛鳳曾指出當時的國難性質，非僅是日本無限度侵略之「外患」，並且還有深刻嚴重之「內憂」，亦即「左右鬥爭之醞釀」，而此種左右鬥爭，已是當時的世界潮流。[168]確實，對於1930年代的知識分子而言，中國正處於救國與建國的關鍵時刻。在這個關鍵時刻，各種對立矛盾的意識型態瀰漫，等待知識分子的抉擇，張君勱置身其中。

如前所述，自1919至1921年旅歐歸來，代議式民主和社會主義的結合已是張君勱的政治信仰。拉斯基的《政治典範》提供其理論和制度發展策略的參考。張氏對《政治典範》推崇甚高，對拉氏諸多觀點也頗能認同。1920年代末期的張君勱，自由主義思想昂揚，可從《新路》上反對訓政和一黨專政的文章中清楚看出。[169]1928年，張氏在暨南大學演講〈現代政治思想及其趨勢〉，談及19、20二個不同世紀的不同思想特質，以其代表了新舊的差異。他指出，新思想在內容上有三種趨勢：反對主權、反對契

---

[167] 朱亦松，〈新時代的民治主義〉，頁82。

[168] 浦薛鳳，〈國難之最高峰－全世界左右集團挑戰〉，《東方雜誌》，34：1（上海，1937.1），頁179。

[169] 如：立齋，〈一黨專政與吾國〉，《新路》，1：2（北平，1928.2）；〈黨國內容分析〉，《新路》，1：3（北平，1928.3）；〈關訓政說〉，《新路》，1：7（北平，1928.5）等皆是。

約、注重團體，也就是政治多元論，而此三者皆可由拉斯基的思想來作說明。[170]此時，他認爲拉斯基學說即是政治新說的代表。而在同年所發表的〈廿世紀革命之特色〉中，他認爲「今日之最大急務，莫急於打倒此耀武揚威、芻狗人民之專利式投機式之革命。」[171]他批判專政，也再次讚揚英美的民主。而在〈致友人書論今後救國方針〉一文，他極力肯定民主政治的價值，認爲民主憲政的實施與人民程度或是否有法治傳統無關。至於經濟改造主張，則謂：「只要在國會同意之條件下，或討論產業公有，或討論工業自治，弟無不贊成也。」[172]對於中國革命之再起，對於國共革命策略中的階段性專政，他憂心忡忡。此外，他也認爲政治革新，應「打破與世界潮流不相容及與社會需要不相適應之法律制度，而一一與世界潮流相合及與社會需要相應之法律制度代之而已。」[173]凡此，皆與《政治典範》中的改造精神和內涵相通。

　　九一八事變後，民族危機日益深重。張君勱認爲中國當時實處於無政府、無制度之局面，欲整頓之，則內政尤重於外交。他的關懷重點爲：（一）中華民國如何而後能成爲整個的國家？（二）國家誠能統一，所以集中全國心力共赴建設之政治制度？（三）值此世界商業衰頹，歐西之國際民生有汲汲不可終日之勢，吾國今日之經濟制度應如何？以上三個問題，即軍權如何統一與政治制度、經濟制度如何改造的問題。1932年，他與張東蓀等人於北平創立國家社會黨，組織再生社，創辦《再生》月刊，揭櫫國家社會主義的理想。在《再生》創刊號中〈我們要說的話〉一文，

---

[170] 張君勱先生演講、梁沃深筆記，〈現代政治思想及其趨勢〉，《暨南週刊》，4：4（上海，1928.11），頁13-15。

[171] 立齋，〈廿世紀革命之特色〉，《新路》，1：10（上海，1928.12），頁10。

[172] 立齋，〈（一）致友人書論今後救國方針〉，《新路》，1：10（上海，1928.12），頁22。

[173] 張君勱先生講演，〈內的政治與外的政治〉，《浙江公立法政專門學校季刊》，8（杭州，1923.8），頁6。

臚列綱領98條。[174]1933年張氏再提出了十一條新政制原則，可謂此一時期改造思想的具體化。在《再生》第二期〈國家民主政治與國家社會主義〉一文中，他闡述制度改造的見解，也就是在國家統一前提下求政治和經濟制度之改造，在政治上實施國家民主政治，在經濟上實施國家社會主義。在標榜「黨外無黨、黨內無派」的訓政時期，張君勱、張東蓀等人企圖衝出重圍，在國民黨和共產黨外，揭示另一條改造中國的道路，一條「建國」之路。

在國家民主政治方面。張君勱指出17世紀以至20世紀民主政治的蛻變。他表示，自英17世紀之革命與法18世紀末年之革命，世界各國共同之趨向，即是民主政治之推行。大抵在歐戰之前，西歐之政治，側重於民權與立法部門。此種民主政治，在西歐行之百餘年之久，瑕瑜互見。大多數人民得預聞政治之權，生活智識因而增進，且由於有法治基礎，人民言論結社自由得所保障，此其優點。而批評反對者，如社會黨或是共產黨，則視民主國家為資產階級壓迫貧民之工具；信奉貴族政治者，名之為眾愚政治。而俄國之無產階級專政及義大利法西斯主義下之法團國家（Der Corporative Staat），德國以總統大權使其命令超越議會之上，英國組織一致協力之內閣，凡此四例，皆顯現民主政治或議會政治正在蛻變之境界。而以上述四國觀之，國家利益由國內一切政黨聯合共護之，為英國；由國內多數政黨聯聯合而共護之，為德國；由國內一黨獨佔政權而擁護之，為義國；在一階級名義下，由一黨獨裁政權擁護之，為俄國。各國情現況或有不同，其共同特點則是：（一）舉國一致；（二）注重力行；（三）權

---

[174] 〈我們所要說的話〉一文是否為張君勱所起草，似有疑義，唯學者認為，其為張君勱、張東蓀及胡石青的意見，而98條是國社黨領導階層「合意」的結果。見薛化元，《民主憲政與民族主義的辯證發展》（台北：稻鄉出版社，1993），頁159。

力集中，亦即以單一意志，應付難局。[175]

　　張君勱考察中國情況，並與上述諸國比較。他表示，自表面言之，北伐後之國民黨之統治制度，與世界潮流吻合；以一黨把持政權，謀國家庶政改革，與俄義同。唯國民黨以黨治國，其目的在經過訓政，實現孫中山之憲政理想，與俄義絕不相同。即孫中山心目中以瑞士之直接民主爲理想的政治，此爲俄義所無。國民黨目的在憲政，以訓政爲手段，然而，國民黨之行爲和黨義，在張氏看來，卻是永無達於憲政之日。張氏謂其大病主要有二：（一）應統一而不能統一、不知所以統一者，爲軍政爲中央行政；（二）不應統一、不能統一而硬欲統一者，爲思想言論與政治主張。且就其訓政策略強調憲政必以自治爲基礎不可而言，張氏則認爲，僅重地方自治，於中央憲政未必有所影響。對於時人論及憲政，認爲應有諸如教育進步、交通發達、政風良好等前提之說法，張氏以其實爲黨人反對憲政之口實。他批評國民黨以訓政達於憲政之作法；[176]對於孫中山以直接民主作爲憲政標的亦表不解。[177]

---

[175] 張君勱，〈國家民主政治與國家社會主義（上篇）〉，《再生》，1：2（北平，1932.6），頁6-16。

[176] 張君勱指出，「中山與其同志，視國民黨爲民國之保姆，以爲惟能革命者，乃能爲革命之導師，不知革命者，取得政權之手段也，施行憲政者，政府人民共同履行約束也，能革命者於大功告成後開放政權，自守法而同時責人民以守法，若財政之出入、若軍隊之增加，一一聽諸人民監督，而政府絕不以人民指摘爲忤，大軍人以身作則，小軍人孰敢不從？則不出數年，憲政之習慣，自然養成，而丈地修路，不過一舉手之勞耳。今不先責政府與軍人以守法，而獨責人民以丈地修路，眞可謂本末倒置之尤者矣。」張君勱，〈國家民主政治與國家社會主義（上篇）〉，頁21-22。

[177] 張君勱對孫中山以間接民主爲不足，而以追摹瑞士之直接民主爲中國憲政標的爲不解。他認爲中國誠能統一，以議會代表民意，根據民意以成政府，已可謂有大成績。以瑞士小國之制而行之交通不便，人民素無參政習慣之國家，可知其困難重重。在……一方以人民爲阿斗，使之立於訓政之下；他方而務多立名目，使人民對於民主政治常若海上神山之可望不可接，誠不知其用意之何在也。」張君勱，〈國家民主政治與國家社會主義（上篇）〉，頁22-23。

　　對於三民主義與當時之政治關係，張君勱也作出批評。他說，民族主義，馬志尼、俾士麥之言也；民權主義，陸克、盧梭之言也；民生主義，馬克思、列寧之言也。「中山合此種種不同學說於一身，內部之衝突性，早已隱伏其中，況其前半生之政治主張，屬於英美瑞士系統，至晚年乃與俄共產黨接近，於是在演講中尚留三權分立之痕跡，而於黨章之中，則採俄國三權混合之執行委員會。」張氏認為，孫中山正是自知共產主義的政治制度與其主張兩不相容，欲以訓政說作為掩護，謂此為過渡之制，而要以憲政為最終境界。此一兼容並包策略，反種政治之禍根：其一，容共反共之前後矛盾；其二，民主與民生孰先孰後之段落不清，致使革命後之民主憲法不能產生；其三，軍閥用事，內戰屢起，人事多歧。種種波折，國民黨是否尚有領導民眾之資格，已成疑問。[178]近人闡述孫逸仙的《三民主義》要義，對其引發的漣漪效應，以及對西方文明發展脈絡的不精確解讀而逕自移植，賦予其為中、西方文化交流下的學術集成的評價。[179]然則孫中山思想之雜駁，在張君勱看來實是國民黨北伐統一後，國家政治混亂的一大根源。而國民黨既要擔負訓政大業，則其組織規模及黨員素質尤為關鍵。張氏考察國民黨之組織，認為國民黨固有中央黨部、地方黨部與七十萬之黨員，然而派系分歧，主張各異。[180]張氏回憶五年前全國人民對國民

---

[178] 張君勱，〈國家民主政治與國家社會主義（上篇）〉，頁23。

[179] 白吉爾表示，這是一部折衷主義的作品，混成的大雜燴之作；中國文化的驕傲，摻雜著列寧式的反帝國主義，孟德斯鳩的《法意》與林肯的格言摩肩併立、亨利喬治式的社會主義與馬克思主義、中國烏托邦思想攜手併行。幸運的是，孫氏堅毅不拔的樂觀主義精神拯救了文本內容，讓它超脫文本內容的種種矛盾，最終成為典範之作。也正是透過它，好幾代的中國人才能掌握他們國家的近代政治思潮。見白吉爾（Bergère Marie-Claire）著、溫洽溢譯，《孫逸仙》（台北：時報文化出版社，2010），頁11-18、367-435。

[180] 張君勱指出，「孰為汪派孰為胡派孰為蔣派，彼或貌合神離，或同床異夢」；謂其主張，認為其固有三民五權之演講與二十五條建國大綱，然而「鄒魯之說不同於胡漢民，胡漢民之說又不同於汪精衛、固已若班固所謂『仲尼沒而徵言絕，七十子喪而大義乖，故秋分為五，時分為四，易有數家之傳』之形勢。」張君勱，〈國家民主政治與國家社會主義（上篇）〉，頁23。

黨期待甚殷，五年後，可謂一事未舉。國難會議中決定設立民意機關，在張君勱看來，不過塗飾天下耳目。[181]

　　張君勱直言，國民黨之「訓政」已無法應付國難，挽救民族危亡，爲今之計，非有徹底改造之理論與方針，使全國同胞能夠努力不可。在政治改造上，他謂之爲「集中心力之國家民主政治」（Democracy on the Basis of National Concentration）。關於National一字，他強調不偏民族，而以其較符合State之義。他認爲一國之主要成分不外有三：個人、社會和國家，亦即：國家政事貴乎敏活切實；社會確立平等基礎；個人保持個性自由。易言之，國家握有權力，社會維持公道，個人享有自由。就原則言，這也符合了拉斯基理想政治的要求。[182]然而，張氏仍強調，「國家命脈，寄託於個人之心思才力，各人本其所經歷而思索之、而發表之，以形成一國之輿論，或思想界之論戰，乃一國文化所以進步之大因也。」[183]此番個人自由說法，與拉斯基的自由論述幾至雷同。

　　此時張君勱談論個人自由與國家權力關係，還特別突顯彌爾和德國惟心主義哲學家所談自由之異，謂前者以個人爲原始（primary），而以國家爲導引（derivative）；後者以國家爲原始，以個人爲導引。對於自由與權力的分際，在個人自由方面，張氏主張思想與創造的工作，出於心靈之思索修養，故應劃入自由範圍。尤其是思想自由，絕不容國家或黨部之干涉。而在權力方面，由於強調行政貴乎捷速與號令統一，故應屬於國家權力。個人自由與國家權力二者孰輕孰重，需視時代要求而定，而中國正處於存亡絕續之變，「其不應以個人凌駕國家而上之。且19世紀之自由主義

---

[181] 張君勱，〈國家民主政治與國家社會主義（上篇）〉，頁24。
[182] 王尤清、申曉雲，〈國家‧社團‧個人—《政治典範》之譯介與張君勱的秩序選擇〉，《江蘇社會科學》2（江蘇，2012），頁201-208。
[183] 張君勱，〈國家民主政治與國家社會主義（上篇）〉，頁27。

者以財產自由與思想、言論、結社、生命四者並重，同在不可侵犯之列，吾人則以爲民族生存計、爲社會公道計，個人之財產當立於大群支配之下，則與穆氏之主張，顯然背道而馳矣。」[184]張氏明白表示，19世紀強調個人之自由主義，並不適用於民族危機中的中國。

　　在具體政制規劃方面，張君勱提出十一條宗旨，其中尤注意議會政治流弊之矯正，修正意味濃厚。張氏強調過去西方議會政治得以運作成功，乃是因爲國家處於順境，財政有裕，民樂其生所致，今非昔比，此一說法無疑擷取了拉斯基對當代民主危機原因的解釋。除經濟條件外，張氏也表示危機時代不適宜議會政治，認爲在對外戰爭、大危險、社會徹底改造三種情況下，政府權力宜高，議會之監督宜減輕。[185]此外，張氏認爲，爲避免議會流弊，傳統議會政治並不適於中國。其原因爲：（一）中國過去雖未眞正實行議會政治，然就其分派之多，傾軋之工言之，不適於今後中國；（二）空言多而實行少，此爲議會政治之通病；（三）政黨間之磋商，類於買菜之論斤論價；政府更迭頻繁，不能久任；（四）黨派之私利，重於國家之公利。十一條宗旨多有修正議會政治流弊之意，茲列表如下：[186]

表3-2　十一條宗旨

	新制十一條宗旨	備註
一	國家之特徵，在乎統一的政府，應以舉國一致之精神組織之。	軍閥割據局面一日不打破，統一的民治政府決無成立之望。

---

[184] 他認爲國民黨不得干涉者，包括有：（一）以守不守黨義爲犯罪行爲之界限；（二）以黨義列入教課之中；（三）以團體組織隸屬於黨部監督之下，凡此三者，皆爲政治大忌，皆是對國民人格侮辱。張君勱，〈國家民主政治與國家社會主義（上篇）〉，頁28-29。

[185] 張君勱，〈國家民主政治與國家社會主義（上篇）〉，頁26-27。

[186] 張君勱，〈國家民主政治與國家社會主義（上篇）〉，頁30-32；張君勱，〈民主獨裁以外之第三種政治〉，《宇宙旬刊》，6（香港，1935.3），頁4-5、12。

	新制十一條宗旨	備註
二	國民代表會議，由全體公民每若干萬選出代表一名組織之。凡黨綱公開，行動公開，不受他國指揮之政黨，一律參與選舉。	各黨一律加入政府，去彼此攻訐搗亂之病。
三	中央行政院由國民代表會議選舉行政員若干名組織之，各黨領袖一律被選，俾成為舉國一致之政府。	同上
四	第一次國民代表會議，議決五年以內之行政大綱，此大綱與憲法有同等效力，非行政院所能變更。	1.目前國家大政，不外裁兵、平匪、興實業、振興教育，貴乎實行。 2.尊重民意，不許政策朝令夕改。
五	國民代表會議之主要職權，在乎監督預算，議訂法律，不得行使法國之所謂信任投票制，以更迭內閣。預算通過與否，政府無責任問題。	評定政府責任，以計劃能否實現為限，廢止不信任投票，在於使政府久於其任。
六	國民代表會議，關於行政大綱之執行，得授政府便宜行事之權。	同上
七	行政院各部長，除因財政上舞弊情形或明顯違背法律外，不宜輕易令其去職。	同上
八	行政大綱中每遇一年或告一段落之際，由國民代表會議或其他公民團體聯合推舉人，檢查其實施事項與所宣布者是否相符，若言行相去太遠，得經國民代表會議議決後令其去職。	同上
九	文官超然於黨派之外，常任次長以下之官吏，不因部長之辭職而更動。	確立文官制，且次長以下不許更動，所以防政客之獵官與黨派之分贓。
十	國民代表會議之議員，宜規定其中之若干成，須具有農工商技術家或科學家之資格。	議員加入專家，行政計劃由專家定之，所以使行政趨於專家化或科學化。
十一	關於行政及經濟計劃，除國民代表會議議定大綱外，其詳細計劃由專家議定。	同上

　　張君勱的國家改造規劃，明顯受到一戰後歐洲國家改造風潮的影響。1919至1921年旅歐期間，歐洲的代議制改造使張氏印象深刻。歐洲代議制改造原是爲解決代議制流弊，以及適應19世紀以來新的政治、經濟和社會變遷需求而來。戰後英、法二國修改選舉法，擴大政治參與，維繫舊有代議制模式。張君勱肯定戰爭期間二國政黨均能舉國一致，共同對外，認爲英法議會政治已然通過戰爭考驗，乃更加確信民主政治的價值。俄、德國家改造爲二種模式之社會主義實踐，亦與代議制改造直接相關。俄國推翻代議制，代之以蘇維埃制，宣稱無產階級專政方可實行社會革命，張氏表示懷疑。德國不取蘇維埃，選擇代議制並加以改造，期能落實主權在民，同時強化政府，顯示調和精神。其將生計的自治、工業的民主（industrial democracy）納入憲法，不啻在政治機關之外，又多以工業的代議機關，張氏認爲足以充當各國社會革命之先驅。[187]由於英法憲法在社會生計條件方面則尚未有此規定，張氏以其有不及德憲者。[188]對於德國憲法草案，他認爲其能取19、20世紀兩時代之思潮，合一爐而治之，實是開公法界之新紀元。

　　戰後歐洲之代議制改造，強調行政與立法宜「兩得其平」。張君勱自言，十一條宗旨之後有三個綱領：（一）國家自有國家本身利害，超於人頭多寡之上；（二）既有國家，則行政之重要，自駕立法之議會而上之；（三）行政以事權集中與辦理者之久於其任爲要旨。張氏並且表示，以代表民意之議會居主位，操縱國家與行政，將使國家因民意而動搖，行政因民意而陷紛亂，則會導致向右向左之結果。[189]由上表可知，張氏的民主

[187]陳惠芬，〈知識移轉與國家改造─張君勱對歐洲各國代議制改造的考察（1919-1921）〉，《法制史研究》，29（台北，2016.6），頁224。

[188]立齋，〈一九一九年至一九廿一年旅歐中之政治印象及吾人所得之教訓〉，《新路》（半月刊）1：5（上海，1928.4），頁20-21。

[189]張君勱，〈國家民主政治與國家社會主義（上篇）〉，頁32。

政治設計，背後的訴求乃是國民相忍爲國，舉國一致，民族一體。顯然是「國家」優先於「個人」，「權力」優先於「自由」。張君勱闡述自由、權利之義，推尊議會制度，強調專家參與，亦與拉斯基有互通之義。

除了政治改造，經濟改造也是拉斯基學說的主題。張君勱的建國藍圖，在政治改革外，也提出了經濟改造方案。張氏指出，歐戰以還，影響中國之歐洲學說，無過於社會改造之說，無過於馬克思主義，更具體地說，無過於1917年俄國的共產革命。他認爲，歐洲19世紀初期以來之社會主義運動，有殖民掠奪、工業革命，而後資本主義形成，內則大建工廠，集中富力，外則推殖民地等歐洲背景，中國並非如此，卻高唱「打倒資本主義」，責廠主以「榨取」，可謂「無的放矢」。1930年前後中國知識界發生之中國社會性質論戰、中國社會史論戰，實有釐清革命路線之作用。[190]唯在張氏看來，此一呼號「社會革命」所作的論戰，其所欲揭櫫之革命對象，「至今猶在此一是彼一非之中」。[191]

作爲中國社會改造的制度擘劃者，張君勱對於馬克思主義者之唯物史觀、定命主義，與階級鬥爭之說並不認同，此亦與1930年代深受馬克思主義影響之拉斯基有極大差異。他指出，馬克思主義標榜其改造社會之理想爲「科學的社會主義」，實則馬克思言及社會改造方針，輒曰「資本家之剝削」、「工人革命」、「某爲壓迫者」，「某爲被壓迫者」，「殖民地半殖民地之應起而反抗」等，凡此話語皆是哲學上所謂的「價值判斷」，含有道德的抑揚高下，與科學本義絕不相涉。至於馬克思之上層構造、下層構造之說，彷如惟有生產的基礎、階級的基礎，而後可語社會改造，否

---

[190] Arif Dirlik, *Revolution and History: Origins of Marxist Historiography in China, 1919-1937*, pp.70-71；陳惠芬，〈抗戰前陶希聖的中國社會史研究〉，《僑大先修班學報》，3（台北，1995.7），頁17-18。

[191] 張君勱，〈國家民主政治與國家社會主義（下篇）〉，《再生》，1：3（北平，1932.7），頁3。

則即爲烏托邦。張氏更以他所熟悉的俄、德革命爲例，指出馬氏說法與過去之社會歷史發展不相吻合。他強調，一國政治上之大改革，絕無馬氏格式（Marxian Formula）或他種格式之當遵守。[192]比起拉斯基在1930年代初期愈來愈傾向用唯物史觀分析國家現象，張君勱對階級鬥爭的反對則是始終未變。

　　張君勱雖不以馬克思主義之唯物史觀爲然，對於1930年前後經濟危機中俄國經濟發展蒸蒸日上則表佩服。自1913至1931年，張君勱有過幾次俄國經驗。第一次爲1913年赴德留學，途中曾居俄國故都，1916年再取道西伯利亞返國。不到一年，俄國革命發生，列寧主持俄政。1919年至1921年張氏遊歐期間，注意俄事進展，乃取俄國新憲譯之。1929年，張氏講學德國耶拿大學年餘，1931年自德國經波蘭而抵達「十年來想望之蘇維埃俄羅斯」，停留莫斯科數日，期間考察五年計劃情形，擬供中國借鑑。[193]

　　1931年張君勱抵俄之日，已是革命後14年，張氏欲知革命後之成績。此外，張氏認爲，20世紀世界之政治變遷最引人注意者，不外獨裁政治與計劃經濟，求之於二者之創始人列寧與史達林殆無疑義。在他看來，二氏之成功，「自有爲其後援的民衆」，俄國民衆爲民族奮鬥之「衝鋒陷陣」令張氏「惟有傾倒」，並且認爲，蘇聯之立場，處處體現「國家本位」，國家非但沒有死亡，其地位且日益鞏固。[194]此次見聞所及，張君勱總其印象爲一俄盛德衰。時人關於五年計劃之正負評價甚多，張君勱則「寧袒蘇俄當局之論」。在張氏看來，俄國已成自給自足之國，爲世界經濟史開一

---

[192] 張君勱，〈國家民主政治與國家社會主義（下篇）〉，頁3-4。

[193] 張氏自謂「以本國爲立場，研究外國政局之內幕，其主事爲誰，其意見異同如何，且以局外人之態度，評其制度之利害得失，豈有隨聲附和，而專爲其搖旗吶喊哉？」見張君勱，〈自序一〉，見張君勱先生遺著編輯委員會編，《史泰林治下之蘇俄》（台北：台灣商務印書館，1971）。

[194] 張君勱先生遺著編輯委員會編，《史泰林治下之蘇俄》（台北：台灣商務印書館，1971），頁15-16。

新局面。而「五年計劃之偉大，決非紙面上所能形容。」他尤其讚歎俄人於種種困難中猶能獨運匠心設謀定計，且以堅忍之力克制之，作為「窮國亂國之人」，惟有讚嘆。[195]張氏所著眼者，是蘇俄作為一個「國家」的角色。

　　在1932年經濟改造方案中，張君勱認為，資本主義與社會主義各有所長（見下表）。他表示，相較於西歐資本主義遭逢到嚴重經濟危機，共產主義下之俄國卻是實現五年計劃，於短期內有此工業上之大偉績，可謂生計史中絕無而僅有者。根據格林科（G. T. Grinko）所作的分析，俄國五年計劃的大前提不外是共產革命，共產革命不行，五年計劃無望，換言之，無共產黨之破壞，不能行共產黨之建設。唯張氏並未作如是觀，他認為學蘇俄之建設，非必出於蘇俄之破壞。善學俄者，應力追俄之建設免其破壞。[196]他再三強調，改造中國，慎勿輕言破壞，人人立國家計劃之下，以生眾食寡之犧牲相約束，則無患中國工業能不能改造。以和平而非革命方式，採行國家社會主義方案，正是張君勱所極力倡導者。對資本主義而言，社會主義是一種合理分配的觀念，對張氏而言，其最大啓示，毋寧是一種生財之道，增加國富之道，將全國國民之所得吸收於新事業中，此為張氏所認為中國所最當取法者。[197]

---

[195] 張君勱認為技術方面不能不謂成功；物品既已造成，能供國民需要，此為經濟上之事實；其更能以內地之農產品銷售於歐，使歐洲市場為之震撼，尤為俄國內力充實之表示。見張君勱先生遺著編輯委員會編，《史泰林治下之蘇俄》，頁35-41。

[196] 張君勱指出，蘇俄全國人民無一不從事於勞動，是即無一不從事生產，無一不促成國富之增加。國家設法律裁抑不勞而食之民，已從事勞動者於固定時間無薪為國家工作，加以獎金之法，不徒強人民以勞力，同時使勞力效率發揮至於極度。勞力所生所得，移作擴充事業之資本則為第一目的。G. T. Grinko, *The five-year plan of the Soviet Union: a political interpretation*, International Publishers, 1930. 張君勱認為其正與大學所謂「生之者眾，食之者寡，為之者疾，用之者舒」之義相符。張君勱先生遺著編輯委員會編，《史泰林治下之蘇俄》，頁42-43。

[197] 張君勱先生遺著編輯委員會編，《史泰林治下之蘇俄》，頁47-49。

表3-3　西歐與蘇俄經濟之比較（1932）

	優點	缺點	1930s經濟情況
資本主義	1.政府不加干涉，聽人民自由處理。 2.人民自負責任，故私人自動力發展。 3.人民自負盈虧之責，故經營事業之法，合於經濟原則。	1.財富集中於少數人，釀成貧富之不均。 2.無統籌全局之計劃，流於生產過剩。 3.私人互相競爭，因競爭而生浪費。	西歐： 1.工廠停閉。。 2.失業者日增。 3.收縮各種機關。
社會主義	1.財富集中於國家，可以矯正貧富之不均。 2.國家得以統一計劃，經營各種事業。 3.一切經濟事業集中於國家，故易於抵禦外國之工商競爭。	1.國家從事於經濟事業，須多設官吏。 2.官吏不長於經營工商。 3.國家權力過大，可以妨害人民自由。	蘇俄： 1.增設工廠。 2.失業者日減而至於無。 3.大肆擴充各種機關。 4.大興土木。

　　然而，不可諱言者，蘇聯經濟之成就，與其處於特殊的歷史環境密切相關。關於此點，張君勱亦有所了解，然而，他顯然更強調這是蘇俄經濟發展的「獨得之秘」。[198]以歐美資本主義經濟危機時代之表現，與閉關

---

[198] 張君勱，〈國家民主政治與國家社會主義（下篇）〉，頁22-23。張氏比較蘇俄與西歐經濟情況，以其各有長短，茲列表如下：

蘇俄之所長	西歐之所短
蘇俄為一國獨立自足之經濟單位，不受世界市場牽制。	西歐工業國與歐洲外之農業國貨物，受世界市場支配，其貨價高低，影響國民生業甚大。
蘇俄對外貿易，以一國全體之工商為單位，故盤旋之餘地廣。	歐洲資本家各自獨立，不相為謀，視其資本力大小，以定期在市場上之勝負。
蘇俄之經營工商，由國家為之統一設計，自不陷於生產過剩。	西歐資本家之企業，屬個人自由，故有過及之病，因以造成經濟的無政府。
蘇俄合全國心力，以實現其一定之計劃。	西歐資本家之經營，以謀利為第一目的，雖保護政策之下，政府為之調劑，然國家支配之力不強。

封鎖時期俄國計劃經濟成效相比，原有不盡恰當之處，唯張氏不計於此。在他1930年代的國家改造方案中，國家利益至上，政府大可仿效蘇俄。蓋因他認為導致蘇俄與西歐經濟發展之優劣差異，即在於一有國家統制，而一無之，而在經濟波瀾大起時刻，由國家本其至高無上之權，為全體福利，而予以指導，實為責無旁貸之事，各國之放棄放任政策，傾向計劃的經營，時有所見。[199]張氏的經濟改造方案，除充滿時代性格，也企圖突顯中國自身的要求。對於思想界經常引用的概念，他認為是不經研究即一意隨聲附和，完全不適用於中國。「俄人之批評英美，與英美之批評俄國，皆為吾國所當研究，在此雙方批評夾縫中，尋求吾國所以立於大地之政策。」[200]政治改造如此，經濟改造亦是如此。

1930年代初期，張君勱推崇俄國計劃經濟，與此一時期急於解決資本主義危機的拉斯基亦甚相同。唯在張君勱言，俄國的社會主義政策被其視為中國經濟發展與自主的手段，其中的平等意涵並未如拉氏清晰。張氏提出二大目標：（一）民族自活；（二）社會公道。為求民族自活，經濟生產活動統屬於國家，具體作法為國家計劃和社會所有。所謂國家計劃，即指生產事業由國家確定全盤計劃，成立經濟計劃局。全盤計劃確定後，先由專家研究，再徵詢各地實業家與銀行家意見，一經決定，由全國人民共守。至於社會所有，張氏不選擇私產收歸公有之俄國社會主義模式，認為國營事業，由國家籌資經營，僅限天然富力之事業與交通機關而已，私人

<hr>

[199] 他舉出美國為例，以其設立全國經濟委員會，其性質實如俄國計劃經濟之機關。然而，他也承認，該委員會的職權，限於計劃、調查與研究，非執行機關，其宗旨在私產制度中，參以國家的計劃，故與俄國最高經濟委員會之司設計與執行者，不可同日而語。唯美人已認識到經濟事項已不能聽私人之自營，須輔以國家之統一的設計與控制，此點則與蘇俄同出一轍。張君勱，〈國家民主政治與國家社會主義（下篇）〉，頁23-26。
[200] 張君勱講、楊春華記，〈思想的自主權〉，《再生》，2：1（北平，1933.10），頁5-6。

資本之財產權雖未轉移而性質已異。[201]此一計畫方案，亦與前已提及拉斯基劃分工業經營模式爲國營、合作社、私人經營，以及各經營模式所屬相關事業大致相同。

表3-4　張君勱經濟改造計劃中的工業經營模式（1932）

	經營主體	相關事業
一	私人。	雜貨鋪或縫衣作坊。
二	合作社。	日用飲食之品爲人所共需者。
三	地方團體。	電車、電燈、自來水等。
四	國家監督（所有權屬私人，經營之法受國家經濟計劃局監督）。	大工業如紡紗棉織。
五	國家所有經營。	交通機關如鐵道，天然富力如煤礦、水力、電力，乃至大工業如鋼鐵之類。

張君勱之經濟改造方案，頗有抑制私人，抬高國家地位之意。關於這點，他以歐戰各國爲例，爲其種種限制私人財產資本與行動自由辯解，認爲此一作法皆爲「國家之生存」，「合四萬萬人之心力與財產，以圖吾經濟之獨立，亦即謀吾政治上之獨立，雖犧牲一切而無所吝，非國人第一義務乎？」他強調，所謂國家社會主義者，非徒以國家經營與監督故；[202]所以彰顯國家權力，乃爲解決國家生存危機，在求資本有效集中與分配，而以造產爲目標。而在社會主義方面，張君勱反對無產階級專政前已述及，

---

[201] 依下列原則解決：（一）有所權不必移轉；（二）營業與設備，按照國家計劃，受國家監督；（三）盈餘，除應提之公積與按照市場之利息外，歸入於全國資本中，以充下年擴張全國工業之用；（四）初興辦之工商業，在五六年之內，其分配利益，不受前項限制；（五）虧折時由國家貸以資金，俾得照常營業；（六）生活必需品之商業，可由合作社經理，其餘商業聽私人經營，其利益按照盈利稅則以稅之。張君勱，〈國家民主政治與國家社會主義（下篇）〉，頁34-37。
[202] 張君勱，〈國家民主政治與國家社會主義（下篇）〉，頁39。

此時他大倡計劃經濟，亦特意強調其與克思主義之差異如下：[203]

表3-5 國家社會主義與馬克思主義之差異

	國家社會主義	馬克思主義
生產工具	以造產爲出發點。	在求分配平均。
口號	以民族生存爲第一義。	各國無產者聯合，故有第二國際，第三國際。
策略	高懸社會改造之目的與方案於國門，期自情感、理智、意志三方面鼓舞國人，得國人之公開贊助。	好討論革命戰略，乃有中國爲封建社會或爲資本主義社會之爭，主張階級鬥爭，以「恨」爲下手之方。

　　如上所述，1932年張君勱揭櫫的國家改造計劃中，無論是政治或經濟，都指向對國家權力的強烈依賴。此種傾向在《獨立評論》中的知識分子言論中亦時有所見。1933年12月，閩變發生後不久，蔣廷黻發表〈革命與專制〉一文。蔣氏根據英、法、俄的近代化經驗，將各國政治史分爲兩個階段：第一步是建國；第二步才是用國來謀幸福。他表示，中國唯有先經過如英、法、俄專制建國的階段，才能有效近代化。蔣氏強調，現在中國是國家存在不存在問題，不是那一種國家的問題。他認爲「統一」優先，應由「一個大專制來取消小專制。」中國還是一個「朝代國家」，而不是「民族國家」。因爲要「建國」，所以選擇「新式的專制」。[204]胡適予以反駁，表示不相信今日中國有能專制的人、能專制的黨、或能專制的階級，以及能有什麼大魔力的活問題可以造成一個新專制的局面。看了胡文，蔣氏再度確定立場，並且主張在現今軍閥割據的中國應以「個人專

---

[203] 張君勱，〈國家民主政治與國家社會主義（下篇）〉，頁39。
[204] 蔣廷黻，〈革命與專制〉，《獨立評論》，80（北平，1933.12），頁4-5；〈論專制並答胡適之先生〉，《獨立評論》，83（北平，1933.12），頁4-5。

制」取代「數十人的專制」。[205]以二人的文章爲發端，輿論掀起一波民主與獨裁論戰的風潮。[206]對於所謂「新式獨裁」，拉斯基政治多元論的信仰者胡道維則表示反對。他認爲在中國現有條件下，獨裁只會造成一種永久的、專以謀私人利益爲目的、視國家爲己有而逞於人民領土上實行其財產權的專制者。他主張厲行民主制。然而，值得注意者，胡道維所期望的民主制，乃是得以「勠力培植民族本身的黏貼性，用以促進國家內部的團結力，然後企圖逐漸增厚政府的力量與威權，以適應物質建設潮流中的需要」，「於離心的潮流下求得向心的總結合」。[207]在國難的時空，有著政治多元論信仰的胡道維，主張用「民主」導向「集中」，心之所繫，實是「國家」。與蔣廷黻等人似是「殊途」「同歸」。

個人自由與國家權力關係挑戰著1930年代中國的自由主義知識分子。1934年，張君勱再論近代歐洲思想的變遷。他指出，在政治上，19世紀中葉爲自由主義全盛時期。歐戰之後，俄、義相繼反對議會而趨於獨裁政

---

[205] 蔣廷黻，〈革命與專制〉，頁2-5；胡適，〈建國與專制〉《獨立評論》，81（北平，1933.12），頁3；蔣廷黻，〈論專制並答胡適之先生〉，頁2-5。

[206] 典型的論點如1934年1月，吳景超呼應蔣廷黻的說法，表示建設應以統一爲前提，認爲「這個時候談開放政權，未免不識時務」。他並且強調：「武力雖然重要，還要一個能幹的領袖」。其所臚列的領袖條件：（一）要有爲國爲民的聲望；（二）要有知人善用之明，要網羅國內第一流人物；（三）要有開誠布公的胸懷，要使得與他接近的人都覺得這位領袖，眞是「推赤心，置入腹中」；（四）應該有現代的眼光，以及一個高明的外交政策。吳景超，〈革命與建國〉，《獨立評論》，81（北平，1934.1）。同年12月，丁文江認爲，「假如做首領的能夠把一國內少數的聰明才德之士團結起來，做統治設計的工作，政體是不成問題的。」；錢端升除了主張國民黨不必開放政權，取消黨治外，還主張：（一）黨內各派應在一個最高領袖之下團結起來。—這個領袖，只有蔣介石最適宜；（二）蔣先生雖做最高領袖，但不宜做一個獨裁者—只可做一個「不居名而有其實的最高領袖」。見丁文江，〈民主政治與獨裁政治〉，《獨立評論》，133（北平，1934.12）；錢端升，〈對於六中全會的期望——團結、領袖、改制〉，《獨立評論》，162（北平，1935.8），頁7-9。以上亦可見胡適，〈政制改革的大路〉，《獨立評論》，163（北平，1935.8），頁2。

[207] 胡道維，〈論專制與獨裁〉，《獨立評論》，90（北平，1934.3），頁6-10。

治，於是自由主義沒落。他認為，歐洲政治思想之動搖，對中國影響極大，「蓋民國以來，正本十九世紀之歐洲思想，而從事建設，乃其工作尚未成功，而二十世紀反國家反議會反自由之思想又大輸入，而吾之政治工作，乃陷於無可進行之境。」[208]同年，他在廣州法學院演講中引用盧梭之言對獨裁加以說明：「對於獨裁者委以大權，其委託之權，頗關重要，其時間愈短愈好，不得延長，因為我們所以採用獨裁者，其目的在解決目前的危難，此種危難，為國家存亡之所繫，超過這種需要的限度，獨裁政治不是流於專制，便是毫無根據了。」[209]雖然張氏強調中國要走「近代化」的道路，應該建築在「常軌」上，非得注重法治不可；但突顯盧梭話語表述中的「委託」、「短期間之維持」，是一種「應變」「過渡」的策略，又似乎合理化了獨裁。

　　1935年張君勱討論政制選擇，對於已延續了一年餘的《獨立評論》上熱烈的「民主與獨裁論戰」表示了回應。他表示，《獨立評論》中蔣廷黻所說的「建國」問題，就是「如何能使中華民國能成為一個統一的國家」；而丁文江與胡適所爭的「民主與獨裁」問題，則是「國家統一後政權按放的問題」，這是二件事。對於蔣廷黻的「專制說」，他表示中國未嘗沒有經過專制時期，拿歐洲15、16、17世紀的時代與中國現在局面相比，是不恰當的。針對蔣廷黻所言「拿一個大專制來取消小專制」，他也表示，中國要統一，除武力外，行政成績、民意的表示也很重要。至於中國應採行民主或獨裁，丁文江和胡適二人從民主政治的難易問題著眼，張氏則強調經驗的重要，認為中國「二十餘年號為民國，實在沒有真切試驗過民主政治。十餘年來俄國式一黨的獨裁政治，好像是試驗過，但也

---

[208] 張君勱，〈當代思想之混沌〉，《再生》，2：11、12（北平，1934.8），頁4-5。
[209] 張君勱，〈法治與獨裁〉，《再生》，2：10（北平，1934.7），頁6。

是畫虎不成反類犬的試驗」。因此，不易辯其難易。[210]然而，張君勱又表示，從選舉實施、組織聯合政府以及政治道德上看，中國現在並不具備民主條件，而獨裁結果一定歸到一人獨裁的危險。歐戰後，張君勱肯定英美代議制的常態模式，肯定拉斯基《政治典範》對於代議制的堅持。他提出超越獨裁政治與議會政治之外的「第三種政治」，也就是在「政府與權力與個人自由之間」要求一種「調和」的方案，除了要求在對立意識型態中的自主選擇，實也有中國歷史發展階段的特別需求。他認為新的政府組織應具備英義俄德四國的特點：（一）舉國一致；（二）注重力行；（三）權力集中，「一切大權應集中於政府之手，政府可以放手來做，用不著像十九世紀議會可以多方牽制政府。」[211]張君勱說，「政權既已集中，用人行政，政府有很大的自由。」新制設計（十一條）的「修正的民主政治」中，他認為獨裁的好處已盡在其中。[212]

對於張君勱的「修正的民主政治」方案，顯然特意張揚政府權力、張揚政府之自由，不免予人以反民主加以質疑，張氏則強調它仍是以民主為精神。他說，19世紀的放任政策與無計劃的政治，絕難適用於今日國難時期，故而主張行政大綱之議決，政府強而有力，至於議會動搖政府之權，則嚴格加以限制。張君勱以民主自辯，與他此時一再強調權力集中，特意突顯議會制運作的技術流弊與對中國實行議會政治可能性的質疑實不無矛盾。和許多1930年代初期其他自由主義知識分子一樣，由於民族主義的情感、對統一穩定的渴望、對政治效能的追求、對西方民主政治產生歷史及實施經驗的理解、或者是傳統精英主義的觀念等原因，對於強而有力的政府顯現了更大的期待。張君勱對代議制度並未失去信仰，但對於英美式民

---

[210] 張君勱，〈民主獨裁以外之第三種政治〉，《宇宙旬刊》，6（香港，1935.3），頁4-7。
[211] 張君勱，〈民主獨裁以外之第三種政治〉，頁4-5、12。
[212] 張君勱，〈民主獨裁以外之第三種政治〉，頁11。

主政治已不若往昔般之熱情。[213]如前所述，1930年代拉斯基也逐漸對代議政治質疑，主要是認爲代議民主政治被統治階級所控制，不願意改革資本主義社會，而使群眾深受痛苦，不能眞正落實政治民主其立足點與張君勱主要著眼於政治效率的考量不甚相同。

以中國《政治典範》自期的《立國之道》

1938年抗戰期間，政府西移漢口，張君勱於流離遷徙漢口之際，「心念國家阽危，來日大難而已，繼而自思，與其浪費時日於胡思亂想，不如將胸中積蓄者，分章寫出」，乃成《立國之道》一書。[214]張君勱此書並非學理著作，實係抗戰時刻，爲保持國家之獨立、文化之延續，對於今後中國「建設方案」之陳述。換言之，是一種「抗戰」與「建國」並進理念之呈現。「立國之道」即是張君勱的「造國方案」。

《立國之道》於初版時，又名「國家社會主義」，有人疑其爲納粹主義張目。1947年抗日勝利後四版之「序」中，張君勱特別澄清否認，指出該書立論之重心，在「抑階級、揚國家、反對一黨專政，提倡民主」，以國家民族生存念，與德國納粹黨以血統爲出發點，以反猶太運動助其張目不同。和拉斯基企圖創造超國家組織而反對狹隘國家主義者不同，張君勱立足於狹隘國家主義與世界大同主張之間，而以民族國家爲立論的

213 如許紀霖，《無窮的困惑》（上海：三聯書店，1998），頁137；陳先初，〈評張君勱「修正的民主政治」主張〉，《湖南師範大學學報（社會科學版）》，4（長沙，1999.8），頁71-78。
214 1938年5月至7月間，每日上午張君勱口述二三小時，馮今白代爲筆記。結論之第三部分「我人思想之哲學背景」，由張君勱酌擬大意，牟宗三代寫。張君勱，〈《立國之道》新版序〉（1947），見氏著，《立國之道》（台北：中國民主社會黨總部印行，1969年），頁1。

基礎。[215]既言「國家社會主義」，則該書主要論點與抗戰前的主張大致相同，唯時空已異，論述亦稍有不同。

在《立國之道》初版「序」中，張君勱和拉斯基一樣，強調政治是活的、動的，是隨時代變遷。政治思想如此，政治事實亦是如此。因此，他強調，「吾人應以政治當爲活問題，而加以不斷思索與行動，然後方能求到出路而予國人以進行的方向。」此時的一個大變化是，肯定孫中山所確立之民族、民權、民生爲民國不易之方針。但他也提醒，自孫氏去世後，世局丕變：（一）蘇俄兩個五年計劃；（二）義大利法西斯政治；（三）德國民族社會黨登台；（四）中國四省淪陷，敵人侵略無已，中日正進行殊死戰。以上四項事實，自然影響中國的政治思想與立國方針。尤有進者，自抗戰前後，中國即介於兩種世界潮流對峙之間：就經濟上言之，一方爲資本主義，他方爲共產主義；就政治上言之，一方爲19世紀式之民主政治，他方爲俄、義、德式之反民主政治。中國若不願受兩大壁壘拉扯，惟有超於二者之上，自求解決之法。[216]儘管世局急遽變遷，張君勱信奉民主與社會主義三十年如一日。在《立國之道》中，張氏再次清楚表明自己的立場，認爲政治、經濟、文化都需要有所計劃。[217]他也強調，無論戰時、平時，對於政治須有新的認識：（一）舉國一致；（二）政府強固；（三）人民自發自動，這就是「立國之大道」，且必須把它變成新習慣，進而具體化於制度實際生活中。這種「新政制」，「惟有民主政治」。[218]張氏希望規劃一條可行之長遠的立國大道。

此時，張君勱也再從「權力」與「自由」論述民主政治之內容。他認爲一個國家對於自由與權力，「彷彿人之兩足，車之兩輪，缺一即不能

---

[215] 張君勱，《立國之道》，頁15。

[216] 張君勱，〈《立國之道》初版自序〉（1938），見氏著，《立國之道》，頁1。

[217] 張君勱，《立國之道》，頁8。

[218] 張君勱，《立國之道》，頁85-91。

運用自如。」權力的行使，一方面固可爲所欲爲，一方面亦是負了很大的
責任。至於自由，張氏以其對內言之，係指在某種範圍內，不受政府之干
涉；對外言之，分子之自由發展，即所以謀大團體對外力量之增加，「自
由之享有或停止，有一大前提，即以國家利益爲斷。」以國家利益爲前
提，張氏強調自由與權力的平衡。在《立國之道》中，比起「自由」，他
也和1930年代初期一樣，更加強調政府權力和民族生存的關係。因爲「此
種權力之運用，國人到近年來，才有感覺」，而「民主政治並非群龍無首
的政治」。[219]

　　然而，比起拉斯基1930年代初期對代議政治的批判，此時張君勱對
民主似乎有較多的信心。歐戰後，民主政體在新興國家風靡一時，不數
年，即遭受蘇俄無產階級專政及義、德法西斯專政的威脅。一方面蘇俄五
年計劃在經濟建設方面成功，而英美民主國之實效有限，民主與專政正在
相持。拉斯基政治多元論的修正亦多本於此。唯拉氏對於西方民主政治危
機的檢討歸結於資產階級的「不肯讓步」，其話語乃是近於「馬克思主義
式」。此時張君勱定義民主則取自蒲徠斯（James Bryce，1838-1922）。
蒲徠斯的《現代民主政治》（*Modern Democracies*）於1921年出版後，
在中國政治學界廣爲流行。[220]張君勱自該書歸結出的民主政治基礎是：
（一）人民意志表示；（二）人民投票；（三）開設議會；（四）內閣主
持大政。他並且以英、法、美三國歷史證明民主政治的成功，認爲民主政

---

[219] 張君勱，《立國之道》，頁96-99。
[220] 張君勱歸結蒲徠斯對民主政治的要點有三：（一）統治屬於全團體的分子；（二）各分子
之意思表示靠投票；（三）投票不能求全人民之一致，只可以多數取決。他表示，西方民
主政治運動，以民約論爲起點，亦即政治之基礎與其相關的有所謂天賦人權。由於國家人
數衆多，只好採用代議制；兩院是立法機關而不是執行機關，所以在議會外，有內閣或行
政部，處理行政或大政方針。1923年該書由楊永泰翻譯自日本讀書協會節譯本，北京大學
政治研究會梅祖芬、趙蘊琦、趙冠雄等人將其譯爲《現代民主政體》，由商務印書館分三
卷出版，1923年初版，1926年再版。

治下之現象爲：（一）國內安定，少武力競爭之事變；（二）人民有法律保障，所以安居樂業；（三）因有思想自由之保障，故學術發達；（四）農工商之發展，爲前此專制時代所不能望其項背；（五）眞正民主國家如英、法、美雖經過有史以來之大戰，仍安穩渡過。英、法、美在戰後經濟均逢大困難，然仍穩如泰山。德俄兩國所以崩潰，正因其不能實行民主之故。總體而言，張氏認爲兩百年民主政治的成績，遠在君主政體之上。俄、義獨裁不過二十年，其後命運尙不可知。[221]張氏肯定民主政治在英、法、美所達致的成效，認爲它們是「眞正民主國家」。此時中國仍在「訓政」時期，尙未實施民主憲政，非國民黨籍的張君勱自然渴望民主。

在獨裁與民主政治兩者相持之中，張君勱認爲中國要確認自己的國體，必須注意兩點：（一）尊重民國以來的傳統；（二）審察各國制度上之純粹意義。尤其值得注意者，是在尊重民國傳統部分。張氏認爲建立民國，始終堅持不變者，要推孫中山爲首功。孫氏三民主義中民族、民權和民生三大原則實爲「立國之方向」、爲「國民言論行動之指南針」。對於〈抗戰建國綱領〉第26條所言：「在抗戰期內不違反三民主義最高原則及法令範圍內，對於言論出版集會結社，當予以充分保障。」張君勱以其當可永久適用。「在民國言之，中山先生之傳統可以繼續。」[222]然而，在政權尙未眞正開放之際，他對孫中山的訓政說仍然作了批判，認爲訓政應及早結束，各黨之政治活動，應同等置於國法之下。蓋因爲如此，中山先生之地位，與國民黨辛苦奮鬥之歷史，都已顧到。即令訓政結束，國民黨仍不失其政府黨之地位，同時其他各黨亦有自由活動之機會，得以參加於一致團結之中。[223]在國民黨仍標榜訓政的1938年，張氏一方面以孫中山遺教證明中國實施民主憲政之合理性，一方面指出國民黨所推行之訓政在理論

---

[221] 張君勱，《立國之道》，頁107-116。
[222] 張君勱，《立國之道》，頁141-142。
[223] 張君勱，《立國之道》，頁143-144。

與實際上「名不符實」。儘管如此，比起抗戰之前對國民黨的嚴厲批判，此時張氏對國民黨可說釋出了極大的善意，表達了「舉國一致」的熱情，該書也獲得出版之機會。[224]

　　至於制度建立方面，1930年代初期張君勱所秉持的原則在《立國之道》中並未改變，包括了：（一）政府之權力；（二）國民之自由發展；（三）社會公道，此以經濟問題居多。其終極目標，則是政治安定。張氏強調權力集中，因為「權力不集中，政治不能安定。」「良以國家承平之日，可以容許兩黨轆轆上下，到了國難臨頭，但求有統一的政府，安定的政府，黨派問題則為次要。」值得注意者，張氏從舉國一致的角度審視了1932年英國在經濟危機時刻，放棄兩黨更迭秉政之政黨政治常軌，工黨與保守黨合組政府一事，予以肯定。[225]此事在拉斯基看來，實是一場「憲政危機」，「民主政治的危機」。張君勱以在野立場，肯定執政黨和在野黨派之合作，然而，拉斯基是以執政黨工黨之立場，認為這種聯合政府模式無疑是工黨自我理念的放棄，是向資本家的投降。

　　國難當頭，張君勱強調權力集中的重要性，而在西方民主政治面臨危機的時刻，仍繼續不斷宣示自由的價值，固有中國自身的背景。他說：「自由學說之最大價值，在養成獨立人格與健全公民。這一點不可磨滅之價值，可以垂諸千百年而不變。」然而，此時他已不再強調彌爾的個人自由說，而是承認自由與權力二者如何分配是個難題。張君勱認為，法國大革命以後，歐洲政局似是重自由而忽權力。正因為自由權行之過度，所以有新集團權力主義之反動。新集團權力政治之表現，以蘇俄無產階級專政為第一，為新集團權力主義中之左派。義德奉行法西斯主義，是為新

---

[224] 書成之日，張之友人劉伯閔將其示於國民黨中央黨部，獲得許可證，此書可謂國民黨對異黨政綱說明書照原文一字不改許其出版之第一本。張君勱，〈《立國之道》新版序〉（1937），見氏著，《立國之道》，頁1。

[225] 張君勱，《立國之道》，頁149。

集團權力之右派，其所提倡者爲民族團結之學說，爲最高權力集中於最高
領袖。張氏認爲，中國今日所處時代，一方爲英、美、法之民主與自由主
義，他方爲俄、義、德之新集團權力主義。處於二種潮流夾攻之中，應毅
然決然求得一種適宜於自己之制度。張氏所謂適宜中國的制度，也就是將
自由與權力之優點熔爲一爐的制度。

　　在《立國之道》一書中，張君勱再次提出1930年代初期所擬之十一
項原則，亦即「修正的民主政治之總原則」。其所規劃的「修正的民主
政治」，仍是（一）以國家之利害，置於第一位，而視各黨之利益居於
次位；（二）抬高行政權之重要性，而以國民代表會議之立法輔助之；
（三）行政之事，部長與文官共同負效率上之責任。張氏強調，德義二
國，因爲議會權力行使不當，致陷議會滅亡，「我人求一兩得其平之法，
即政府不因議會而動搖，議會不因其權力之過度而自取滅亡，此即我所謂
修正的民主政治之精神。」[226]張君勱自謂新政制之設計，乃欲於權力主義
與議會主義之紛爭中，求得一中道，以安定國家。1939年，張氏也再次歸
結二個世紀的差異係是從理性主義到反理性主義的變化（作表如下）：

表3-6　理性主義與反理性特質之比較（1939年）

	理性主義（18-19世紀）	反理性主義（歐戰一）
理論	1.抬高理智。 2.注重純理研究與客觀研究。 3.學術自由。 4.各出其心思才力，因而學術大盛。	1.說明變遷由來。 2.注重行動。
實行	1.承認人類共有之理性。 2.承認人類平等地位。 3.各人之自由競爭。	1.注重紀律。 2.輕純理而貴實用。 3.對人民指示以應循之途轍。

---

[226] 張君勱，《立國之道》，頁154-159。

張君勱表示，理性主義尊重個人人格，人人以自由謀求發展；反理性主義不僅靠理智，還要靠行動、靠實踐，在鬥爭中犧牲小我完成大我。他認為應同時並重，然而又說，「為應急計，似乎非理性派之學說於我最為適用。然不經一度如歐洲18、19世紀之大解放，國人之理智何從而發展，不尊重思想自由與客觀研究，學術何由發展；乃至不尊重個人之人格，個人責任心何處得來。」[227]張氏似乎仍是相信歷史有一定的進化程序，認為歐洲的20世紀變化，實有18、19世紀的發展為基礎。然而，儘管對個人自由仍持優先的看法，然已突顯了在國家緊急時刻，「小我」必須讓位於「大我」。

除了政制，張君勱也為「今日中國之要務」之經濟建設設計改造方案——「國家社會主義之下之計劃經濟」。張氏表示，政治與經濟，二者輕重緩急，不應有所軒輊。和歐洲諸國相比，張氏形容中國經濟落後仿如中世紀狀況。然而也說，中國若肯下決心急起直追，不是沒有前途的。張氏指出，英德兩國是資本主義制度下之自由發展，先進的英國費時長，而後進國家的德國需時短，俄國則為社會主義的發展，費時更短於德國。「工業發展同，而所採方針則異」，「在二十世紀今日之我國，更有力求迅速之必要」。他還強調，原以階級鬥爭和世界革命為出發點之蘇俄，經歷爭執，發現個人、社會階級與世界三者以外，「尚有一基礎問題，是為國家」，因而回到國家本位。為「中國」計，張氏認為「今後之國家建設，既不能如英國之放任主義，以私有企業之主體建設國民經濟；亦不能採取共產主義之主張，以階級鬥爭為手段，將私有企業制度整個打倒，代之以整個的國有企業。」中國環境與歐洲不同：（一）在資本充裕國家，工人可以罷工為手段，達到種種要求；在資本不充裕國家，工人罷工，於己於廠，兩無益處；（二）中國處國際壓迫之下，勞資雙方惟有努力以增

---

[227] 張君勱，〈近代思潮的特徵〉，《中國青年》，1：4（重慶，1939.10），頁28。

加生產，方能造成民族工業。他表示中國經濟的唯一出路，即是「應以公私經濟安頓在同一總計劃下而開發之。」[228]他比較俄德兩國，認為俄國痛恨法西斯主義，德國則懼怕布爾什維克之危險。唯二者之經濟政策卻頗多相似：（一）實行計劃經濟；（二）主張自給自足；（三）統制外國；（四）增加輸出，限制輸入；（五）採取極端之節約。對於上述諸項，張君勱認為是經濟落後國家，要迎頭趕上，不能不採用的辦法。[229]他也再度讚美俄國之計劃經濟，以其「較之於資本主義國家之無通盤計劃之經濟建設之混亂與浪費，不可同日而語。蘇俄計劃經濟，對於世界經濟，實有至大之貢獻。」[230]此時，他加強論證，提出國家社會主義之計劃經濟方針，與1930年代初期相同。此時他對俄國計劃經濟的肯定，和拉斯基亦是如出一轍，但未有如拉斯基於1936年推崇蘇俄新憲法為「自由大擴張」之說法。

　　張君勱作《立國之道》，隱然有拉斯基之志，嘗自謂該書於戰火中寫成，「自然不如拉斯基《政治典範》為思想之結晶」。然而對於自己將「國家本位與世界革命」、「民主政治與獨裁政治」、「資本主義與社會主義」六種主義、三類矛盾調和折衷，仍難掩自得之情。[231]張氏自謂該書立論之重心，在「抑階級、揚國家、反對一黨專政，提倡民主」，而以國家民族生存念。[232]此一說法，和拉斯基企圖創造超國家組織而反對狹隘國家主義者顯然不同。拉斯基與張君勱雖然同處於一個時代，對於自由主義和社會主義價值的認同頗有互通之處，然而，拉斯基立足英國，胸懷世界，與張君勱感受到深重的國家危機，心繫民族復興，二人之立場和使命大不相同，觀念差異亦在所難免。比起拉斯基，1930年代的張君勱離政治多元論似乎更為遙遠。

---

[228] 張君勱，《立國之道》，頁192。
[229] 張君勱，《立國之道》，頁193-195。
[230] 張君勱，《立國之道》，頁215。
[231] 張君勱，〈廿餘年世界政潮激盪中我們的立場〉，《再生》，108（上海，1946.4），頁5-7。
[232] 張君勱，《立國之道》，頁15。

結論

　　政治多元論的論述主題為「國家」。誠如蕭公權所言，政治多元論係是從一種批判的立場論述自柏拉圖和亞里斯多德的時代開始，以至近代—它獲得進一步辯護與闡發的時代，西方政治思想一直念茲在茲的「國家」。這個「國家」在理論上被它的反對者（政治多元論者）批判為一元論，它強調國家擁有最高權威。更具體地說，所謂一元論的國家，是一個占有一種統一的和絕對主權權力的國家。這種主權權力或者是作為所有政治權威的的直接淵源，或者作為法律權威的淵源。政治多元論者的理想國家，不存在全能和無所不包的的唯一權威淵源，不存在統一的法律體系，不存在行政的中央集權機構，不存在政治意志的普徧化，它在本質上和表象上都是一種多樣性，能夠並且應該被劃分成各種部分。[1]

　　20世紀上半葉，同時也是民主政治在西方遭到批判的年代。政治多元論分享了這種批判精神的一部分。將民主政治和代議制聯結長久以來即是自由主義者滿意的政治安排，而儘可能地使選舉權擴張至更多數的人，並且按地域畫分選區，民主政治的實踐當然更為完美。然而民主政治的理想遠非如此即能達到，代議制的運作未能有效地解決問題。政治多元論著手提出在有關選民、議會制度的建設性方案。它反對盧梭的公意說，以其將阻礙個人自由的表現，因為一般所認為的公意在多數決定時發揮作用，實則是局部利益在實際支配。所謂選派代表的制度，其實質也是虛偽，因為人是不能被代表的，每個人都是他自己的主人，沒有其他人可以理解。政治多元論者提出的解決辦法就是以個人所組成的不同團體所各自共同具有的種種特殊意志取而代之，也就是代之以功能代表制。各種不同社會力量都將發揮各自的職能。

　　從1920年代前夕以至1930年代中葉，拉斯基可說是政治多元論最重

---

[1]　蕭公權著，周林剛譯，《政治多元論》，「導論」，頁1、6。

要的代表人物。而從1920年代前夕至1950年，拉斯基竭盡生命，戮力以赴者，則是建構人類的完美社會。此一社會是透過社會中個人的自由發展得以實現，個人的需求在參與社會各種團體中得到滿足。在追求完美社會的過程中，拉斯基的觀念屢經修正。1920年前後的拉斯基，認為國家和社會團體乃是平行而立，各自履行不同的職能；1920年代中葉以後，拉斯基修正此說，認為國家在各個團體中，仍具優先地位，負責協調各種團體不同部門的衝突。在1930年代初，他強調國家的階級性，至1930年代中葉以後，他更明顯以馬克思主義的觀點批判國家，認為必須將資本主義國家改造為社會主義國家，對於國家主權的看法，則似有從多元向一元主權轉變的軌跡。與此其理論發展的同時，他也明確建構其民主社會主義的理想政治模式。拉斯基的國家論述體現了20世紀西方自由主義和社會主義糾結軌跡，在20世紀自由主義與資本主義面臨危機之際，試圖提供解決的方案，體現了西方轉折時代中一個知識分子的焦慮和努力，他的生命也反映出20世紀上半葉的時代滄桑。

在1920年代到1950年代的「拉斯基時代」，作為一個享譽國際的政治理論家和社會改革家，拉斯基吸引了不少遠渡重洋的中國留學生。從美國到英國，從國際社會中的不同場合，他們遇見拉斯基，體會他的人格和學術作風，拉斯基也成為這些20世紀上半葉中國知識分子生命中的珍貴經驗。他們回國之後不少人成為拉斯基學說在中國傳播的重要推手。

自19世紀後半葉，中國在接二連三的外力逼迫下，從天下觀的迷夢中驚醒，走進國際世界。與此同時，國家意識逐漸萌芽，知識份子也開始傳播西方的主權觀念，此時正是西方國家主權觀念昂揚的年代。民國成立後，制憲成為當務之急。知識分子對於主權的歸屬及性質討論更形熱烈，主權在民抑主權在國家，以及主權與統治權之關係等均成為爭議的焦點，其中不乏不同黨派對政治現實利害的考量。唯就主權論本身言之，民初中國主權論述，大體承續19世紀西方主權思想的主流餘緒，也大多不脫一元

論的範圍，然已有過渡時期的徵兆。

　　1920年代前後的中國，是個解放的年代，各種新思潮傳播到中國。隨著戰後歐洲國家改造運動風起雲湧，以及中國共和初建，政治秩序猶未鞏固，法制爭議屢起，新國家學說引起知識界的興趣。其中政治多元論作為一種國家新說，在1920年代前夕，隨著歐美政治思潮中一元主權論的動搖以及多元主權論風潮的興起，開始以主權論的「新趨勢」被介紹到中國。與此同時，拉斯基也以多元主權論的重要代表人物之一出現在中國。此時正是拉斯基以政治多元論聲名鵲起之時。

　　1920年代初期是政治多元論在中國的發軔時期。知識界從不同面相與管道摸索政治多元論，探究主權歷史的沿革與新的趨勢，其知識來源主要是美國與日本。留美期間，受業於拉斯基，對拉氏甚為崇拜的張奚若首先為中國介紹主權論的演變趨勢。嗣後自美歸國的張慰慈等人亦加以說明此一主權論新趨勢乃是從「一元」走向「多元」。有些知識分子則是介紹了日本學者對政治多元論的研究成果。此時作為基爾特社會主義代表人物的高爾，其學說也受到知識界的青睞，如張東蓀、梁啟超等研究系人物以及高一涵皆為其中較著者。1925年拉斯基《政治典範》出版，張君勱著手翻譯，並詳盡介紹該書內容。1920年代末期，隨著拉斯基對共產主義的考察引起西方學界的重視，張奚若和新月派諸人也引進拉斯基的觀點。此時受到拉斯基《政治典範》啟發的張君勱，自由思想昂揚，大力批判一黨專政思想。

　　1930年代以後，拉斯基思想在中國傳播有了重大的突破。拉斯基不僅以個別理論家的姿態引起知識界的研究興趣，其理論在中國的傳播，無論是質或量上都有大幅度的推升。此與拉斯基訪華消息、《政治典範》中譯本的出版及其引發之知識界對拉斯基思想的論辯關係密切。此一時期拉斯基的重要著作陸續被譯介到中國，知識界為之撰書立說者頗不乏人。除了各種期刊、出版社，新創未久的大學法政科系更是蹈厲奮發，留學歸國

的知識分子實是充當了傳播此一學術新知的重要管道。在眾多拉斯基政治多元論的譯介者中，張君勱、蕭公權與杭立武等人對拉斯基思想的論辯交鋒，更使政治多元論在中國的傳播增添異彩。作爲《政治典範》的翻譯者，張君勱深諳拉斯基學理，以國家改造爲使命，正與拉氏相似；作爲國際知名政治多元論專家，蕭公權對拉斯基思想之背景及其論理邏輯鑽研至深；杭立武更以拉斯基學生的身分位居中國學術界要津，三人對於拉斯基政治多元論中的思想傳承與創新均有極精闢深刻的解說，對拉斯基思想在中國的傳播頗有推波助瀾之功。大體而言，雖然到了1930年代，拉斯基思想已有逐漸激進化，向馬克思主義靠攏的趨勢，甚至於1935年正式向政治多元論告別，中國知識界對政治多元論依然興趣不減。此外，在拉斯基政治多元論傳播到中國的過程中，中國知識界也注意到外國學者對一元論與多元論的爭議。他們或直接翻譯外國的相關著作，或是在其自身的介紹研究中引證外國學者的評論，或對外國學者的論點提出質疑，致使拉斯基政治多元論在中國的傳播與外國匯流，形成對話，此在1930年代尤爲明顯。

從1920年代到1930年代中葉，中國知識界傳播拉斯基政治多元論時，除有專家學者們的參與，並且普徧參考了外國的研究成果，使其在把握此一思想內容時多能切中肯綮。拉斯基政治多元論中所精心闡釋的個人、社會、國家關係等觀點成爲知識界熱烈討論的議題，其思想中的自由、平等、權利、聯治、職能國家、團體等概念在拉斯基思想的傳播中尤受重視。知識界用「個人主義的社會主義」和「民主的社會主義」或「新的德謨克拉西」形容拉斯基的學說，顯示出中國知識界對此一調和自由主義與社會主義新思想的認識。值得注意者，一方面，由於1930年代初期拉斯基的著作多圍繞在民主、個人自由與國家權力的討論，因而此時中國知識界亦多討論於此；而在另一方面，拉斯基社會主義改造的主張，特別是平等與經濟改造的觀點對中國知識分子亦多有啓發。即使如此，對中國的馬克斯主義者而言，拉斯基的思想仍是空想的改良主義，不予認同。然而，當

中國知識界尚在熱烈討論拉斯基的自由思想時，1930年代中葉的拉斯基卻已然轉向。此一變化，使中國知識界甚為疑惑，有些知識分子則是為拉斯基的立場作了辯解。

拉斯基政治多元論傳播到中國的時期，也正是中國現代政治學科建制化的階段。政治多元論標榜新說，批判舊說，如此新舊兼具的知識特質，無疑豐富了中國政治學科的知識內涵，從理論與方法上導引中國政治學研究的新方向。此外政治多元論的創新觀點，頗能鼓舞當時渴望求新求變的知識分子，甚至超越知識界之外。拉斯基其人、其事經常獲得報刊的關注。知識界對他的自由、權利以及國家意義和權力的闡釋印象深刻。然而，對於拉斯基激越的自由言論，有些知識分子則以其不符合國情，因而有所保留。

拉斯基政治多元論傳播到中國的年代，也正是中國內憂外患紛擾未止的年代，中國知識分子追尋建國之道。作為一種新政治學說，拉斯基批判國家權力，張揚自由與平等的價值以及改造國家之策略，對中國知識分子開啟了政制選擇的途徑。1920年代前後，面對軍閥亂政，分裂中國情況，政治多元論的聯治、分權與自治觀念，成為知識界強化聯省自治的學理依據，各種方案紛紛提出；北伐以後，在中央與地方糾葛中，也繼續成為討論分權與均權的論辯用語。而在1930年代前後國民黨訓政運作過程中，有些知識分子以之為爭取人權與自由平等的論述工具。九一八事變後國難加深，政制改造呼聲不止，多元與一元亦成為討論中經常出現的概念。國民黨遭逢訓政危機，面對外界結束訓政、實施憲政的要求，其作法是使黨國權力更加一元化。與此同時，張君勱等知識分子群體則是提出國家改造的新路線。在張君勱的改造方案說明中，自由與權力、民主與獨裁、資本主義和社會主義成為論述的重點，他呼籲舉國一致，並以國家統一為前提，提出政治和經濟的改造主張，以修正的方式對自由與權力、民主與獨裁、資本主義與社會主義作出調和。1930年代末期，他的建國理想更展現在

《立國之道》——一本他有意追摹拉斯基《政治典範》的著作中。拉斯基講「平勻酌劑」，張君勱講「調和」，二人的改革態度大致相同。

從表面看，民初知識分子與拉斯基身處的時代相重疊，所遭逢的問題也彷彿有著極高的同質性。拉斯基國家改造論述中的自由與權力、資本主義與社會主義等，也是都是1920、1930年代中國知識分子尋求中國改造時激烈爭辯的議題。1920年代，中國知識分子推崇民主自由，對社會主義也有一定的關懷；1930年代，中國知識分子追求憲政，批判國民黨一黨專政，蘇聯計劃經濟的成效也開始影響中國一些知識分子，其與拉斯基檢討西方民主危機，思考西方自由主義、審察國家的理論與實際以及對社會經濟平等問題的思考頗多類似。然而，拉斯基思想中的問題意識與解決方案所依恃的基礎和中國畢竟大不相同。

誠如拉斯基和張君勱所言，一個時代有一個時代的思想。作爲一種學說，拉斯基的政治多元論自有其特定的時空背景。拉氏強調經驗的重要性，他的經驗，除了個人，還有英國，還有西方。而中國知識分子的經驗，除了他個人，主要是中國。個人不同，國情差異更大。拉斯基政治多元論的背後，是強大穩固的國家權力、是發達的資本主義、是成熟的民主政治架構、是已有悠久傳統的自由主義。拉斯基所面臨者，簡言之，是資本主義文明遭逢危機的時刻。拉斯基學說所要改造者，是西方資本主義文明的問題，是民主政治的危機，是對國家專斷權力的批判、代議制度的革新，是自由主義的振衰起弊以及國際意識型態衝突的解決。同樣是要「改造國家」，拉斯基與中國知分子的「國家改造」宗旨畢竟有所差異。

在拉斯基政治多元論傳播於中國的1920年代到1930年代，拉氏所批判的強大國家權威並未出現於中國，但軍閥割據與北伐以後國民黨的一黨專政，卻爲政治多元論與政制改革訴求的結合提供了空間。中國知識分子據此學理檢討國家、社會與人民的關係。然而，正如拉斯基所說，主權思想多半是社會紛亂時期的產物。在國家民族面臨危機的時代，中國高喊「建

國」，內憂與外患都強力召喚一個強大的中心，一個強而有力的政府權威，一個「國家」。除了爭取獨立自主，中國亟需活絡資本發展經濟，中國還沒有成熟的議會政治，沒有民主基礎，中國還不是一個工業社會，更遑論具備如西方一樣有著多元的、自主性格的社團，一個市民社會，不具備拉斯基政治多元論所要改造的國家形貌。中國國家多難，救亡圖存是最高目標，統一是最高政治價值，政治多元論也只有向民族主義屈服，向一元論屈服。1920年代和1930年代又是中國革命建國的年代，武力和意識型態決定一切，革命也只能是一元。拉斯基及其中國的信徒者均嘗試以改革「調和」革命，立足點或有不同，命運卻極類似。

誠如有些中國知識分子所言，中國尚不是「近世國家」，中國最重要的是「建國」。中國知識分子論述改造中國的主張，直與後進國家所發表之一篇「中國如何發展現代化宣言」無異，此在張君勱身上表現甚為明顯。例如拉斯基政治多元論所強調的沒有經濟平等就沒有政治平等，以及作為解決資本主義危機，強調國有化與計畫性的社會經濟改造方案，到了張君勱，雖然也談社會公道，但經濟改造主要是發展國家經濟、創造國家財富的「造產」工具，是為了「民族自活」。又如拉斯基雖然在政治多元論修正階段要求國家發揮效能，卻強調監督國家的重要性，並以之為公民的條件，對張君勱而言，雖也強調人民的監督，但似乎更關心國家的權力是否受到消減。

研究後進國家現代化的學者認為，後進國家所遭遇到的諸種問題約有如下數項：（一）必須越過和先行國家之差距，並以自身從未有過之規模採取許多措施，特別是在計劃和資金形成方面；（二）後進國家不能將其物資、資金和技術直接用於新的目的，因而被迫與其他已經現代化的國家保持一種特殊的相互依存關係；（三）已經現代化的國家為後進國家提供了榜樣，這是有利的因素，但這些榜樣總是（或者似乎是）望塵莫及，這又使後進國家感到沮喪；（四）最後，當這些國家需要以從前不需要或不

可能維持的規模來實施協調和控制時，卻正因為自身捲在現代化過程中，主導的協調和控制形式受到了掣肘，前三條不利的因素，一股腦地湊到第四條之中。關於這一點，以中國言之，從帝國後期，國家協調和控制的有效性開始喪失，民國時期也未能明顯地提高其徵集資源的能力，內外的各種壓力使中央控制能力削弱，從而使地區主義找到了立足之地。[2]加強中央權威抑或賦予地方相對的自主空間乃成為20世紀上半葉中國國家改造的一大爭議。政治多元論在中國知識界受到重視的1920、1930年代，一方面，由於歷史的習慣與近代以來國家民族面臨危機，國家內部的混亂失序以及國外強敵威逼，均使統一和強而有力政府的建立成為各方企求之目標。然而，多元主義相信自由的基礎在分權，否認國家高於其他實際存在之團體，有逐漸削減國家權力的趨勢；其維護民主與政治自由，反對威權集中，反對獨裁與統一主權論，希望社團得以參與大部分之政治，則與中國現實政治的企求不相契合。

西方學者認為政治多元論的缺陷，即在它沒有認清一個事實，即是在20世紀只有國家能夠作為基本的社會、經濟改革的工具。此一評語，具體描述了拉斯基政治多元論運用於中國國家改造所面臨的困難。然而，不可否認的是，拉斯基政治多元論中所蘊含的自由主義與社會主義內涵，確實深深吸引了1930年代至1940年代廣大的中國自由主義知識分子，更在1940年代展現異彩，成為20世紀上半葉中國自由主義最後一波的國家改造浪潮。本書探討拉斯基政治多元論在中國的傳播，只是二十世紀上半葉拉斯基思想在中國「理論旅行」此一豐富樂曲的第一樂章。

---

[2] Gilbert Rozman, ed., *The Modernization of China*, New York: Free Press; 1982, 283.

徵引文獻

中文部分

一、專書

《費鞏文集》編委會編，《費鞏文集》，杭州，浙江大學出版社，2005。

《蔣介石日記》，1932年8月5日。

Agnas Headlam-Morley著，李鐵錚譯述，周鯁生校閱，《歐洲新民主憲法之比較的研究》，上海：太平洋書店，1931。

小濱正子著、葛濤譯，《近代上海的公共性與國家》，上海：上海古籍出版社，2003。

中國社會科學院近代史研究所中華民國史研究室編，《胡適來往書信選（上）》，北京：社會科學文獻出版社，2013。

中國青年軍人社編著，《反蔣運動史》，台北：天天文化出版社，1991。

中國第二歷史檔案館編，《中華民國史檔案資料彙編》，第5輯第1編，南京：江蘇古籍出版社，1994。

中國韜奮基金會韜奮著作編輯部編，《韜奮文集》，香港：三聯書店，1978。

中華民國史事紀要編輯委員會編，《中華民國史事紀要—中華民國十六年（一九二七）七月至十二月份》，台北：中華民國史料研究中心，1978。

王世杰、錢端升，《比較憲法》，北京：商務印書館，1999。

王向民，《民國政治與民國政治學：以1930年代為中心》，上海：上海人民出版社，2008。

王奇生，《黨員、黨權與黨爭—1924-1949年中國國民黨的組織型態》，上海：上海書店出版社，2003。

王造時，《荒謬集》，上海：自由言論社，1935。

王萍訪問、官曼莉記錄，《杭立武先生訪問記錄》，台北：中央研究院近代史研究所，1990。

白吉爾（Marie-Claire Bergère）著，溫洽溢譯，《孫逸仙》，台北：時報文化出版社，2010。

吉爾伯特‧羅茲曼（Gilbert Rozman）主編，國家社會科學基金「比較現代化」課題組譯，《中國的現代化》，南京：江蘇人民出版社，2003。

江沛、紀亞光著，《毀滅的種子　國民政府時期意識管制分析》，西安：陝西人民教育出版社，2000。

佐藤慎一著、劉岳兵譯，《近代中國的知識份子與文明》，南京：江蘇人民出版社，2006。

吳季松，《我的父親恩裕教授》，北京：北京科學技術出版社，2005。

李達嘉，《民國初年的聯省自治運動》，台北：弘文館出版社，1986。

周鯁文，《國家學》，天津：天津大公報館承印部，1935。

拉斯基（Harold J. Laski）著，王造時譯，《民主政治在危機中》，長沙：商務印書館，1937。

拉斯基（Harold J. Laski）著，何子恆譯，《現代國家中的自由權》，北京：商務印書館，1959。

拉斯基（Harold J. Laski）著，何子恒譯，《現代國家中的自由權》，北京：商務印書館，1959。

拉斯基（Harold J. Laski）著，張士林譯，《政治典範》（共六冊），上海：商務印書館，1930。

拉斯基（Harold J. Laski）著，張虹君譯，《國家往何處去》，天津：新民學會，1935。

拉斯基（Harold J. Laski）著，華世平編，林岡、鄭忠義譯，歐陽景根校，《歐洲自由主義的興起》，北京：中國人民出版社，2012。

拉斯基（Harold J. Laski）著，黃肇年譯，《共產主義論》，上海：新月書店，1930。

拉斯基（Harold J. Laski）著，薛振寰譯註，《政治學引導》，台北，臺灣商務印書館，1967。

杭立武，《政治典範要義》，上海：商務印書館，1947年勝利後第一版。

杭立武，《政治典範要義》，上海：黎明書局，1933。

杭立武、陳少廷著，《拉斯基政治多元論》，台北，台灣商務印書館，1987。

肯尼斯·R. 胡佛（Kenneth R. Hoover）著，啓蒙編譯所譯，《凱恩斯、拉斯基、哈耶克：改變世界的三個經濟學家》，上海：上海社會科學院出版社，2013。

金以林，《國民黨高層的派系政治》，北京：社會科學文獻出版社，2009。

金岳霖著，劉培育整理，《金岳霖回憶錄》，北京：北京大學出版社，2011。

金觀濤、劉青峰著，《觀念史研究：中國現代重要政治術語的形成》，北

京：法律出版社，2010。

阿里夫・德里克（Arif Dirlik）著，翁賀凱譯，《革命與歷史：中國馬克思主義歷史學的起源，1919-1937》，江蘇：江蘇人民出版社，2004。

胡春惠，《民初的地方主義與聯省自治》，台北：正中出版社，1983。

胡春惠編，《民國憲政運動》，台北：正中書局，1978。

胡愈之，《胡愈之文集》第3冊，北京：三聯書店，1996。

胡頌平，《胡適之先生年譜長編初稿》，台北：聯經出版事業公司，1984。

韋善美、馬清和主編，《雷沛鳴文集》，南寧：廣西教育出版社，1989。

耿雲志，《胡適年譜（修訂本）》，福建：福建教育出版社，2012。

孫宏雲，《中國現代政治學的展開：清華政學系的早期發展（1926-1937）》，北京：三聯書店，2005。

孫科，《孫科文集》，台北：台灣商務印書館，1970。

孫增大，《聯省自治商榷書》，北京：北京印刷科代印，1922。

家近亮子，《蔣介石と南京國民政府》，東京：慶應義塾大學，2002。

徐木興，《追自由民主的理路—哈羅德・拉基政治思想研究》，浙江：浙江大學出版社，2015。

徐懋，《中華民國政治制度史》，上海：上海人民出版社，1992。

翁賀凱，《現代中國的自由民族主義：張君勱民族建國思想評傳》，北京：法律出版社，2010。

郝丹立，《韜奮新論：鄒韜奮思想發展歷程研究》，北京：當代中國出版社，2002。

高一涵編，《政治學綱要》，上海：神州國光社印行，1930。

張允起，《憲政、理性與歷史—蕭公權的學術與思想》，北京：北京大學出版社，2005。

張君勱，《立國之道》，台北：中國民主社會黨總部印行，1969。

張君勱，《國憲議》，台北：台灣商務印書館，1970年重刊本。

張君勱先生遺著編輯委員會編，《史泰林治下之蘇俄》，台北：台灣商務印書館，1971。

張朋園，《中國民主政治的困境1909-1949》，長春：吉林出版社，2008。

張朋園，《從民權到威權 孫中山的訓政思想與轉折兼論黨人繼志述事》，台北：中央研究院近代史研究所，2015。

張朋園，《梁啟超與清季革命》，台北：中央研究院近代史研究所，1964。

張奚若，《主權論》，上海：商務印書館，1929。

張奚若，《張奚若文集》，北京：清華大學出版社，1989。

張晉藩，《中國憲法史》，吉林：人民出版社，2004。

張嘉森，《省制草案》，上海：泰東圖書局，1916。

許紀霖，《無窮的困惑》，上海：三聯書店，1998。

郭廷以，《近代中國史綱（下冊）》，香港：中文大學出版社，2005。

陳立夫，《成敗之鑑：陳立夫回憶錄》，台北：正中書局，1994。

陳序經，《現代主權論》，北京，清華大學出版社，2010。

陳序經著，張世保譯，《現代主權論》，北京，清華大學出版社，2010。

陳錫祺，《孫中山年譜長編》，北京:中華書局，1991。

程滄波，《滄波文存》，台北：傳記文學出版社，1983。

費孝通，《芳草天涯》，蘇州：蘇州大學出版社，2005。

馮啓宏，《法西斯主義對中國三〇年代政治的影響》，台北：國立政治大學歷
　　　史學系，1998。

黃克武，《自由的所以然：嚴復對約翰彌爾自由思想的認識與批判》，台
　　　北：允晨文化實業股份有限公司，1998。

楊幼炯，《當代中國政治學》，南京：勝利出版公司，1947。

楊家駱，《民國以來出版新書總目提要（下冊）》，台北：中國辭典館復館籌
　　　備處印行，1971年再版。

董之學，《各國民權運動史》，北平：商務印書館，1930年10月初版，收入
　　　「萬有文庫」第一集。

鄒韜奮，《韜奮全集》，上海：上海人民出版社，1995。

劉培育主編，《金岳霖回憶與回憶金岳霖》，成都：四川教育出版社，1995。

潘力山著，潘大逵編，《力山遺集》，（上海：上海法學院，1932），收入
　　　《民國叢書》編輯委員會，《民國叢書》，第5編第92輯，上海：上海書
　　　店，1996。

鄧元忠，《國民黨核心組織眞相——力行社、復興社暨所謂藍衣社的演變與成
　　　長》，台北：聯經出版事業公司，2000。

鄭永烈編，《王造時：我的當場答覆》，北京：中國青年出版社，1999。

盧錫榮，《拉斯基政治思想》，上海：世界書局，1934。

蕭公權，《問學諫往錄》，台北：傳記文學出版社，1972。

蕭公權著，周林剛譯，《政治多元論》，北京：中國法制出版社，2011。

賴斯幾（Harold J. Laski）著，張士林（張君勱）譯，《政治典範》，上海：
　　上海商務印書館，1930。

錢昌照，《錢昌照回憶錄》，北京：中國文史出版社，1998年。

薛化元，《民主憲政與民族主義的辯證發展：張君勱思想研究》，台北：稻鄉
　　出版社，1993。

謝泳編，《羅隆基—我的被捕的經過與反感》，北京：中國青年出版社，
　　1999。

謝從高，《聯省自治思潮研究》，北京：中國社會科學出版社，2009。

羅敦偉，《現代國家學》，上海：中華書局，1935。

龔祥瑞，《盲人奧里翁—龔祥瑞自傳》，北京：北京大學出版社，2011。

二、期刊

1949年以前

（一）報紙

〈中社學術演講日程〉，《大公報》（天津），1931年9月26日，第20版。

〈反動透頂 陰謀累累 罪證如山—羅隆基從來沒有放鬆對黨進攻〉，《光明日
　　報》（北京），1957年8月11日。

〈拉斯基教授來華確訊〉，《大公報》（天津），1931年10月29日，第12
　　版。

〈拉斯基敗訴了〉，《大公報》（天津），1946年12月5日，第3版。

〈時評：國際危機中的英國〉，《申報》（上海），1936年12月4日，第6
　　版。

〈高一涵啓事〉，《北京大學日刊》，1922年10月16日，第1版。

〈評盧錫榮《拉斯基政治思想》〉，《申報》（上海），1935年3月23日，第
　　13版。

〈廣告〉，《申報》，1933年3月23日，第12版。

〈鮮爲人知的《政學叢刊》〉，《人民日報》（北京），1987年4月26日，第8
　　版。

《北京大學日刊》，1930年5月29日，第3版。

韋明，〈龔祥瑞教授駁斥右派分子對政法教育的污蔑〉，《光明日報》，1957
　　年8月7日，第3版。

奚若，〈共產主義與中國〉，《晨報副刊》，1925年11月16日，頁33-34。

高一涵，〈政治學初步參考書〉，《北京大學日刊》，1922年10月17日，第2版。

彬，〈時評：是非辯〉，《申報》，1932年4月21日，第3版。

彭學沛，〈一個新的政治理想〉，《晨報副刊》，1926年4月13日），頁5-6。

楊宗翰，〈蕭公權著政治多元論（*Political Pluralism: A Study in Contemporary Political Theory*, Ph.D. London, K. Paul, Trench, Trubner and Co, Ltd. 1927）〉，《益世報（政治副刊）》（天津），1930年2月，頁2。

楊定華，〈聯邦駁議〉，《益世報》（天津），1922年8月5日。

潘文安、金慕堯，〈特種現金保證制與時代精神〉，《申報》，1937年1月30日，第12版。

編者，〈怎樣研究憲法（續）〉，《申報》，1934年3月31日，第13版。

蕭公權，〈評張士林譯賴氏「政治典範」〉，《益世報（政治副刊）》（天津），1930年5月27日。

龔祥瑞，〈擺脫迷信外國的奴隸狀態〉，《光明日報》，1958年5月24日。

（二）期刊

〈論主權〉，《譯書彙編》，3（東京，1901.4），頁19-31。

〈總論主權〉，《政藝通報》，7（上海，1902.6），頁7-9。

〈國家學學說之影響〉，「政法片片錄」，《新民叢報》，11（橫濱，1902），頁21。

〈伯倫知理之主權論〉，《新民叢報》，32（橫濱，1903.5），頁3-6。

〈洛克之主權論〉，《新民叢報》，42/43（橫濱，1903.12），頁12-14。

〈發刊詞〉，《政治會刊》，1：1（太原，1932.5），頁2。

〈本會研究會討論問題提案彙誌〉，《政治會刊》，1：1（太原，1932.5），頁109-110。

〈教授印象記：蕭公權〉，《清華暑期週刊》，9：8（北平，1934.9），頁459。

〈歐洲主權論之沿革〉，「政法片片錄」，《新民叢報》，11（橫濱，1902），頁21-22。

「輿論一束・國內輿論」，《憲法新聞》，4（北京，1913.5），頁1-2。

《國民政府公報》，寧字第7號（北京，1916.7），頁1-2。

「一週間國內外大事述評」，《國聞週報選輯》，第18冊（台北：文海，1985），頁2758-2759。

一聲，〈分治合作和聯省自治〉，《新評論》，1（上海，1927.12），頁4-6。

丁文江，〈民主政治與獨裁政治〉，《獨立評論》，133（北平，1934.12），頁4-7。

力人，〈政治學大家伯倫知理之學說〉，《新民叢報》，32（橫濱，1903.5），頁9-16。

于右任，〈對於分治合作的批評〉，收入司馬長島，《北伐後之各派思潮》（北京：鷹山社出版部，1930.8），頁33-39。

中島重著、羅瑤譯，〈拉斯克的多元國和柯爾的共同體—日本中島重著多元的國家論最後一章〉，《法政學報》，4：1（北京，1925.1），頁8-12。

文周，〈談談主權論〉，《政治會刊》，1：2（太原，1932.12），頁1-18。

王造時，〈我爲什麼主張實行憲政〉，《再生》，1：5（北平，1932.9），頁1-10。

王造時，〈對國家的認識—我的自供〉，《主張與批評》，2（上海，1932.11），頁22-24。

王造時，〈對內的平等〉，《自由言論》，1：5（上海，1933.4），頁7-9。

王造時，〈自由之戰爭：民權保障運動〉，《自由言論》，1：2（上海，1933.2），頁8-13。

王寵惠，〈中華民國憲法芻議〉，《國民月刊》，1：1（上海，1913.5），頁1-27。

出軸，〈主權所在論〉，《國民月刊》，1：2（上海，1913.2），頁10-14。

立齋，〈（一）致友人書論今後救國方針〉，《新路》（半月刊），1：10（上海，1928.12），頁20-24。

立齋，〈一九一九至一九廿一年旅歐中之政治印象及吾人所得之教訓〉，《新路》（半月刊），1：5（上海，1928.4），頁20-29。

立齋，〈三十年來中國學術思想之演變及其出路〉，《再生》，4：3（北平，1937.4），頁17-22。

立齋，〈廿世紀革命之特色〉，《新路》（半月刊），1：10（上海，1928.12），頁6-11。

立齋，〈英國現代政治學者賴司幾氏學說〉，《新路》（半月刊），1：7（上海，1928.5），頁35-67。

任渠成，〈主權論之概要及其趨勢〉，《石室學報》，2（北京，1922.12），頁47-54。

向默安，〈多元的國家觀與獨裁思想〉，《民鳴》，1：4（南京，1929.8），頁27-44。

朱亦松，〈新時代的民治主義〉，《再生》，1：9（北平，1933.1），頁1-82。

朱芰裳，〈國家主權論〉，《獨立周報》，1：1（上海，1912.9），頁8-9。

伯倫知理（Johann C. Bluntschli），〈國家論〉，《清議報全編》，第3集，卷9（台北：文海出版社，1986），頁1-58。

君勱，〈德國新共和憲法評〉，《解放與改造》，2：9（上海，1920.5），頁5-24。

君勱，〈懸擬之社會改造同志會意見書〉，《改造》，4：3（上海，1921），頁1-14。

吳之椿，〈近代國家內的自由—*Liberty in the Modern State* by H. J. Laski (Faber and Faber Ltd., 1930)〉，《政治學報》，1：1（北平，1931.1），頁142-143。

吳恩裕，〈拉斯基教授從學記（下）〉，《客觀》，11（重慶，1946.1），頁6、10。

吳恩裕，〈拉斯基教授從學記〉，《客觀》，10（重慶，1946.1），頁5-6。

吳貫因，〈建言：專論一:憲法問題之商榷（未完）〉，《庸言》，1：7（天津，1913.3），頁1-9。

吳稚暉，〈談汪先生分工以後贅言〉，《廣州事變與上海會議》（國民革命軍第八路總指揮部印，1928.5），下編，頁1-35。

志遠，〈拉斯基的自由平等觀〉，《行健月刊》，6：5（北平，1935.10），頁122-127。

李石曾，〈集權與均權〉，《革命》，61（上海，1928.9），頁1-8。

李亞生，〈主權與統治權〉，《上海法學院季刊》，創刊號（上海，1933.12），頁34-38。

李墨卿，〈發刊詞〉，《并州學院月刊》，1：1，（太原，1933.1），頁5-6。

李璜，〈我們的聯省自治〉，《醒獅》，105（上海，1926.10），頁10-17。

李璜，〈國家主義的建國方針〉，《醒獅》，49（上海，1925.9），頁1-2。

周鯁生，〈社會科學—現代政治〉，《湖北教育旬刊》，1：9（武漢，
　　1937.6），頁20-23。

余群宗，〈論「因地制宜」之地方分權制〉，《社會科學論叢》，1：3（廣
　　州，1934），頁31-40。

宗良，〈民主國之主權在民說〉，《國民月刊》，1：2（上海，1913.2），頁
　　14-15。

拉斯克（Harold J. Laski）著，陸鼎揆譯，〈人民主權論〉，《改造》，3：9
　　（上海，1921），頁65-78。

拉斯基（Harold J. Laski）原著，伍雄譯，〈代議政治之現狀〉，《政治學
　　刊》，3（上海，1933.2），頁119-130。

拉斯基（Harold J. Laski）著，陳振漢譯，〈英國國會改造問題〉，《南大週
　　刊》，116（天津，1931.10），頁20-27。

拉斯基（Harold J. Laski）著、嚴鴻瑤譯，〈費邊社之沿革〉，《時事類
　　編》，2：27（上海，1934.12），頁78-83。

拉斯基教授原著，黃肇年譯，〈共產主義的歷史的研究〉，《新月》，2：2
　　（上海，1929.4），頁1-22。

拉斯基演說、劉聖斌記，〈拉斯基論中國知識階級的任務〉，《時與潮副
　　刊》，7：2（上海，1947.2），頁4-8、

Harold J. Laski，〈我的信仰〉，《長風》，4（上海，1940），頁352-362。

林學衡，〈庸言報主權所在說駁議〉，《國民月刊》，1：2（上海，
　　1913.2），頁6-10。

邵循正譯述，〈拉斯基與羅素政治多元說〉，《政治學報》，1：1（北平，
　　1931.1），頁50-61。

柯克爾（F. W. Coker）原著、重威譯，〈多元論及反對國家主權說的理論
　　（三）〉，《新時代半月刊》，1：5/6（武昌，1931.7），頁22-39。

秋桐（章士釗），〈評論之評論：聯邦論〉，《甲寅雜誌》，1：4（東京，
　　1914.11），頁1-15。

秋桐（章士釗），〈學理上之聯邦論〉，《甲寅雜誌》，1：5（上海，
　　1915.5），頁1-21。

秋桐，〈約法與統治權〉，《獨立週報》，1：1（上海，1912.9），頁5-7。

美濃部達吉著，董玉墀譯，〈譯述：主權與統治權〉，《新譯界》，7（東
　　京，1907），頁49-59。

胡道維，〈多元政治論〉，《清華週刊》，32：13/14（北平，1930.1），頁
　　1-4。

胡道維，〈論專制與獨裁〉，《獨立評論》，90（北平，1934.3），頁5-11。

胡適，〈五十年來之世界哲學〉，《申報五十年紀念週刊》（上海：申報
　　館，1924），頁。

胡適，〈建國與專制〉《獨立評論》，81（北平，1933.12），頁2-5。

胡適，〈政制改革的大路〉，《獨立評論》，163（北平，1935.8），頁2-9。

胡適，〈從《到奴役之路》說起〉，《自由中國》，10：6（台北，
　　1954.3），《自由中國》數據庫。

負生，〈生活指導：憶拉斯基教授〉，《讀書通訊》，100（重慶，
　　1944.12），頁25-32。

倪渭卿，〈拉斯基的多元國家論〉，《新聲半月刊》，23（上海，1929.1），
　　頁30-31。

孫斯鳴，〈拉斯基的多元主權論〉，《東方雜誌》，28：18（上海，
　　1931.9），頁15-20。

徐逸樵，〈為應付危局，須將主權讓渡於領袖（續）〉，《賑務旬刊》，8
　　（成都，1935.10），頁5-7。

徐雄飛，〈「主權」與「宗主權」—因胡道維博士〈多元政治論〉所引起之聯
　　想〉，《清華週刊》，33（北平，1930.3），頁145-152。

徐雄飛，〈創刊辭〉，《政治學報》，1：1（北平，1931.1）。

浦薛鳳，〈國難之最高峰—全世界左右集團挑戰〉，《東方雜誌》，34：1
　　（上海，1937.1），頁179-190。

馬質，〈主權論〉，《庸言》，1：11（天津，1913.5），頁1-24。

高一涵，〈《多元的國家論》：日本同志社大學教授中島重著〉，《國立北京
　　大學社會科學季刊》，2：2（北京，1924.2），頁273-280。

高一涵，〈一百三十年來聯邦論的趨勢〉，《法政學報》，3：1（北京，
　　1922.2），頁1-13。

高一涵，〈希望反對聯邦者注意—最近的國家性質新論〉，《努力周報》，37
　　（北京：1923.1），頁1-2。

高一涵，〈我國憲法與歐洲新憲法之比較〉，《東方雜誌》，「憲法研究
　　號」，19：22（上海，1922.11），頁1-14。

高一涵，〈近世三大政治思想之變遷〉，《新青年》，4：1（北京，

1918.1），頁1-4。

高一涵，〈柯爾的國家性質新論〉，《國立北京大學社會科學季刊》，1：2（北京，1923.2），頁205-217。

高一涵，〈省制的討論〉，《努力周報》，6（北京：1922.6），頁3-4。

高一涵，〈福濱社會主義派的方法和理論〉，《國立北京大學社會科學季刊》，2：2（北京，1924.2），頁131-145。

高一涵，〈聯邦建國論〉，《東方雜誌》，22：1（上海，1925.1），頁34-44

高一涵，〈讀彌爾的自由論〉，《新青年》，4：3（北京，1918.3），頁212-216。

常燕生，〈聯省自治與中國革命的新戰略〉，《醒獅》，152-157（上海，1927.10），頁29-34。

張自競，〈多元政治與中國前途〉，《武漢公論》，1（武漢，1933.11），頁2-5。

張君勱，〈廿餘年世界政潮激盪中我們的立場〉，《再生》，108（上海，1946.4），頁3-6。

張君勱，〈民主獨裁以外之第三種政治〉，《宇宙旬刊》，6（香港，1935.3），頁1-12。

張君勱，〈法治與獨裁〉，《再生》，2：10（北平，1934.7），頁1-7。

張君勱，〈近代思潮的特徵〉，《中國青年》，1：4（重慶，1939.10），頁21-28。

張君勱，〈政治學之改造〉，《東方雜誌》，21：1（上海，1924.1），頁1-9。

張君勱，〈國家民主政治與國家社會主義（上篇）〉，《再生》，1：2（北平，1932.6），頁1-38。

張君勱，〈國家民主政治與國家社會主義（下篇）〉，《再生》，1：3（北平，1932.7），頁1-40。

張君勱，〈當代思想之混沌〉，《再生》，2：11、12（北平，1934.8），頁1-8。

張君勱，〈聯邦十不可論（一名省制餘議）〉，《大中華》，2：9（上海，1916.9），頁1-13。

張君勱，〈懸擬之社會改造同志會意見書〉，《改造》，4：3（上海，1921），頁1-18。

張君勱、張東蓀，〈中國之前途：德國乎？俄國乎？〉，《解放與改造》，
　　2：14（北京，1920.7），頁1-18。

張君勱先生演講、梁沃深筆記，〈現代政治思想及其趨勢〉，《暨南週
　　刊》，4：4（上海，1928.11），頁13-18。

張君勱先生講演，〈內的政治與外的政治〉，《浙江公立法政專門學校季
　　刊》，8（杭州，1923.8），頁1-7。

張君勱講、楊春華記，〈思想的自主權〉，《再生》，2：1（北平，
　　1933.10），頁1-6。

張良弼，〈書報評介：介紹拉斯基「現代國家中之自由」〉，《眾志月
　　刊》，1：1（北平，1934.4），頁101-103。

張明時，〈拉斯基的國家權力論〉，《東方雜誌》，33：3（上海，
　　1936.2），頁39-57。

張東蓀，〈予之聯邦組織論〉，《正誼》，1：5（上海，1914.9），頁1-9。

張東蓀，〈主權討論之討論〉，《庸言》，1：14（天津，1913.6），頁1-3。

張東蓀，〈地方制之終極觀〉，《中華雜誌》，1：7（北京，1914.7），頁
　　1-13。

張東蓀，〈吾人理想之制度與聯邦〉，《甲寅雜誌》，1：10（上海，
　　1915.10），頁1-16。

張東蓀，〈對抗論之價值〉，《庸言》，1：24（上海，1913.11），頁1-13。

張東蓀，〈聯邦論辯〉，《東方雜誌》，22：6（上海，1925.3），頁15-19。

張奚若，〈主權論沿革〉，《政治學報》，1：1（上海，1919.12），頁
　　1-41。

張奚若，〈共產主義的批評（書評）〉，《現代評論》，7：160（上海，
　　1927.11），頁17-20。

張奚若，〈自然法觀念之演進（一）〉，《國立武漢大學社會科學季刊》，
　　1：1（武昌，1930.3），頁51-79。

張葆彝，〈論國家之主權（續）〉，《憲法新聞》，17（北京，1913.8），頁
　　1-7。

張熙若，〈書評：The Rise of European Liberalism. By Harold J. Laski, London:
　　George Allen and Unwin, 1936. pp. 287〉，《社會科學》（清華大學），
　　2：3（北平，1937.4），頁599-602。

張維楨，〈讀拉斯基的現代國家中的自由問題〉，《國立武漢大學社會科學季

刊》，2：3（武昌，1930.9），頁611-625。

梁啓超，〈論政府與人民之權限〉，《新民叢報》，3（橫濱，1902.3），頁25-32。

梁實秋，〈思想自由〉，《新月》，2：11（上海：1930.1），頁9-11。

梁實秋，〈羅隆基論〉，《世紀評論》，2：15（南京，1947.10），頁5-10。

梅祖芬，〈主權之研究（續）〉，《政治評論》，2（上海，1923.12），頁4。

梅祖芬，〈主權之研究（續）〉，《政治評論》，3（上海，1923.12），頁4。

章士釗口述，吳弱男筆記，〈造邦〉，《改造》，3：5（上海，1921.1），頁43-45。

陳受康，〈學術書籍之紹介與批評：拉斯基教授的《國家之理論和實際》及其中文譯本（*The State in Theory and Practice.* By H. J. Laski. London: George Allen and Unwin Ltd. 1935.中文譯本：《國家往何處去？》天津新民學會張虹君譯）〉，《國立北京大學社會科學季刊》，5：4（北平，1935.12），頁413-424。

陳春沂，〈拉斯基之政治思想〉，《民族雜誌》，3：6（上海，1935.6），頁1081-1105。

陳獨秀，〈談政治〉，《新青年》，8：1（上海，1920.9），頁1-9。

傅文楷譯，〈主權的多元論〉，《法學季刊》，3：3（上海，1927.1），頁151-168。

堯伯，〈對於拉斯克（H. J. Laski）〈唯物史觀之研究與批評〉的批評〉，《泰東月刊》，1：10（上海，1928.6），頁1-10。

費鞏，〈政治必讀之書〉，《復旦大學政治季刊》，2（上海，1933.6），頁126-133。

賀羅爾特・拉斯基（Harold J. Laski）著，康選宜譯，〈五十年來之馬克斯主義〉，《國際每日文選》，16（上海，1933.8），頁2-14。

楊公達，〈三論國民黨的危機與自救〉，《時代公論》，11（南京，1932.6），頁17-19。

楊公達，〈國民黨復興論〉，《時代公論》，16（南京，1932.7），頁14-19。

楊悅禮，〈近世政治上多元主義〉，《國立中央大學半月刊》，1：6（南

京，1930.1），頁689-711。

董之學，〈拉斯基政治哲學的根本錯誤〉，《學藝》，11：10（上海，
　　1932.12），頁1-6。

鄒文海，〈權力與自由〉，《建國月刊》，11：6（上海，1934.12），頁
　　1-8。

雷嘯岑，〈多元的主權論之研究〉，《國立中央大學法學院季刊》，1：1
　　（南京，1930.3），頁59-80。

趙喜霖，〈爲本會會員進一言〉，《政治會刊》，1：1（太原，1932.5），頁
　　111-112。

劉迺誠，〈近代國家觀〉，《國立武漢大學社會科學季刊》，3：4（武昌，
　　1933.6），頁777-803。

劉聖斌，〈始終同情中國的世界知名政治學者—我所知道的拉斯基教授〉，
　　《時與潮副刊》，7：1（上海，1947.1），頁30-36。

劉繼漢，〈政治學史上主權多元之傾向〉，《并州學院月刊》，1：3（太
　　原，1933.3），頁17-39。

慰慈，〈多元的主權論〉，《努力週報》，19（北京，1922.9），頁3。

樊德芬，〈主權問題之底蘊〉，《國立武漢大學社會科學季刊》，7：4（武
　　昌，1937.4），頁717-754。

樊德芬，〈新刊介紹與批評：國家之理論與實際〉，《國立武漢大學社會科學
　　季刊》，6：2（武昌，1936.4），頁429-434。

樓邦彥，〈拉斯基之自由學說〉，《民族雜誌》，2：2（上海，1934.2），頁
　　275-294。

樓桐孫，〈最近政制問題〉，《東方雜誌》，25:1（上海，1928.1），頁15-
　　31。

潘力山，〈再讀秋桐君之聯邦論〉，《甲寅雜誌》，1：9（上海，1915.9），
　　頁1-11。

潘力山，〈論壇：讀秋桐君學理上之聯邦論〉，《甲寅雜誌》，1：7（上
　　海，1915.7），頁21-26。

潘大道，〈我之建國方案及其實行的希望〉，《東方雜誌》，22：1（上海，
　　1925.1），頁45-48。

潘大道，〈新國家觀之一〉，《法政學報》，5：1/2（北京，1926.4），頁21-
　　25。

潘大道，〈論聯省自治并答孤軍記者〉，《東方雜誌》，22：12（上海，1925.6），頁42-45。

潘大道，〈聯邦國之新形式—職能聯邦國〉，《東方雜誌》，23：8（上海，1926.4），頁11-18。

潘如澍，〈對於「充實政治系內容」的一個新建議〉，《國立清華大學校刊》，144（北平，1930）。

蔣廷黻，〈中國社會科學的前途〉，《獨立評論》，29（北平，1932.12），頁8-12。

蔣廷黻，〈革命與專制〉，《獨立評論》，80（北平，1933.12），頁2-5。

蔣廷黻，〈論專制並答胡適之先生〉，《獨立評論》，83（北平，1933.12），頁2-6。

鄧孝思，〈現代國家學說之發達及其理論基礎〉，《社會科學論叢》，3：11/12（廣州，1931.12），頁1-22。

鄭奇，〈現代各派的國家觀〉，《青年與戰爭》，8（上海，1933.8），頁29-45。

鄭鏞，〈拉斯基政治思想〉，《拓報》，1：6（上海，1933.5），頁10-11。

盧錫榮，〈序〉，《國立中央大學法學院季刊》，1：1創刊號（南京，1930.3），頁1-2。

盧錫榮，〈新政治學〉，《國立中央大學半月刊》，1：1（南京，1929.10），頁52-55。

蕭公權，〈拉斯基政治思想之背景〉，《清華學報》，7：2（北平，1932.6），頁1-18。

蕭公權，〈書評：Laski, The State in Theory and Practice; Cole, A Guide to Modern Politics; Catlin, A preface to Action〉，《社會科學》，1：1（北平，1935.10），頁260-271。

錢昌照，〈附錄：中國社會經濟研究會的初步主張〉，《新路周刊》，1：1（北平，1948.5），頁24。

戴剛百，〈多元主權論〉，《新民半月刊》，16（北京，1930.3），頁21-30。

鍾挺秀，〈社會科學講座：現代政治學的趨勢〉，《學生雜誌》，17：7（上海，1930.7），頁52-57。

羅隆基，〈告壓迫言論自由者〉，《新月》，2：6/7（上海，1929.9），頁

1-17。

羅隆基，〈我對中國獨裁政治的意見〉，《宇宙旬刊》，3（香港，
　　1935.1），頁1-11。

羅隆基，〈我對黨務上的「盡情批評」〉，《新月》，2：8（上海，
　　1929.10），頁1-15；

羅隆基，〈論人權〉，《新月》，2：5（上海，1929.7），頁1-25。

拉斯基著，羅隆基譯，〈平等的呼籲：A Plea for Equality〉，《新月》，3：7
　　（上海，1930.7），頁25-43。

H. J. Laski著，羅隆基譯，〈服從的危險〉，《新月》，3：5/6（上海，
　　1930.6），頁55-71。

羅瑤，〈聯邦制研究〉，《法政學報》，4：5（北京，1925.5），頁45-49。

1949年以後

（一）期刊

井建斌，〈拉斯基的美國政治體制變革觀〉，《史學月刊》，4（開封，
　　2004.4），頁50-54。

巴斯蒂（Marianne Bastid），〈中國近代國家觀念溯源—關於伯倫知理《國家
　　論》的翻譯〉，《近代史研究》，4（北京，1997.7），頁221-232。

王尤清、申曉雲，〈國家・社團・個人——《政治典範》之譯介與張君勱的秩
　　序選擇〉，《江蘇社會科學》，2（南京，2012.4），頁201-208。

王向民，〈學科與學術：中國20世紀30年代政治學的建立〉，《政治學研
　　究》，3（北京，2008.6），頁68-75。

王昆，〈梁啓超與伯倫知理國家學說〉，《中國國家博物館館刊》，11（北
　　京，2013.11），頁115-124。

王建國，〈論拉斯基民主社會主國家學〉，浙江：杭州大學政治系碩士論
　　文，1988。

王國璋，〈鄒文海師的遺信〉，《傳記文學》，第119號（台北，1972.4），
　　見「傳記文學數位全文資料庫」。

王現杰，〈試論平社群體建構的原因〉，《廣東農工商職業技術學院學
　　報》，4（廣州，2007.11），頁69-73。

王遠義，〈惑在哪裡？新解胡適與李大釗「問題與主義」的論辯及其歷史意
　　義〉，《臺大歷史學報》，50（台北：2012.12），頁155-250。

吳韻曦，〈拉斯基與民國思想界〉，《當代世界社會主義問題》，3（濟南，
　　2012.9），頁26-33。

吳韻曦，〈試論拉斯基的共產主義觀〉，《社會主義研究》，6（武漢，
　　2012.12），頁118-121。

李達嘉，〈尋找立國方針：梁啓超的聯邦與反聯邦論述〉，收入《走向近
　　代》編輯小組編，《走向近代：國史發展與區域動向》（台北：東華書
　　局，2004），頁191-231。

杜贊奇（Prasenjit Duara），〈民國的中央集權主義和聯邦主義〉，《二十一
　　世紀》，25（香港，1994.10），頁27-42。

沙培德，〈清末的國家觀：君權、民權與正當性〉，收入許紀霖、朱宏編，
　　《現代中國思想的核心觀念》（上海：上海人民出版社，2010），頁367-
　　388。

阮毅成，〈君勱先生與憲法〉，《傳記文學》，第166號（台北，1976.3），
　　見「傳記文學數位全文資料庫」。

周洪軍，〈拉斯基「民主的社會主義」──社會民主主義和民主社會主義的過
　　渡階段〉，《哈爾濱學院學報》，6（哈爾濱，2005.6），頁41-44。

拉爾夫·米利班德著、翁賀凱譯，〈哈羅德·拉斯基：公共知識份子的典
　　範〉，《政治思想史》，1（天津，2012.3），頁110-117。

林建剛，〈胡適對拉斯基的推崇及反思〉，《南方都市報》（廣州），2014年
　　2月16日，AA19版。

姜義華，〈論平社曇花一現的自由主義運動〉，《江海學刊》，1（南京，
　　1998.2），頁127-136。

施建興，〈國際法的輸入與中國近代國家主權觀念的發軔〉，《南平師專學
　　報》，22：1（夷山，2003.3），頁46-50。

原正人，〈中國之前途：集權乎？分權乎─民國初期張君勱與張東蓀的「聯
　　邦論」〉，《國立政治大學歷史學報》，20（台北，2003.5），頁281-
　　308。

夏晉麟，〈夏晉麟早年三章自述（二）〉，《傳記文學》，第178號（台北，
　　1977.3），見「傳記文學數位全文資料庫」。

孫宏雲，〈民主社會主義與民國政治──拉斯基在中國的影響〉，《政治思想
　　史》，1（天津，2012.3），頁97-109、199。

孫宏雲，〈民國知識界對拉斯基思想學說的評介〉，《中山大學學報論

叢》，3（廣州，2000.6），頁223-232。

孫宏雲，〈拉斯基與中國：關於拉斯基和他的中國學生的初步研究〉，《中山
　　大學學報（社會科學版）》，5（廣州，2000.9），頁87-92。

徐木興，〈另一種求索：哈羅德‧拉斯基社會主義思想述論〉，《中南大學學
　　報（社會科學版）》，3（長沙，2011.6），頁47-51。

徐木興，〈拉斯基新自由主義政治思想述論〉，《武漢科技大學學報（社會科
　　學版）》，3（武漢，2013.6），頁299-302。

殷敘彝，〈拉斯基的多元主義國家觀述評〉，《當代世界社會主義問題》，2
　　（濟南，2004.4），頁3-27。

張朋園，〈政治學家蕭公權：背景、思想、以及對國民黨憲政的期望〉，
　　《臺灣師大歷史學報》，39（台北，2008.6），頁75-91。

張朋園，〈梁啟超在民國初年的師友關係〉，《臺灣師大歷史學報》，3（台
　　北，1975.2），頁187-210。

張朋園，〈梁啟超對社會主義的認識及中國現代化的見解〉，《食貨》，3：
　　10（台北，1974.1），頁450-472。

淦克超，〈日內瓦‧國聯‧與國際政治研究院〉，《傳記文學》，第138號
　　（台北，1973.11），見「傳記文學全文數位資料庫」。

淦克超，〈追記拉斯基教授〉，《傳記文學》，第101號（台北，1970.10），
　　見「傳記文學全文數位資料庫」。

陳之邁，〈倫敦印象記〉，《傳記文學》，第126號（台北，1972.11），見
　　「傳記文學全文數位資料庫」。

陳先初，〈評張君勱「修正的民主政治」主張〉，《湖南師範大學學報（社會
　　科學版）》，4（長沙，1999.8），頁71-78。

陳惠芬，〈世變與抉擇—龔祥瑞的法制人生（1911-1995）〉，《法制史研
　　究》，22（台北，2012.12），頁265-306。

陳惠芬，〈北伐時期的政治分會—中央與地方的權力糾葛〉，《國立臺灣師範
　　大學歷史學報》，24（台北，1996.6），頁203-246。

陳惠芬，〈抗戰前陶希聖的中國社會史研究〉，《僑大先修班學報》，3（台
　　北，1995.7），頁139-168。

陳惠芬，〈知識移轉與國家改造—張君勱對歐洲各國代議制改造的考察
　　（1919-1921）〉，《法制史研究》，29（台北，2016.7），頁265-306。

陳惠芬，〈陳立夫與1930年代初期的訓政爭議〉，《國立臺灣師範大學歷史學

報》，42（台北，2009.12），頁235-295。

陶希聖，〈中大一學期〉，《傳記文學》，第5號（台北，1962.10），見「傳記文學數位全文資料庫」。）

傅國湧，〈「石不能言月渺茫」——費鞏之死〉，收入《傅國湧文集》，轉引自http://blog.boxun.com/hero/200804/fuguoyong/2_1.shtml，2013年11月10日點閱。

傅國湧，〈追尋林昭的精神資源〉，http://ppt.cc/1aN-，2013年9月30日。

單德興，〈理論的旅行：建制史的任務與期待〉，《中外文學》，43：1（台北，2014.3），頁205-212。

程滄波，〈拉斯基教授最後兩本書〉，《自由中國》，8：3（台北，1953.2），頁29-30。

程滄波，〈追憶張君勱先生〉，《傳記文學》，第284號（台北，1986.1），見「傳記文學數位全文資料庫」。

鄒文海，〈拉斯基政治思想的背景〉，《國立政治大學學報》，6（台北，1962.12），頁129-151。

劉大禹，〈九一八後國民政府集權政治的輿論支持（1932-1935）—以《時代公論》爲中心的考察〉，《民國檔案》，2（南京，2008.6），頁68-75、84。

劉是今，〈一個鮮爲人知的費邊主義宣傳團體—主張與批評派初探（上）〉，《廣西社會科學》，12（南寧，2007.12），頁95-98。

劉是今，〈一個鮮爲人知的費邊主義宣傳團體—主張與批評派初探（下）〉，《廣西社會科學》，1（南寧，2008.1），頁116-118。

劉是今，〈拉斯基思想對20世紀30年代中國思想界的影響—以羅隆基、王造時爲例〉，《湖南第一師範學報》，6（長沙，2009.12），頁95-98。

劉紹唐，〈民國人物小傳（二四六）〉，《傳記文學》，第402號（台北，1995.11），見「傳記文學數位全文資料庫」。

劉紹唐，〈民國人物小傳（六）〉，《傳記文學》，第136號（台北，1973.9），見「傳記文學數位全文資料庫」。

潘光哲，〈張君勱對社會體制的觀察（1919-1922）〉，《國立政治大學歷史學報》16（台北，1999.5），頁47-79。

蔣廷黻，〈蔣廷黻回憶錄〉，《傳記文學》，第179號（台北，1977.4），見「傳記文學數位全文資料庫」。

蔣夢麟，〈談中國新文藝運動〉，《傳記文學》，第64號（台北，1967.9），
　　見「傳記文學數位全文資料庫」。

鄧麗蘭，〈民國時代的「密爾」及其「自由論」—評郁文海著《自由與權
　　力》〉，《中國政法大學學報》，2（北京，2010.4），頁144-153。

盧毅，〈平社與費邊社淵源初探—兼論拉斯基學說在中國〉，《學術研
　　究》，3（廣州，2002.3）頁74-79。

謝鍾璉，〈我在清華大學時期〉，《傳記文學》，第185號（台北，
　　1977.10），「傳記文學數位全文資料庫」。

羅久芳，〈胡適與羅家倫〉，「胡適紀念館」，「認識胡適」，http://www.
　　mh.sinica.edu.tw/koteki/hushih5_7.aspx，2013年10月30日點閱。

羅久芳口述、李菁文記錄，〈我的父親羅家倫〉，《三聯生活週刊》。轉
　　引自《濟南時報》，2012年12月8日。此處見http://blog.sina.com.cn/s/
　　blog_537f441001015z8f.html，2013年8月11日。

龔祥瑞，〈批判拉斯基改良主義的國家學說〉，《北京大學學報》，3（北
　　京，1956.08），頁113-137。

吳恩裕網上紀念館，http://www.yiqin.com/m/15978.html，2013年6月24日點
　　閱。

英文部分

Beloff, Max. "The Age of Laski," *The Fortnightly*, 167 (June, 1950).

Cook, T. I. "In Memoriam," *American Political Science Review*, 44:3(September, 1950) pp. 736-741.

Dirlik, Arif. *Revolution and History: Origins of Marxist Historiography in China, 1919-1937*, University of California Press, 1978.

Eastman, Lloyd E. E*The Abortive Revolution: China under Nationalist Rule, 1927-1937*, Cambridge, Mass.: Harvard University Press, 1974.

Elliott, W. Y. "The Pragmatic Politics of Mr. H. J. Laski," *The American Political Science Review*, 18:2 (May, 1924), pp. 251-75.

Erick, Arthur A. Jr. "Harold J. Laski: The Liberal Manque' or Lost Libertarian? "*The Journal of Liberian Studies*, 4:2 (Spring, 1980), pp.139-50.

Gunnell, John G. *Imaging the American Polity*: *Political Science and the Discourse of Democracy,* Pennsylvania: The Pennsylvania State University Press, 2004.

Hawkins, Carroll. "Harold J. Laski: A Preliminary Analysis," *Political Science Quarterly,* 65 (September, 1950), pp.376-92.

Hirst, Paul Q. *The Pluralist Theory of the State: Selected Writing of G.D.H. Cole, J.N. Figgis and H.J. Laski*, London: Roatledge, 1989.

Hoover, Kenneth R. *Economics as Ideology: Keynes, Laski, Hayek, and the Creation of Contemporary Politics,* Lanham, MD: Rowman & Littlefield, 2003.

Kramnick, Isaac and Sheerman, Barry. *Harold Laski: A Life on the Left,* New York: Penguin Press, 1993.

Laski, Harold J. "Political and Government," *The Outlook*, 4 (Yale University Press, November, 1925).

Laski, Harold J. *Studies in the Problem of Sovereignty*, New Haven: Yale University Press, 1917.

Laski, Harold J. *Authority in the Modern State*, New Haven: Yale University Press, 1919.

Laski, Harold J. *Political Thought in England from Locke to Bentham*, New York: Henry Holt and Company, 1920.

Laski, Harold J. *The Foundations of Sovereignty and Other Essays*, New York: Brace and Company, 1921.

Laski, Harold J. *Karl Marx: An Essay*, London: The Fabian Society, 1922.

Laski, Harold J. *A Grammar of Politics*, New Haven: Yale University Press, 1925.

Laski, Harold J. *Communism*, New York: Henry Holt and Company, 1927.

Laski, Harold J. *Liberty in the Modern State,* New York and London: Happer & Brothers, 1930.

Laski, Harold J. *The Dangers of Obedience and Other Essays,* New York and London: Happer & Brothers, 1930.

Laski, Harold J. *An Introduction to politics*, London: George Allen, 1931.

Harold J. Laski, *Studies in Law and Politics*, New Haven: Yale University Press, 1932.

Laski, Harold J. *Democracy in Crisis*, Chapel Hill: The North Carolina Press, 1933.

Laski, Harold J. *The State in Theory and Practice*, New York: Viking Press, 1935.

Laski, Harold J. *The Rise of Liberalism: The Philosophy of a Business Civilization,*

New York: Harper & Brothers, 1936.

Laski, Harold J. *Reflections On the Revolution of our Time*, London: Allen and Unwin, 1943.

Laski, Harold J. *Faith, Reason, and Civilization*: *An Essay in Historical Analysis*, New York: Viking Press, 1944.

Laski, Harold J. *The American Democracy*: *A commentary and an Interpretation*, New York: Viking Press, 1949.

Laski, Harold J. *The Dilemma of Our Times*, London: Allen and Unwin, 1952.

Lindsay, A. D. "A Grammar of Politics. By H. J. Laski," *Philosophy*, 1 (April 1926), pp. 246-48.

Lubot, Eugene. *Liberalism in an Illiberal Age*: *New Culture Liberals in Republic China, 1919-1937*, Westport, Conn.: Greenwood Press, 1982.

Martin, Kingsley. *Harold Laski: A biographical Memoir*, New York: Viking Press, 1953.

Michael Newman, *Harold Laski: A Political Biography*, England: Macmillan Press, 1993.

Miliband, Ralph."Harold Laski's Socialism," in Leo Panitch(ed.), *Socialist Register 1995* (London: Merlin Press, 1995).

Newman, Michael. *Harold Laski: A Political Biography*, Basingstoke: Macmillan, 1993.

Newman, Michael. "Harold Laski Today," *Political Quarterly*, 67:3 (July-September, 1996), pp. 229-38.

Peretz, Martin "Laski Redivivus," *Journal of Contemporary History,* 1:2 (1966), pp. 87-101.

Roger B. Jeans, Jr., *Democracy and Socialism in Republican China*: *The Politics of Zhang Junmai (Carsun Chang), 1906-1941* . Lanham, Md.: Rowman & Littlefield Publishers, 1997.

Rozman, Gilbert ed., The *Modernization* of *China*, New York: Free Press; 1982.

Said, Edward W. "Traveling Theory," *The World, the Text, the Critic* (Cambridge: Harvard University Press, 1983), pp. 226-47.

Willoughby, Westel W. "Political Pluralists," *The Chinese Social and Political Science Review*, 5: 3 (Peking, 1926).

人名索引

英文部分

國家圖書館出版品預行編目資料

知識傳播與國家想像：20世紀初期拉斯基政治
多元論在中國／陳惠芬著. ——初版. ——臺
北市：五南，2016.09
　　面；　公分
ISBN 978-957-11-8855-3（平裝）

1.拉斯基(Laski, Harold Joseph, 1893-1950)
　2.學術思想　3.政治思想

570.9408　　　　　　　　　　　105017809

4W01

知識傳播與國家想像：
20世紀初期拉斯基政治多元論在中國

作　　者－陳惠芬

發 行 人－楊榮川

總 編 輯－王翠華

主　　編－陳姿穎

封面設計－陳翰陞

出 版 者－五南圖書出版股份有限公司

地　　址：106台北市大安區和平東路二段339號4樓

電　　話：(02)2705-5066　　傳　真：(02)2706-6100

網　　址：http://www.wunan.com.tw

電子郵件：wunan@wunan.com.tw

劃撥帳號：01068953

戶　　名：五南圖書出版股份有限公司

法律顧問　林勝安律師事務所　林勝安律師

出版日期　2016年9月初版一刷

定　　價　新臺幣450元